教養としての「民法」入門

CIVIL LAW

Kenichiro Endo

中央大学法学部教授 遠藤研一郎

日本実業出版社

はじめに

本書は、民法に少し興味がある人、これから本格的に民法を学ぼうとしている人、民法を通じて社会を眺めてみたいと思っている人を対象として、「教養として」民法を知ってもらうことを目的とした書籍です。鳥瞰的《ちょうかんてき》に、民法の全体像や、基礎として知っておいてもらいたい原理・原則・制度・条文などを解説しています。

そもそも、民法は、「民（のための）法」なのですから、本来であれば、誰でもわかるような、親しみやすいルールである必要がありますが、実際には、大学で専門的に学んでいる法学部生ですら、民法をマスターするのに苦戦する人が少なくないのが現状です。これは、民法がカバーする領域が極めて広いこと、そして、今の複雑な社会を律するためにルールやその解釈が複雑化していることなどを考えると、仕方ないことなのかもしれません。

しかし、生まれてすぐに、そして死を迎えるまで、私たちが日常生活を送るうえで、民法は常につきまといますから、私たちはそのルールを何となくだけでも知っておいたほうがいいように思います。また、日本は、民主の国です。そうであるならば、どのようなときも、私たちは、自分たちの力で「良きルール」を考え、将来を選択し、未来を切り拓いていかなければなりません。

そこで筆者は、民法の基本的な理解に少しでも役に立つ敷居の低い本が書ければという思いから、本書を執筆することとしました。その筆者の試みが成功しているかどうかは疑わしいのですが、本書を通じて、1人でも多くの読者が、「ふ～ん、民法ってこんな法律なんだ」と感じ、民法との距離を縮めてもらえるのであれば、このうえない喜びです。

末筆ながら、法学の深さや難しさに常に悩まされ続けている筆者を日頃からご指導くださり、良き方向へ導いてくださっている多くの方々に、この場をお借りし伏して御礼を申し上げます。

また、本書を特定の誰かに捧げることが許されるのだとすれば、私事ではありますが、やはり、家族に捧げたいと思います。実りが多くない私の人生も、家族にとってだけは、少しだけ意味があるのではないかと考えているからです。

2025年2月

遠藤研一郎

教養としての「民法」入門◎目次

はじめに

第1章 民法という法律のエッセンス

1 民法という法律 ……12
——どのようにして今の民法は生まれたの？

2 私法の一般法としての民法 ……17
——刑法と民法はどのように違うの？

3 民法の全体構造 ……23
——なぜ、民法を学ぶのは難しいの？

4 民法を読み解くうえでの出発点 ……28
——人・所有・契約・責任

5 民法と民事訴訟 ……33
——なぜ民事訴訟はマネーゲームといわれるの？

第2章 総則

1 民法総則の概要 ……42
——民法総則は、何を規定しているの？

2 権利義務の主体としての「人」 47
——人以外の動物は主体になれないの？

3 出生 52
——生まれるのが少し遅いと相続人になれないの？

4 死亡 56
——配偶者が行方不明になったとき、どうすればいいの？

5 法人 60
——会社の社長は本当にエライの？

6 権利義務の客体としての「物」 67
——星や海は「物」なの？

7 権利変動原因としての「法律行為」 71
——ギャンブルで損したお金は戻ってくる？

8 法律行為と「意思」の関係 79
——だまされて契約をしてしまった場合はどうなる？

9 第三者保護法理 85
——「取引の安全」って何？

10 代理 91
——何でも自分で抱えこまずに……

11 条件と期限 99
——「タラレバ」は取引では常識？

12 取得時効 105
——「お前の物はオレの物」は認められるの？

13 消滅時効 113
——合法的な借金の踏み倒し？

第3章

物権Ⅰ――物権総論

1 物権法の概要――民法第2編は、何を規定しているの？……122
2 物権的請求権――「私の物を返してくれ」を法的に言うと……127
3 物権の優先的効力――「買った人」と「借りている人」はどちらが強い？……133
4 所有権の移転要件と移転時期――いつから、「私の物」になるの？……137
5 公示の原則――誰に対しても、「私の物」だと言えるためには……142
6 対抗要件としての「登記」――どのような場合に登記が必要？……147
7 対抗要件としての「引渡し」――「引渡し」は公示として機能するの？……154
8 公信の原則――コンビニで安心してお弁当を買える？……159
9 所有権① 共有――分譲マンションのエレベーターは誰の物？……165
10 所有権② 添付――オレの焼酎をあいつの炭酸で割ったら、誰の物？……170

11 所有権③ 所有者不明土地問題 175
——余る土地を社会で管理する時代へ

12 用益物権 180
——他人の土地を「ちょっと通らせて」と言えるの？

第4章

物権Ⅱ——担保物権

1 担保物権の意義と内容 186
——債権者はどこまで平等なの？

2 担保物権の性質と効力 193
——担保物権は債権回収にどれだけ役立つの？

3 質権 200
——「質に入れる」とは、一体どういうこと？

4 抵当権 204
——なぜ債権者は、抵当権を欲しがるの？

5 譲渡担保権 214
——「担保」のための「譲渡」とは？

6 法定担保物権 220
——当然に与えられる債権回収に有利な立場

第5章

債権Ⅰ――契約

1 債権法の概要 228
――民法第3編は、何を規定しているの？

2 契約の成立要件 234
――契約を成立させるのに必要なことは？

3 契約に関するその他の要件 239
――約束しても、それが有効とは限らない

4 典型契約 245
――契約には、どのような種類があるの？

5 売買契約 252
――買った商品に欠陥があったらどうする？

6 賃貸借契約 259
――私たちの周りのいろいろなレンタル業

7 不動産賃借人保護 265
――ハウジング・プアってどういうこと？

8 雇用・請負・委任の関係 270
――どこまでが「労働者」とされるの？

第6章

債権Ⅱ――法定債権発生原因

1 不当利得 276
――「タダでいい思い」は許されるの？

2 不法行為の要件——なぜ、医療過誤は難しいといわれるの？ 285
3 特殊な不法行為責任——なぜ、会社は従業員の尻ぬぐいをする必要があるの？ 296
4 不法行為責任の特別法——「より厳しい責任」のあれこれ 301
5 不法行為の効果——損害賠償はどこまで認められるの？ 309

第7章

債権Ⅲ——債権総論

1 弁済——債務者以外が弁済しても有効なの？ 316
2 相殺——債権回収のための強力な手段 324
3 履行障害——買主が代金を払わない場合、売主はどうすればいいの？ 330
4 責任財産保全制度——他人の財産にどこまで介入することができるの？ 338
5 債権譲渡——債権を買うとはどういうこと？ 346
6 連帯債務——飲食代を支払わなかった人の肩代わりをする必要はある？ 355

7 保証債務——連帯保証人になるとはどういうこと？ 361

第8章 親族

1 親族法の概要——民法第4編は、何を規定しているの？ 368
2 婚姻——婚姻届を出すとはどういうことなの？ 373
3 離婚——離婚しようと思えばすぐにできるの？ 380
4 親子——母子関係・父子関係はどのように認定されるの？ 387
5 親権——親権とは、一体どのような「権利」なの？ 394
6 後見・保佐・補助——認知症の親のサポートはどうする？ 401

第9章 相続

1 相続法の概要——民法第5編は、何を規定しているの？ 408

2 相続人には誰がなるのか？……413
――「笑う相続人」とはどういう人のこと？
3 相続財産……419
――どこまでの財産が相続されるの？
4 相続の承認と放棄……423
――借金も引き継がなくてはならないの？
5 共同相続……429
――生前の介護はどこまで評価されるの？
6 遺産分割……435
――それぞれ何が欲しいのかを話し合う
7 遺言……442
――遺される人のために
索引

カバーデザイン：小口翔平＋村上佑佳（tobufune）
DTP：一企画

CIVIL LAW

第1章

民法という法律のエッセンス

CIVIL LAW

1 民法という法律

――どのようにして今の民法は生まれたの？

◆法典の女王

さて、早速、「民法とは何？」から始めたいのですが、実はこれを説明することは、簡単ではありません。しかし、スタートとして、誤解をおそれずにあえてごく簡単に言うのであれば、「民《たみ》」のための法、つまり、「**人々（＝市民）が市民社会の中で活動するためのルール**」というように表現することができます。

そして、形式的に言えば、民法とは、「民法」という法律（**民法典**）のことを意味します。そもそも民法という法律は、「**六法**」の中の1つとして位置づけられています。「○○六法」というタイトルの書籍も多く売られていますので、読者のみなさんも、「六法」という言葉はご存じの方も多いと思いますが、そもそも「六法」という言葉は、箕作麟祥《みつくりりんしょう》（1846～1897年）がフランス法を翻訳した書籍である『仏蘭西法律書』（1874年）の中で、ナポレオン五法典に憲法を加えた言葉として使ったことに由来するといわれています。[1] 現在の法に当てはめれば、憲法、民法、刑法、民事訴訟法、刑事訴訟法、商法が「六法」に該当します。

日本の法令の体系の中で、「法律」だけとってもその数はおよそ2000弱ありますが、六法はその中でも、最も基礎をなす、日本の基本法制といえます。民法は、そのうちの1つとして位置づけられるのであり、その重要性から、「**法典の女王**」と呼ばれることさえあります。

◆日本の民法は、明治31年生まれ

では、民法は、いつ制定されたのでしょうか。現在の民法は、1896年（明治29年）に前3編（総則・物権・債権）が公布され、続いて、1898年（明治31年）に後2編（親族・相続）が公布され、全体として1898年（明治31年）に施行されました。今日に至るまで、家族法改正、法人法改正、口語化、担保法改正、債権法改正など、度重なる改正がなされてきましたが[2]、民法典という法典およびその大きな枠組みは維持されたまま、今に至っています。

もちろん、それ以前も、日本に法規範がなかったわけではありません。ただし、江戸期においては、民法と内容が重なり合う法規範は、全体的ではなく、また、統一的ではありませんでした。「全体的ではない」というのは、特に財産に関する法規範の対象が、年貢を徴収するた

1　今では、「六法」という用語は多義的に用いられています。6つの基本法制を示す言葉としての用い方のほか、ある分野に関する法令集を指すものや、幅広い分野の主要な法令を収録した書籍である「六法全書」の略称として、法令集一般を指す場合もあります（『広辞苑』〔第6版参照〕）。

左から、富井政章、梅謙二郎、穂積陳重

めの基本となる農地に集中しており、また、身分制度の関心は武家の家族制度に集中していた傾向にあったということです。また、「統一的ではない」というのは、幕藩体制のもとで、藩ごとで少なからずルールに違いがあったということです。

しかし明治期に入ると、民法（を含む近代法）の制定の機運が、一気に高まります。その背景としてよく知られているのが、条約改正と富国強兵です。まず、旧幕府下において締結した条約の改正――関税自主権の回復と領事裁判権の撤廃――のために、国家規模での法典編纂《へんさん》事業がなされる必要がありました。また、欧米諸国と伍《ご》していくために、富国強兵を図らなければならず、そのためには、民法の編纂が必要だと考えられました。民法は、市民の生活のための法ですから、一見すると「富国強兵と何の関係があるのか？」と思われるかもしれませんが、強い国を作るためには、私的な力が必要であり、民法の編纂は、国家の発展のために不可欠であると考えられたのです。

◆難産だった日本の民法

歴史的に見ると、わが国の民法の制定作業は、条約改正問題を背景として、明治維新の直後から既に開始されていました。当時の司法卿であった江藤新平は、そのときに評価の高かったフランス民法典の翻訳を命じます。江藤は「誤訳もまた妨げず、ただ速訳せよ」と命じたといわれており、当時の日本の必死さが伝わります。

しかし、そこでも制定作業が難航する中、新たに、お雇い外国人としてボアソナード（Gustave Boissonade）を招聘して起草が進められました（ただし、財産法のみ。家族法については、わが国固有の伝統があることを理由に、日本人によって起草されました）。そして、１８９０年

2　改正の中でも、特に大きな改正として次の３つを挙げておきます。第一に、昭和22年改正です（昭和22年法律第２２２号）。第二次世界大戦後に、日本国憲法が制定されたことを受けて、今までの家制度を前提とした家族関係のルール（民法第4編および第5編）の抜本的な改正が行われました。家・戸主の廃止、家督相続の廃止と均分相続の確立、婚姻・親族・相続などにおける女性の地位向上などが改正の主要な内容でした。第二に、平成16年改正です（平成16年法律第１４７号）。それまでは片仮名で文語体でしたが、日常用語との隔たりが大きく、日本の基本法制であるにもかかわらず、国民に対してわかりにくいものでした。そこで、よりわかりやすいものとするために、平仮名で口語体へと改正されました。第三に、平成29年改正です（平成29年法律第44号）。特に民法第3編を中心とする債権法分野においては、約１２０年間、抜本的改正がなされずにいましたが、社会・経済の変化への対応を図るとともに、実務で適用している基本的なルールを適切に明文化するとの観点から、大幅な改正がなされました。

に民法典が公布されるに至りました（一般的に、この民法を「**旧民法**」と呼びます）。

しかしその後、学派の対立（フランス法学派とイギリス法学派、自然法学派と歴史法学派）や、政治的な対立が複雑に絡み合って、大きくは、旧民法の施行を断行すべきであるという考え方と、延期すべきであるという考え方に分かれて、大論争が起こります（いわゆる「**法典論争**」）。この論争の激しさを表すものとして、「民法出でて忠孝亡ぶ」[3]があることは、あまりにも有名です。

その結果、旧民法は施行されずに終わります。そして、1893年に改めて法典調査会が設置され、起草委員として、梅謙二郎《うめけんじろう》（14頁写真中央）、富井政章《とみいまさあきら》（同写真左）、穂積陳重《ほづみのぶしげ》（同写真右）が任命されました。そして、旧民法を参照しつつも、新たにドイツ民法を中心として諸外国の立法を積極的に取り入れる形で新たに起草がなされます。そこで制定されたものが、現在の民法です。

CIVIL LAW

2

私法の一般法としての民法

——刑法と民法はどのように違うの？

◆公法と私法

次に、日本の法体系の中での民法の位置づけを確認しておきましょう。

まず、日本の法を大きく分類すると、「**公法**」と「**私法**」に分けることができます。ごく簡潔に定義するならば、公法とは、国家の統治機構や、国家と国民の関係を規律する、いわば「タテ」の法です。これに対し、私法とは、国家から独立した市民社会に生きる市民相互間の関係を規律する、いわば「ヨコ」の法です。この分類によれば、民法は、その名のとおり「民（のための）法」ですから、私法に属します。

公法と私法の区別は、古くはローマ法までさかのぼることができますが、特に両者の区別が強調されるようになったのは、近代以降の大陸法系諸国（ドイツやフランスなど）において、国家と市民社会の分化が進み、市民社会においては、すべての個人を自由・平等で、かつ独立

3 穂積八束「民法出テ、忠孝亡フ」法学新報5号（1891年）8頁

◎公法と私法の違い

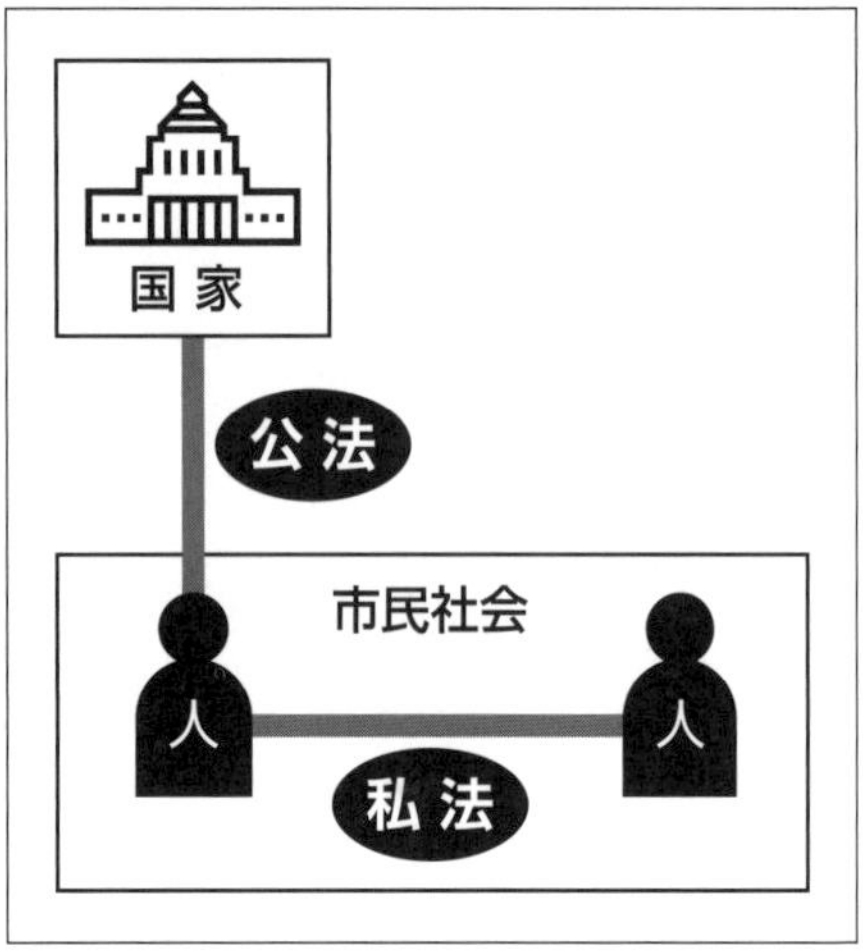

した存在として認め、自由な社会活動を最大限に認めることがモデルになってからです。

◆医療事故を例にとると……

このような違いは、具体的に、次のように説明できます。

例えば、A病院で医療事故があり、患者Bが死亡してしまったとしましょう。医療事故とは、手術のミス、薬の過剰投与、患者への不適切な説明など、いろいろ考えられる、古くて新しい問題です。さてその場合、A病院（医療従事者）はどのような法的責任を負うのでしょうか。

まずは、刑事上の責任があります。警察や検察による捜査がなされて、刑事裁判を通じて有罪が確定すると（例えば、刑法211条参照）、医療従事者には刑事罰が科されることになります。同時に、行政上の責任にも問われます。行政責任を追及するのも国の機関であり、医療事故の場合には厚生労働大臣が行政処分を命じることになります。例えば、医業停止や免許の取消しなどがそれに該当します（医師法4条、7条参照）。このように、刑事上の責任と行政上の責任は、国家から追及されるものであり、公法の世界となります。

　他方、それとは別に、民事上の責任があります。これは、医療事故によって被害を受けた患者自身やその家族が、病院（医療従事者）を訴えて、損害賠償などを求めるというものです（民法709条、715条参照）。これは、被害者から追及されるものであり、私法の世界といえます。

◆公法と私法の世界を分けるのが日本のスタイル

　さらに、公法と私法を区別するいくつかの例を挙げましょう。

　例えば、ある人が不法行為（民法709条、285頁参照）を行なった場合、その行為が社会に悪影響を与えるような非常に劣悪な行為であったらどうでしょうか？　制裁のために、実損以上の損害賠償をその人に課すこと（例えば、被害者の損害が100万円なのに500万円の支払いを損害賠償として認めるというように）はできるでしょうか？　実は、諸外国には、懲罰的損害賠償のように、損害賠償に懲罰の意味を込めることが可能な国もあるのですが、日本では、そのような制度は採用されていません。判例においても、「我が国においては、加害者に対して制裁を科し、将来の同様の行為を抑止することは、刑事上又は行政上の制裁にゆだねられている」と明言するものもあります。[4]　つまり、不法行為において、加害者に金銭的な負担を法的に課すとしても、制裁（公法の世界）と損害賠償（私法の世界）は、区別されなければばならないのです。

また、「行政法規に反する法律行為がなされた場合、それは無効となるか」という問題があります。例えば、タクシーに乗ったところ、運転手さんが道路交通法に違反した場合、その運送契約は無効（＝タクシー料金は払わなくてよい）でしょうか？　それは、無効となりません。なぜでしょうか。道路交通法という法律の目的が、交通ルールを守って運転することによって交通事故をなくす点にある行政法規（＝公法）であり、そのルール違反が直ちに、運送契約の有効性（＝私法）を評価することを目的としていないからです。ここでも、公法と私法の区別を意識しなければいけません。

◆公法と私法は、きれいに分けられるのか？

ただし、このような説明をして、私自身、少し後ろめたいものがあります。というのも、両者の境界は、実は現在の法体系を見てみると、曖昧《あいまい》な部分が少なくないのが現実だからです。特に、市民間の関係がすべて市民社会における自治（これを「**私的自治**」といいます）に委ねられ、国家機関が介入する余地がないのかというと、決してそうではないということを指摘しなければなりません。特に近年においては、弱者（労働者、消費者、金銭の借主、不動産賃借人など）保護などの政策的観点から、国家の積極的な介入を必要とする領域も増加しています。

しかし、それでもなお、自由・平等な市民社会（およびその中のルール）を強調するため、

◎一般法（民法）と特別法の関係

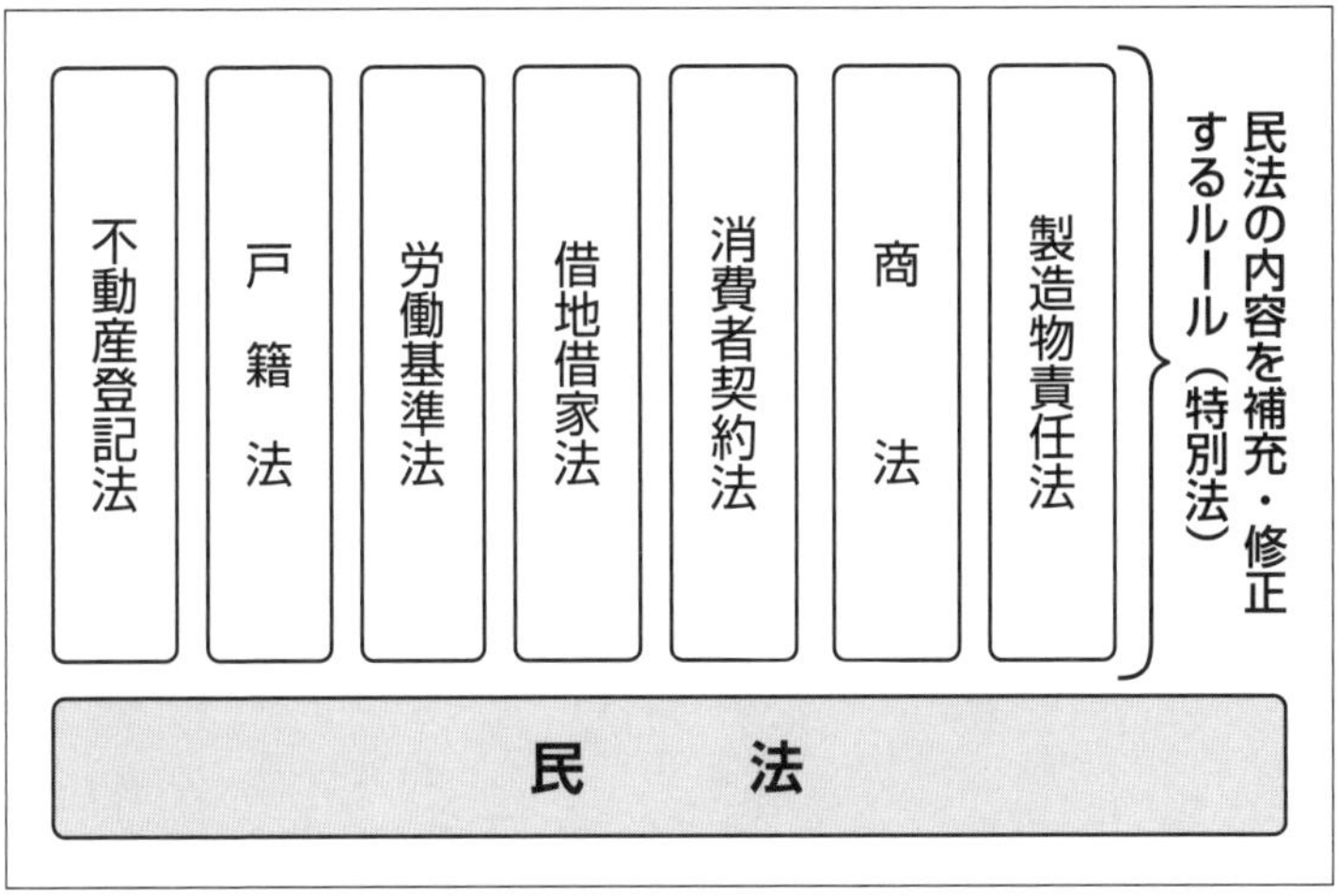

出発点として、公法と私法を区別する理念は、重要といえます。

◆私法の一般法としての民法

以上のことから、民法は、さまざまな私人間の関係を想定してルールを設けているということがわかりますが、ただし同時に、すべての場面を網羅しているわけではありません。また、さまざまな市民社会上の利益調整をルールによって行なう場合、その場面の特殊性から、一般的な民法のルールが適切ではない場合もあります。そこで、私法の中でも、民法（**一般法**）の規定を補充・修正するための特別なルール（**特別法**）が、民法とは別に制定されています。

4　最判平成9年7月11日民集51巻6号2573頁

まず、民法を「補充」する特別法として、例えば、「不動産登記法」（民法177条参照）、「戸籍法」（民法739条1項参照）、「遺失物法」（民法240条参照）などを挙げることができます。民法では詳細な規定を置かず、特別法に委ねているのです。

他方、民法の内容を「修正」する特別法として、例えば、民法上の契約自由の原則（民法521条）を修正して、社会的・経済的格差の是正を図るものとして、「労働基準法」「借地借家法」「利息制限法」「消費者契約法」などがあります。また、企業の行なう取引（企業間取引および企業と消費者との取引）の迅速性・定型性・外観重視などを考慮した特別法として、「商法」などの企業法分野があります。さらに、民法における過失責任原則（民法709条）を修正して、特定の者により厳格な責任を負わせる特別法として、「製造物責任法」「自動車損害賠償保障法」「金融サービスの提供に関する法律」などがあります。

CIVIL LAW

3

民法の全体構造

——なぜ、民法を学ぶのは難しいの？

◆民法は、「財産」と「家族」に関する法律

次に、民法の全体像について見てみましょう。

民法は、形式的に見ると、1条から始まって1050条までの条文で構成されており、大きく5つの編に分けられていることがわかります。それが、ⓐ総則、ⓑ物権、ⓒ債権、ⓓ親族、ⓔ相続です。このうち、第2編（物権）と第3編（債権）は「財産」に関するルール、第4編（親族）と第5編（相続）は「家族」に関するルールとなっています。

つまり民法は、大雑把にいうと、私たちの市民社会における**「財産」と「家族」に関するルール**です。例えば、購入商品に欠陥があった場合の業者の責任、金銭トラブル、荷物の運送トラブル、賃貸アパートの立ち退き問題、交通事故や詐欺被害にあった場合の被害者救済などは、いずれも「財産」に関する事柄です。また、結婚・離婚、養子縁組、子の認知や扶養、老親《ろうしん》の介護、親族の間の遺産の承継といった問題は、「家族」に関する事柄です。

このように財産と家族を1つの法典としてまとめているのは、財産と家族が密接に結びつい

◎民法の全体構造

第1編　総則（1条〜174条）　民法全体（特に第2、3編）に共通のルール

〔財産法〕

第2編　物権（175条〜398条の22）　人の物に対する支配権のルール

第3編　債権（399条〜724条の2）　人の他者に対する請求権のルール

〔家族法〕

第4編　親族（725条〜881条）　親子・夫婦を中心とする家族のルール

第5編　相続（882条〜1050条）　人の死に伴う遺産承継のルール

ており、個人経営が支配的であった時代を反映しているといわれています。しかし、現代社会は、そうではありません。そのような意味で、日本の民法の形式は、よく言えば伝統的、悪く言えばやや古臭いものということができるかもしれません。

◆パンデクテン体系って何？

ところで、日本の民法のこのような条文構造を、「**パンデクテン体系**」と表現するのが一般的です。この名称は、ユスティニアヌス1世の命によって作成された「ローマ法大全[5]」の1つの柱である「学説彙纂《がくせついさん》（Digesta, Pandectae)」に由来します。学説彙纂は、帝政初期から500年代までの著名な法学者の学説を編纂させたものであり、19世紀のドイツにおける諸法の法解釈や立法、民法典

（１８９６年公布、１９００年施行）にも、大きな影響を与えました。

コラム 日本の民法のルーツ「ローマ法大全」

CORPVS
IVRIS CIVILIS
IN IIII. PARTES
DISTINCTVM: QVARVM
prima, D.N. sacratissimi principis Iustiniani
LVGDVNI,
In officina Barthol. Vincentij.
1583.

「ローマ法大全」は、当時の法律の未整備による混乱を是正するために、東ローマ皇帝であったユスティニアヌス１世が編纂を命じたものであり、『勅法彙纂』『学説彙纂』『法学提要』『新勅法（５３４年以降に出された皇帝法の総称）』の総称です。後に、大陸諸国の法の発展に大きな影響を与えました。１５８３年にフランスの法学者ディオニシウス・ゴトフレドゥスによって『市民法大全』（corpus iuris civilis。上の写真参照）として刊行されたことから、今日に至るまで「市民法大全」とも呼ばれています。

5 ローマ法を学ぶにあたり、木庭顕『新版　ローマ法案内：現代の法律家のために』（勁草書房、２０１７年）参照。

そして日本の民法も、そのドイツの流れを参考にして、その編纂方式であるパンデクテン体系が採用されました。[6]

ところで、パンデクテン体系には、複数の規範に共通する項目を前に出して「総則」と位置づけて条文上で前に置き、「各則」を後ろに置くという点に特徴があります。これは、中学数学で習った「括弧でくくる」という作業に似ています。ab+ac＝a（b+c）ですよね。この例におけるa（b+c）のaが「総則」、bとcが「各則」のようなものです。このパンデクテン体系のメリットは、条文が体系的に整理されることによって、1つの法律の中に同じようなルールが重複せずに、条文数を最小限に抑えられるという点にあります。先ほどの数式で言えば、aの登場が一度でよいため、その分だけ計算式がすっきりするということと通じるものがあります。

◆ルールがどこにある？

日本の民法典において、1条～174条は、まさに、「総則」です。これは、民法に共通のルールを、最初（第1編）に規定し、その後の編（第2～5編）を束ねているのです。

ただし注意が必要な点があります。それは、「総則」は、民法の総則だけではないという点です。例えば、第3編「債権」は、5つの章に分かれていますが、その第1章には、債権の「総則」があります。また、第3編第2章「契約」は、14個の節に分かれていますが、その第1節には、契約の「総則」があります。すなわち、民法では、ピラミッド式に、「総則→各則」という条文体系が構築されているのです。

ただし、その結果として、具体的な事例を中心に考えると、事例解決のための条文が、民法全体に拡散していることになります。法学部の学生でも民法を理解しにくい理由の1つが、ここにあります。

6　旧民法は、フランス民法典と同様、インスティトゥティオネス体系の流れを汲んで、「人事編」「財産編」「財産取得編」「債権担保編」「証拠編」という構成になっていましたが、法典論争（15頁参照）の後、新たにドイツ法が積極的に取り入れられることとなり、体系もパンデクテン体系に改められたという歴史的経緯があります。

CIVIL LAW 4

民法を読み解くうえでの出発点

——人・所有・契約・責任

◆4つの基本的視点からスタート

次に、形式的な法典の構造から離れて、民法上のルールを紐解くための出発点として、「人」「所有」「契約」「責任」という視点から、民法に通底する基本的原理を紹介しておきます。

第一に、「人」とは、民法上の権利・義務の「主体」を意味します。市民社会においては、すべての者が平等かつ独立した個人として尊重されていて、すべての者が生まれながらにして等しく、権利・義務の主体となる地位が与えられています。これを、「**権利能力平等の原則**」といいます。

第二に、「**所有**」とは、人と財産を結びつける概念です。人は、自分の才能や努力などによって、自由に財産を有することが認められています。憲法29条1項は、「財産権は、これを侵してはならない」と規定し、個人が有している財産上の権利（財産権）を憲法上の基本的人権の1つとして保障し、同時に、「私有財産制」という制度も保障しています。そのうえで、私たちは、自己の所有物について、他人を排除して独占的に支配する権利を持ちます。これを、

◎民法の基本的視点

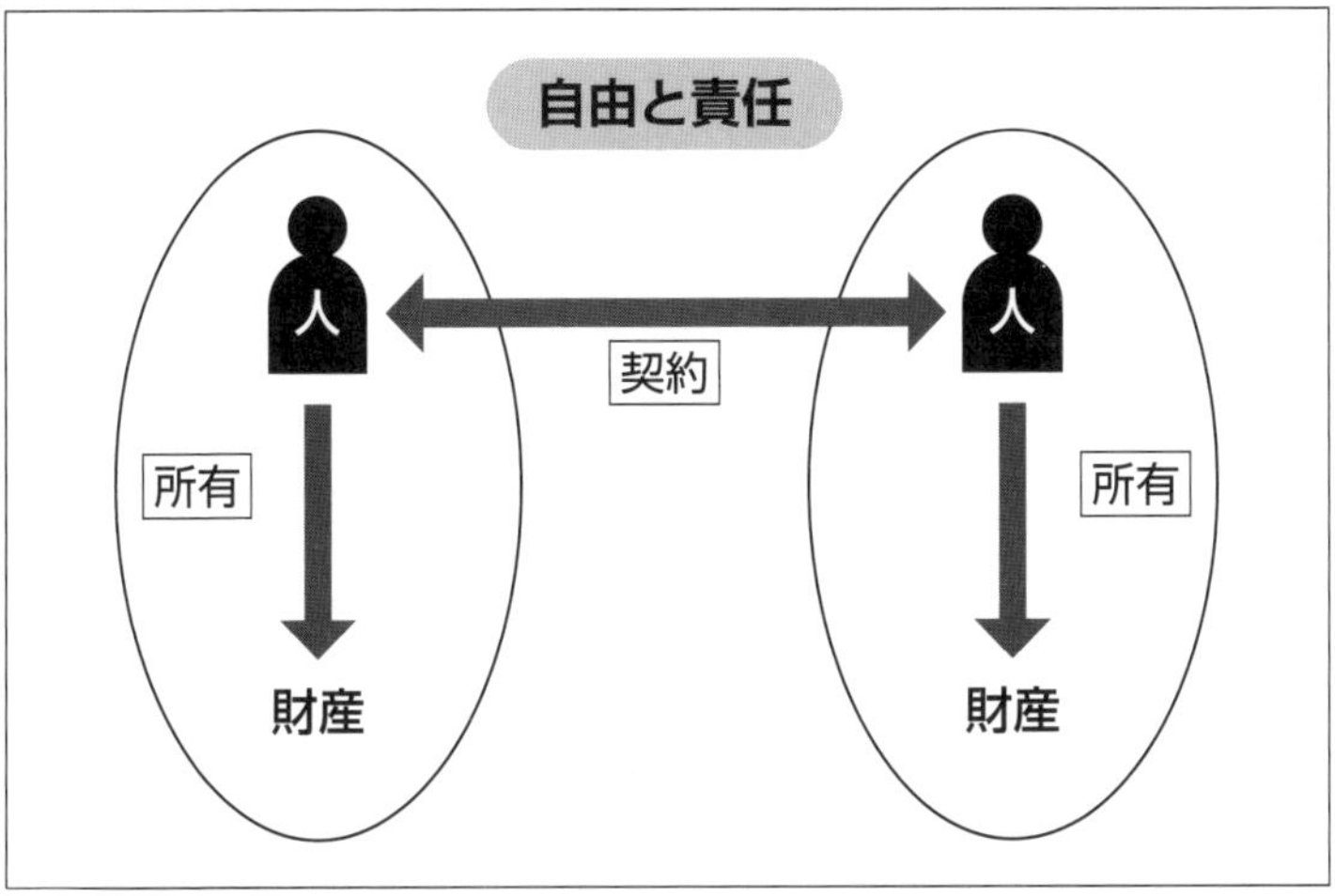

「**所有権絶対の原則**」といいます。

第三に、「**契約**」とは、自分の所有する財産を、自由な「意思」で他者と自由に交換することを意味します。市民社会の中で私たちは、国家から不当な介入を受けることなく、自由な社会活動・経済活動を行なうことが認められています（**私的自治の原則**）が、その中心として、誰とどのような契約をするのも自由であるとされています。これを、「**契約自由の原則**」といいます。

第四に、「**責任**」とは、自由と表裏一体の概念ですが、民法では、**自己責任原則**（自己の行為だけ責任を負えばよく、他者の行なった行為について責任を負わなくてよいという考え方）であるとともに、**過失責任主義**（故意または過失による行為についてだけ責任を負えばよいという考え方）となっています。

すなわち、自分自身の故意または過失ある行為のみ責任を負う（それだけ責任を負えばよい）という考え方です。

これらの考え方は、さまざまな修正が加えられています。特に近年では、多方面から国家の介入も正当化されつつあります。法律によって所有権や契約内容が制限される場面は頻繁にありますし、リスク分配に関する特別なルールが設けられることもあります。それらについては、本書の中でも適宜《てきぎ》紹介していきますが、いずれにしても「人」「所有」「契約」「責任」の視点は、民法を読み解くうえで欠かせない基本的なものであることには留意が必要です。

◆財産法領域における抽象度の高い概念

先ほど説明したパンデクテン体系は、さまざまな階層で「総則」が登場するため、ときとして、抽象度の高い概念が登場します。財産法領域で言えば、その典型的な例が、「物権」と「債権」という概念です。物を支配する権利として、「所有権」や「抵当権」があります。これに関して、所有権に関するルールや抵当権に関するルールを、全く別々に設けてもいいわけです。しかし日本の民法では、所有権や抵当権などの物に対する権利の上位概念として「物権」という抽象性の高い概念を置き、物権の「総則」で、共通するルールを置いています。また、他人に一定の行為（給付）を求める権利として、契約関係から発生する請求権（例えば、売買代金の支払請求権）や不法行為によって発生する請求権（例えば、名誉毀損による慰謝料の支払請求権）がありますが、日本の民法は、それらの上位概念として「債権」という抽象性の高い概念を置き、債権の「総則」で、共通するルールを置いています。

◆物権と債権の特徴

ここで少し補足的に、予備的な知識として、「**物権**」と「**債権**」について、触れておきたいと思います。この概念は非常に抽象的なので、最初に一定の説明が必要だからです。ごく簡単に説明すれば、物権は、**物を支配する権利**であるのに対し、債権は、**他者に一定の給付を求める権利**といえます。そして、民法は、財産上の権利を、大きく、物に対する権利と他人に対する権利に分けて、それぞれ、第2編と第3編に規定しています。それぞれの権利には、およそ、次のような特徴があります。

①まず、物権は、人が物を**直接的に支配する権利**であり、さらに、原則的にいかなる者に対しても行使できる**絶対的権利**です。例えば、物権の中心である所有権は、誰に対しても、その物の使用・収益・処分をすることを主張することができる権利です（民法２０６条）。これに対し債権は、人が他者に対して一定の行為を請求する権利にすぎず、その意味において権利が実現するか否かは債務者にかかっていて（したがって、**間接的**）、さらに、債権者は債務者に対してだけ権利行使できるにすぎません（**相対的**）。

②また、物権は、物を直接的に支配する権利ですから、同一物の上に同じ内容の物権は成立

◎物権と債権の違い

物　権	債　権
物を支配する権利	他人に給付を求める権利
直接的・絶対的	間接的・相対的
排他性あり	排他性なし
物権法定主義（民法175条）	契約自由（民法521条）

しません。例えば、1つの物に対して、AもB も（単独の）所有権を有するという状態は生じません。物権同士が衝突する局面においては、その優先関係を決します。これに対し債権は、他者（人）に対する権利であるため、排他的支配を認めるには適しません（人が他人を支配することは、認められません）。むしろ、権利の競合（併存）を認めたうえで、債務の履行を債務者の意思に委ねることが取引を自由かつ活発なものとし、債権の機能を発揮することにつながると考えられています。

③さらに、物権は他者をも拘束する絶対的権利なので、物権の種類等の内容を画一的に法定しないと、取引の安全性を確保することが困難となってしまうことから、物権の種類・内容は法律に定められたもの以外認められないものとなっています（**物権法定主義**。民法175条）。これに対して債権は、債権者と債務者の間でのみ生じる相対的権利ですから、当事者間で自由な内容の債権を創設することが可能です（特に契約の領域においては、わが国では市場を活用した取引がなされていることもあり、「**契約自由の原則**」の名のもとで債権の内容は無限の広がりを見せています。民法521条）。

CIVIL LAW

5

民法と民事訴訟

——なぜ民事訴訟はマネーゲームといわれるの？

◆実体法としての民法

例えば、AがBに対して、「100万円を支払え」と請求したとしましょう。この場合、Aの主張が正当性を確保するためには、それが法的な根拠をもって裏付けられなければなりません。つまり、「なぜ、払わなければならないのか？」を法律で定めておかなければならないのです。その根拠になるのが、例えば、売買代金の支払い（民法555条）であったり、敷金の返還請求（民法622条の2第1項）であったり、不法行為がなされた場合の損害賠償（民法709条）であったりします。

このように、権利や義務の発生・変更・消滅の要件等、法律関係の内容について規定する法を「**実体法**」といいます。民法は実体法であり、さまざまな権利・義務の根拠規定を置いています。一般的に、「一定の要件が備われば、一定の効果（権利の発生・変更・消滅という変動）が生ずる」という関係を捉え、その原因となるものを「**法律要件**」、その結果を「**法律効果**」といいますが、実体法である民法には、このように、法律要件・法律効果がたくさん規定され

◎法律要件と法律効果

民法709条を例にとると……

〔法律要件〕

①故意または過失による加害行為
②権利または法律上保護される利益の侵害
③損害の発生
④加害行為と損害の発生の間の因果関係

↓

〔法律効果〕

損害賠償責任

ているのです。

◆当事者間で争いが生じた場合には……

ところで、Aの請求が実体法上で裏付けられていたとしても、法体系としては、それだけでは十分ではありません。なぜならば、Bが義務を果たしてくれる保証はどこにもないからです。Bが何らかの理由で義務の履行を拒んでいる場合、Aの権利の実現を図るための手続きを整えなければなりません。

そもそも、市民間で紛争が生じた場合、それを解決する手段としては、まずは、紛争当事者間での話合いや交渉が考えられます。[7]しかし、話合いや交渉による当事者間の解決が可能なばかりでもありません。その場合、第三者の裁定による解決が考えられます。そしてその究極的なものが、裁判所を裁定者とする「**民事裁判（民事訴訟）**」です。

◆民事訴訟手続のイメージ

民事訴訟は、最終的には紛争解決のために当事者を拘束する判決を出すことが目指されますが、ここで、その手続きを詳細に説明する紙幅はありません。ただし、民事訴訟手続を大枠で示せば、〔訴えの提起〕→〔口頭弁論による審理と証拠調べ〕→〔判決〕となります。

まず、原告から訴状が提出され、それが裁判所で受理されると、被告にも通知がいき、口頭弁論が開かれることになります。口頭弁論とは、原告と被告が裁判所において対席したうえで、裁判官の面前において口頭で、事件についての権利や事実を主張したり証拠を提出し合ったりして、互いに応酬するものです。[8] そして、お互いの主張が食い違っている部分は、訴訟当事者

7　紛争当事者の合意による解決手段である「当事者同士の話し合い・交渉」と、紛争当事者の合意によらない強制的な解決手段である「民事訴訟」の中間に位置するものとして、「裁判外紛争解決手続（ＡＤＲ）」があります。ＡＤＲは、第三者が紛争当事者間に介入して紛争解決を図る手法であり、具体的には、ⓐ第三者を介在させつつ紛争当事者における解決案の合意形成を目指す調整型ＡＤＲと、ⓑ当事者が合意した第三者が判断して決着をつける（その第三者が行なった解決内容に当事者は文句を言えない）裁断型ＡＤＲがあります。現在、ＡＤＲの果たす役割が大きくなっています。

8　実際の民事訴訟では、実は、「口頭」で弁論を展開する場面はほとんどなく、事前に書面で争点などの整理を行なうのですが、それについては、本書では触れません。

に「証拠」を提出してもらい、自分の言い分が正しいことを「証明」してもらい、それを裁判所が判断します。これが、証拠調べ手続です。

わが国では、裁判所は、裁判の基礎となる事実の認定にあたって、口頭弁論の全趣旨および証拠調べの結果を斟酌《しんしゃく》して、自由な心証により、事実についての主張を真実と認めるべきか否かを判断することとなっています。これを「**自由心証主義**」といいます（民事訴訟法247条）。どのような事実を認定するためにどのような証拠がなければならないという制限がなく、裁判官の経験を信頼して裁判官の自由な心証に委ねているのです。

◆証明責任とは

ところで、証明における裁判官の心証としては、一般的に、その事実が存在することに「通常人が疑を差し挟まない程度に真実性の確信を持ち得るものであること」を要するものとされています。[9] 要は、「一般的な感覚からして、十中八九間違いない」という心証を裁判官が抱くことが必要なのです。

では、裁判官が事実の真否を判断しようとしても、その事実が本当にあったかどうかわからない場合はどうなるのでしょうか。裁判官は神ではありませんから、証拠を提出してもらっても、結局、真実はわからないということも当然あるわけです。例えば、貸金返還請求訴訟において、借主が貸主に弁済したか否かが争われて、結局、弁済したのかどうか、裁判官もわからないという場合です。しかし、「真偽（存否）不明」の状態になったからといって、裁判所が判断を回避するわけにはいきません。そこで、「**証明責任**」という概念があります。

証明責任とは、訴訟において裁判所が真偽不明の状態になった場合、その結果として、判決において、その事実を法律要件とする自己に有利な法律効果の発生・不発生が認められないことになるという、一方当事者の不利益をいいます。そして、不利益を受ける立場にあることを指して「**証明責任を負う**」といいます。例えば、先ほどの例で、「弁済」についての証明責任は、借主が負います。したがって、借主が弁済の証明に失敗すると、裁判上では、「弁済した」ということ事実はなかったものとして扱われます（その結果として、借主は、そのぶん敗訴に近づくことになります）。ここで大切なのは、民事訴訟では、黙っていても勝手に裁判所が真実を導き出してくれるわけではないという点です。判決の基礎となる事実と証拠は、当事者が責任を負っています（このような考え方を、「**弁論主義**」といいます）。ですから、裁判所で認定される「事実」は、常に「真実」とは限りません。自分が証明責任を負っている事実を、しっかり証明できなければ、その事実は（神の目から見れば存在した事実だとしても）「ないもの」として扱われるのです。ですから民事訴訟では、ときとして、高額な報酬を払ってでも、優秀な弁護士を雇い、自分の訴訟活動を有利に進めようとするのです。

9　最判昭和50年10月24日民集29巻9号1417頁

コラム

「判例」って何?

裁判所が出す判決文等の中で、別の事件を裁判するときにも先例となるような性質を有する、一般化できるような部分を「判例」といいます。ちなみに、裁判所が裁判理由で示した法律判断のうち、どの部分が先例としての力を持つ「判例」で、どの部分がそうではない「傍論《ぼうろん》」なのかの峻別《しゅんべつ》は、判決文を読む際に重要となります。

民法を学修するうえで、「判例」の比重は非常に大きいものがあります。それは、判例が裁判実務や社会一般に与える影響が大きいからです。判例には実質的な先例拘束性・法源性が認められ、新たな裁判がなされる場合には過去の判例が重視されますし、訴訟当事者(およびその訴訟代理人たる弁護士)が訴訟活動を行なう際に、自己の主張を認めてもらうために判例を全く無視した議論をすることは困難です。また、成文法の動き(立法)が遅ければ遅いほど、判例の果たす役割は大きくなります。判例は、社会の変動を反映している場合も多く、判例の積み重ねによって判例法が生成されたり、新たな成文法の制定への動機づけになったりするなど、社会一般に対しても大きな影響を与えることもあるのです。

ここで少し、技術的な話をしておきましょう。民法の学修において、教科書や判例集を見ると、よく、判決の年月日が書かれている記述に遭遇します。例えば、「最二小判令和

4年6月24日民集76巻5号1170頁」のように書かれていますが、これは何を意味しているのでしょうか？　まず、「最二小判」とは、「最高裁判所」の「第二小法廷」が出した「判決」という意味を示した略語です。次に、「民集」とは、何でしょうか。これは、正式な名称を『最高裁判所民事判例集』とする、判例集の略称です。そして、最高裁判所民事判例集は、最高裁判所の判決・決定の中で、特に判例として公表に値すると判断されたものを編集・刊行した、公式判例集です（判例集に登載する事件を選択するのは、最高裁判所に置かれている判例委員会です。登載の決定があると、判示事項、裁判要旨・参照条文などの内容が審議・決定され、第1審・原審の判決などを付して印刷されます）。

なお、公式判例集以外にも、例えば、『判例タイムズ（略称：判タ）』、『判例時報（略称：判時）』、『金融・商事判例（略称：金商）』といった雑誌があります。これらの雑誌でも、裁判のほぼ原文にあたることができますし、また、それらには通常、冒頭に当該裁判についてのコメント（解説）記事が掲載されています。それを活用すると、その裁判のポイントや位置づけを理解するのに効果的です。また、裁判所のホームページでも、判決文などが掲載されているので、そちらを参照すると便利です。

CIVIL LAW

第2章

総則

CIVIL LAW 1

民法総則の概要
——民法総則は、何を規定しているの？

◆パンデクテン体系における「総則」

日本の民法は、先ほどの説明のとおりパンデクテン体系（24頁参照）を採用しているため、共通するルールは「総則」という形で、まとめて前に置かれています。つまり、ごく簡単に言うならば、民法第1編「総則」は、**民法全体に共通するルール**を置いていることになります。そのような意味からも、内容は極めて抽象的なものが多いといえます。

より具体的に、規定されている内容を挙げれば、ⓐ権利の主体、ⓑ権利の客体、ⓒ権利の変動原因、ⓓ時間という4つの要素が軸になっています。

◆第2編（物権）・第3編（債権）との関係

ここで、ややくどいのですが、パンデクテン体系における条文の階層性を確認しておきましょう。いや、このパンデクテン体系は、なかなか手ごわいのです。

まずは、財産法の領域で、「A1とA2が共同で、Bから、B所有の土地を3000万円で買う

◎第1編（総則）の構成

第1編 総則	民法の理念	①通則（1条～2条）
	権利の主体（誰が）	②人（3条～32条の2）
		③法人（33条～84条）
	権利の客体（何を）	④物（85条～89条）
	権利の変動原因（どうした）	⑤法律行為（90条～137条）
	時間（いつからいつまで）	⑥期間の計算（138条～143条）
		⑦時効（144条～174条）

※①、②、③…は、第1編の各章の番号

こととした」という例を考えてください。実は、このようなシンプルな例においても、置かれている条文の位置が異なります。

　A_1・A_2とBとの間で締結されたものは「売買契約」ですから、売買特有のルール（第3編第2章第3節。44頁上の図表③のレベル）に服することは当然なのですが、売買契約は「契約」の一種ですから、契約全般のルール（第3編第2章第1節）に服することになりますし、また、契約は「債権」発生原因の一種ですから、債権全般のルール（第3編第1章）にも服することになります（同図表②のレベル）。さらに、契約は「法律行為」の一種ですから、民法全般のルール（第1編。同図表①のレベル）にも服することになるのです。

　また、A_1・A_2とBとの間で取引されている目的物（権利の客体）は、「土地」ですが、土地とい

◎概念の抽象度と条文の位置

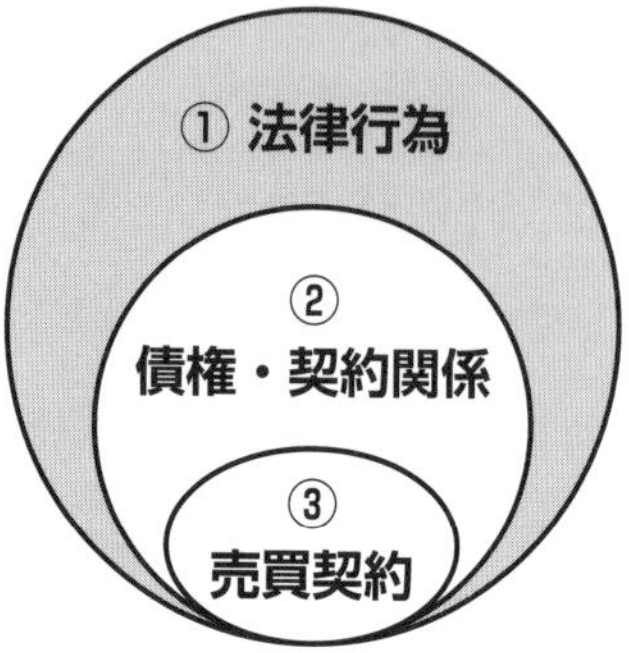

〔①のレベル〕

例：A_1・A_2がBに騙されて法律行為をした → 96条

〔②のレベル〕

例：A_1・A_2が代金を支払わない → 414条、415条

〔③のレベル〕

例：A_1・A_2が契約締結時に手付を交付した → 557条

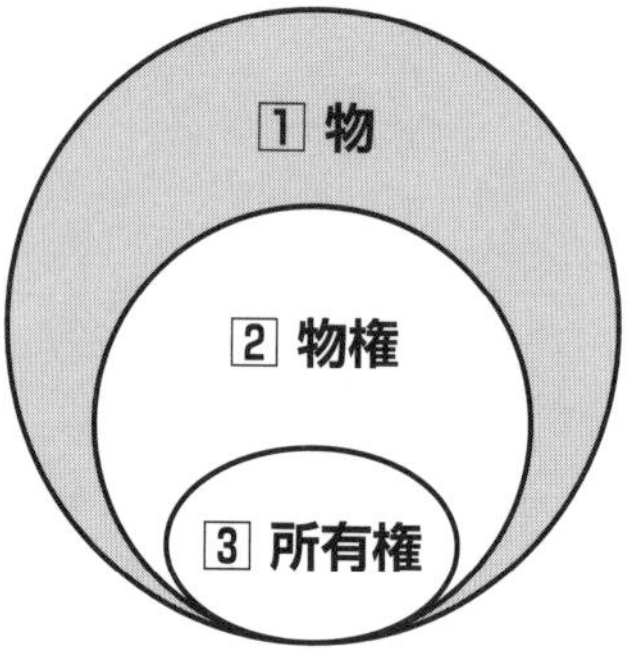

〔1のレベル〕

例：土地という物の位置づけ → 86条

〔2のレベル〕

例：BからA_1・A_2への物権の移転 → 176条、177条

〔3のレベル〕

例：土地に関するA_1・A_2の共有関係 → 249条

う「物」については、民法全般のルール（第1編。前頁下の図表1のレベル）として規定されています。また、その物に対する権利（物権）の移転のルールは、物権全般のルール（第2編第1章。同図表2のレベル）として規定されています。さらに、物権の中でも、特に「所有権」に関するルール（第2編第3章）は、また別に規定されているのです（同図表3のレベル）。

◆第4編（親族）・第5編（相続）との関係

では、家族法領域（第4編・第5編）はどうでしょうか。

民法総則（第1編）は民法に共通するルールを規定しているのですから、当然、第4編・第5編の総則でもあるわけです。

例えば、民法6条1項には、「一種又は数種の営業を許された未成年者は、その営業に関しては、成年者と同一の行為能力を有する」と規定されています。この条文は、「権利義務の主体」としての「人」の能力という観点から、保護の対象として「未成年者」を定め、原則的に法定代理人の同意を得る必要があるけれども、例外的に、「営業」を許可された場合には、未成年者といえども単独でなし得ることを規定しています。

しかし、誰が営業を許可するのかについてのルールは、そこにはありません。これは、「親子」という家族関係から親に対して与えられる「親権」の具体的内容として、「職業許可権」が、民法823条に規定されています。このように「人」全般に関するルールと、親子関係に関する特別のルールを切り分けながら、関連させて規定しています。

ただし、家族法領域については、実は、一定の留意が必要です。例えば、自分が所有する自動車を売る気もないのに、特定の相手に「売る」と言った場合はどうでしょうか。これは、民法93条の心裡留保による意思表示（81頁参照）となり、同条1項本文に基づき、原則としてその意思表示は有効となります。これは、**禁反言**《きんはんげん》（矛盾挙動の禁止）の考え方から導かれるものです。

では、婚姻をする気もないのに、特定の相手方に「結婚する」と言った場合はどうでしょうか。相手方がそれを信じた場合には、もはや婚姻は有効となり、夫婦としての生活が義務付けられるのでしょうか。結論から言うと、そうはなりません。つまり、民法93条の適用がありません。なぜならば、家族身分関係においては、より「意思」というものが重視される（結婚する気がないのに、法がそれを強制するのは不適切である）からです。

実は、民法総則は、少なからず、財産関係を念頭に規定されているものが少なくありません。そこで、ひとまず民法（＝民法全体の）総則ではありますが、家族法領域においては、適用が排除される場合も少なくありません。民法総則を、第2編および第3編と合わせて「財産法」と分類する向きがあるのは、そのためです。

CIVIL LAW

2

権利義務の主体としての「人」

——人以外の動物は主体になれないの?

◇権利能力平等の原則

市民社会においては、財産を多く保有している者もそうでない者も、また、社会的地位や性別にかかわりなく、すべての人が自由な社会・経済活動を行なうための機会が確保されています。そして、人であれば誰でも——「出生」から「死亡」まで——さまざまな属性を持つ個々人に対して等しく、権利・義務の帰属主体たりうる能力(**権利能力**)が付与されています。これが、「**権利能力平等の原則**」です。

読者のみなさんの中には、そもそも人が権利主体であることを、当然のように感じられる方もいるかもしれません。しかし、歴史的に見れば、近代市民革命を通じ、封建的な身分の拘束から解放され、人格の自由というものが保障されてはじめて、人は自由・平等な権利義務の主体として位置づけられるようになったのです。また、近代市民法が確立するようになった後ですら、権利能力が平等に与えられていなかった(さまざまなレベルで差別が横行した)歴史が少なからずあることを我々は直視しなければなりません[1]。

◎人・物と主体・客体の関係

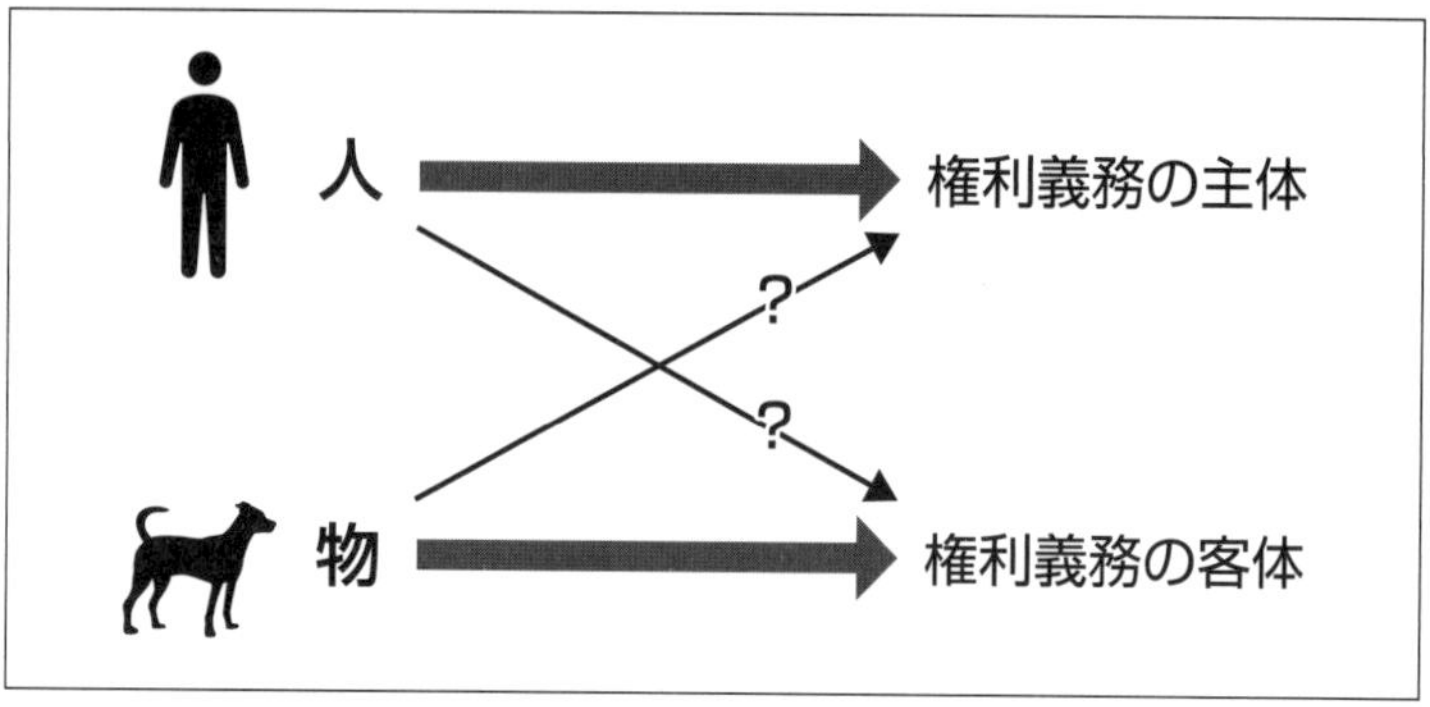

◇人は客体にはなりえない？

ただし、権利能力に関しては、さまざまな現代的問題があります。伝統的な権利観は、主体と客体の区別を前提とし、「人」の外にある客体を、主体としての「人」に割り当てるというように捉えています。しかし、人自体が取引の対象とならないのは当然であるとしても、「人身」や「人格」も権利の対象（客体）とならないのかという議論が生じます。

例えば、代理母や臓器移植の問題を考える場合、人身の一部（血液、子宮、精子、臓器など）が取引の客体になり得ないのかを検討する必要があります。

また、**人格権**という権利が認められているという点にも留意する必要があります。例えば、肖像やプライバシーなどを考える際に、それが取引の対象（客体）になることを前提として、本人の同意のない人格権侵害に対して、損害賠償（事後的救済）や差止め（事前的救済）の問題が登場するのです。

◆動物は動く「物」？

ところで、私たちの生きている空間には、人以外の動物も、たくさん存在しています。特に、ペットは、私たちの生活に密着しています。犬や猫をはじめとして、ハムスター、インコ、熱帯魚など、私たちは、さまざまなペットを飼っています。動物を扱った小説やテレビ番組なども数知れません。

では、人以外の動物は、民法上、どのように位置づけられるのでしょうか。結論から言えば、ペットなども含めて動物は、基本的に「物」として扱われています。「物」として扱われる以上、「人」のように、権利の主体になることはできません。資産家が、愛犬に3億円の財産を相続させたいと思っても、その犬には、遺産を受け取る権利はありません。また、ペットが事故に遭って負傷したり死亡したりしても、ペット自身が加害者に損害賠償を求めることはできませんし、飼い主も、いくらペットを家族のように可愛がっていたとしても、家族が事故に遭ったときのような高額の慰謝料（民法711条参照）を請求することはできません。

1　近代の奴隷制度と法のかかわりについては、能見善久「人の権利能力 ―平等と差別の法的構造・序説―」、能見善久ほか編『民法学における法と政策』（有斐閣、2007年）69頁

◆動物も権利主体として認められるべきか？

しかし世界では、さまざまな方面から、動物の地位を見直す動きがあります。「動物の福祉（animal welfare）」「動物の解放（animal liberation）」「動物の権利（animal rights）」といった主張が、20世紀後半からなされてきました。内容や程度はさまざまですが、動物にも、苦痛を受けない地位や、殺害を受けない地位があるというものです。ここからは、動物の主体性を読み解くことができます。

思想にも、さまざまなものがあります。一例を挙げれば、功利主義から、動物の擁護を説明する場合があります。実は、功利主義にもいろいろな考え方がありますが、（大雑把に言えば）幸福を人生や社会の最大の目的とする考え方であり、功利主義者の1人であるジュレミー・ベンサムには、「最大多数の最大幸福」を得られることが望ましいとしました。そして、そこから出発し、「幸福」を、その選好の満足や充実にあると捉えたうえで、動物は、人と同じように苦しみを感じることができる生物なので、そのような苦しみに対して人も動物も平等に配慮されるべきであると主張する見解もあります。性や人種の不平等などを認めないのと同様に、「種の不平等」を認めない考え方です。

コラム

動物実験は正当化されるの？

動物の福祉・解放・権利に関する議論は、聞こえはいいのですが、決して簡単ではありません。面白半分に動物を痛めつけるような行為は論外としても、科学を進歩させるための動物の使用（いわゆる、動物実験）を考えるとき、私たちは、その是非について少し悩むかもしれません（参考として、平成18年文部科学省告示71号「研究機関等における動物実験等の実施に関する基本指針」）。そして、個々で、意見が分かれるかもしれません。

ある人は、「動物実験が人間界にもたらしてくれる利益は、動物への危害によってもたらす不利益を上回る（したがって、動物実験は正当化される）」と考えるかもしれません。また、ある人は、「道徳的に考えて、人間のエゴで動物を殺傷することは、それが科学的な調査であったとしても、決して許されるべきではない（したがって、動物実験は正当化されない）」と考えるかもしれません。さらに、ある人は、「ジレンマを抱える問題であり、明確な回答は出せない」と考えるかもしれません。

そして、同様の意見対立は、大規模な集約式畜産制度、動物の毛皮を利用した服の製造・販売、水族館での動物を用いたショーなど、さまざまな場面で起こり得るものです。

CIVIL LAW 3

出生

――生まれるのが少し遅いと相続人になれないの？

◆生まれたらまずすること

私たちは誰もが、特定の男女から生を受けてこの世に誕生してきたのですが。子が「出《しゅっ》生《しょう》」すると、通常、親は、生まれた日を含めて14日以内に「**出生届**」を役所に提出することとなっています（戸籍法49条、52条）。

ちなみに、その届の中で、子の名も届け出ることとなっています。命名については、使用できる文字について法律上の規制がありますが、その他にも、命名権の濫用と認められるような場合、役所は出生届の受理を拒否できるものと解されています。読者のみなさんは、以前、「悪魔くん事件[2]」があったのをご存じでしょうか。子に「悪魔」という名をつけようとして役所に届の受理を拒絶され、その後に紛争となりました。

◆戸籍とは？

出生届と紐づけられるものとして、「**戸籍**」があります。出生届を提出することによって、戸籍に記載されることになります。では、戸籍とは、何でしょうか。

戸籍とは、その者の身分関係について記録した公的書類のことです。「いつ、誰の子として生まれたのか」そして「いつ誰と結婚して」「いつ亡くなったのか」というようなものが記載されます。戸籍に関する詳細なルールは、戸籍法に規定されています。同法によれば、戸籍は、「市町村の区域内に本籍を定める一の夫婦及びこれと氏を同じくする子」ごとに、これを編製するとなっています（戸籍法6条本文）。個人単位ではない戸籍制度は、諸外国と比較すると珍しいです。

なお、日本人であれば、通常、誰でもどこかの戸籍に属することになりますが、少数ながら、やむを得ず無戸籍となってしまう人がいます。無戸籍だと、日本という国で日本国民として生きていくことができません。選挙で参政権を行使することができず、身分証明書や運転免許証やパスポートなども作れません。預金口座の開設や、健康保険、雇用保険、年金など、普通に受けられるはずのものが受けられなくなってしまいます。

余談ですが、出生届によって、「**住民票**」も作られることとなります。戸籍と住民票は、全く趣旨が異なる制度です。戸籍は身分事項を公証するものであるのに対し、住民票は居住関係（住んでいること）を公証するものです。

2　東京家裁八王子支部審判平成6年1月31日判例時報1486号56頁

◆「胎児」は「人」ではない?

民法上、権利能力の始期は、「出生」となっています(民法3条1項)。つまり、生まれ出てきて1人の独立した生命体となることによって、はじめて、権利・義務の主体になることができるのです。この条文の裏側を解釈すると、出生する前は、権利能力を与えられていないことになります。

では、胎児として、まだ母体の中にいる間に父親が亡くなった場合はどうなるのでしょうか。父親の死亡時に出生していないので、相続人になれないのでしょうか? それでは、少し生まれるのが遅かったことが原因で、不公平が生じてしまいます。また、それでは、被相続人(亡くなった父親)の意に沿わない結果となってしまう可能性もあります。そこで民法は、「胎児は、相続については、**既に生まれたものとみなす**」という規定を置いています(民法886条1項)。すなわち、出生前であっても例外的に、相続権を胎児に与えるというルールになっているのです。[3]

なお、「既に生まれたものとみなす」という文言を巡って、どのように解釈するか、若干争いがありますが、判例[4]および通説は、停止条件説という考え方を採用しています。すなわち、胎児でいる間は相続権がまだ与えられないが(ですから、胎児の間は、胎児を体内に持つ親も胎児の代理人になることができません)、出生後に、相続発生時にさかのぼって相続権が与えられるものと解されています。

◆相続人の1人が胎児の場合

では、相続人の1人に胎児がいる場合、相続人の間で誰がどれくらい遺産を相続するかを巡る話し合い（遺産分割協議。435頁参照）は、どのように行なわれるのでしょうか。

そもそも、相続人が複数人いる場合には、相続財産は相続人および包括受遺者の共有とされています（民法898条、990条）。そこで、遺産分割協議をして相続財産をどのように分けるかを決めますが、遺産分割協議は、相続人および包括受遺者の全員が参加して行なう必要があります（民法907条1項、990条）。

先ほど示したとおり、胎児にも（出生を条件として遡及して）相続権が与えられますので、胎児も遺産分割協議の構成員となりますが、他方では、死産であった場合には相続権は与えられません。そこで、胎児の間は相続人が確定していない状態といえます。仮に胎児を抜きにして遺産分割協議を行なうと、その後胎児が生まれてきた場合には、遺産分割協議が成立していても、やり直しが必要となってしまいます。したがって、通常、遺産分割協議は、胎児の出生を待って行なうこととなります。

3　ちなみに、胎児は、相続人だけではなく、受遺者（遺言によって財産を受け取る者）になることもできます（民法965条）。また、胎児の間に不法行為を受けた場合、損害賠償請求をすることもできます（民法721条）。

4　大判昭和7年10月6日民集11巻2023頁

CIVIL LAW

4

死亡

——配偶者が行方不明になったとき、どうすればいいの？

◆死を迎えると生じる法律関係

私たちは、人である以上、いつか死をむかえます。通常、死亡は、医師の死亡診断書や死体検案書によって認定されます。死亡診断書・死体検案書は、人の死を医学的・法律的に証明するとともに、死亡統計作成の資料となるものです。そして、誰かが死亡すると、親族、親族以外の同居者、家主などによって役所に「**死亡届**」が提出されます。死亡届は、届出人が死亡の事実を知った日から7日以内に届けることになっています（戸籍法86条参照）。

では、死亡によって、どのような法律関係が生じるのでしょうか。もちろん、その人の権利能力が消滅するわけですが、それ以外にも、大きく2つのことを指摘することができます。

まず、人が死亡すると、**相続が開始**します（民法882条。407頁以下参照）。特定の人（被相続人）のさまざまな法律関係が、死亡によって突然終了してしまい、継続性がないと、さまざまな利害関係人が混乱してしまいます。そこで、被相続人の法律関係を包括的に、誰かに承継させる仕組みが必要です。これが、相続です。

もう1つ、死亡した人が誰かと婚姻関係にあった場合、その夫婦の**婚姻関係は終了**することになります（死別）。そのため、生存配偶者は、再婚をすることが可能となります。なお、婚姻関係によって姻族《いんぞく》関係（配偶者の血縁者も親族関係が形成される、いわゆる「義理」の関係）が形成されていますが、姻族を解消するためには、配偶者の死亡という事実だけでは足りません。別に、「姻族関係終了届」という手続きが必要となります（民法728条2項、戸籍法96条参照）。

◆失踪宣告とは？

ところで、その人の死亡の証明が困難な場合もあります。例えば、誰かが蒸発して行方不明になったり、大きな災害が発生して遺体が発見されないまま捜索が継続されている場合などが考えられます。その場合、親族などは、本人が生存していることを信じて待つという選択肢も十分にありますが、それが望めず、一区切りつけたいと考えることもあります。そこで、これに対処するための制度として、**失踪宣告**（民法30条、31条）や**認定死亡**（戸籍法89条）という制度があります。

このうち、失踪宣告が、民法上の制度です。この制度は、一般的には7年以上（普通失踪）、また、特別な危難に遭遇した（戦地に臨んだ、沈没した船舶の中にいたなど）のであれば危難の終わったときから1年以上（特別失踪）、それぞれ、不在者の生死が不明な場合、利害関係人の請求に基づき、家庭裁判所が失踪宣告を行なうというものです。生死不明の状態が長期間継続した場合に、特に失踪者をめぐる身分関係や相続関係において利害関係人の不都合を解消するための制度といえます。

失踪宣告がなされると、その効果として、普通失踪にあっては期間満了のとき、特別失踪にあっては危難が去ったときに、それぞれ、死亡したものとみなされます。つまり、生死不明者の死亡が擬制されるのです。その結果として、先ほどお話ししたとおり、相続が発生し、また、残された配偶者は再婚ができるようになります。[5]

◆死亡したはずが……

ところで、読者のみなさんは、アルフレッド・テニスンの物語詩『イノック・アーデン』をご存じでしょうか。実直なイノックが、妻や子どもの幸福を考えて、海を越えて稼ぎに行くのですが、10年の歳月を経て帰ってくると、妻と子どもは、他の男性と幸せな生活を送っているという物語なのですが……。これを失踪宣告と関係づけるとどうなるのでしょうか。失踪宣告後に、失踪者が生きて帰ってきたらどうするかという問題です。

この場合、失踪宣告の取消しという制度がありますので、相続などは、遡及的《そきゅうてき》に相続がなかったものとして扱われます。「私、生きているから、私の財産、返して」と言えばいいので、それほど難しくはありません（ただし、民法32条1項後段は、その取消しは失踪の宣告後その取消し前に善意でした行為の効力に影響を及ぼさないものとしています）。

では、再婚などは、どうなるのでしょう？　これが少し難しい問題を孕《はら》みます。[6] 特に、再婚当事者の一方または双方が、失踪者が死亡していないことを知っていながら（悪意）、再婚をした場合、果たして、後婚は無効になるのでしょうか。再婚当事者が、失踪者が生きていることを知らなかった（善意）場合であれば、前婚は復活しないということで、学説上、争いはありませんが、再婚当事者が悪意である場合は、学説上も、見解が分かれます。

前婚が復活すると解すれば、重婚状態となり、前婚について離婚をするか、再婚を取り消す（民法732条、744条）こととなります。他方、家族身分関係であることから、当事者の意思を尊重し、前婚は常に復活しないことになれば、元配偶者（失踪者）との関係は、慰謝料・財産分与の問題が生じるのみとなります。

5　失踪した相手と「別れる」という効果だけであれば、失踪宣告制度ではなく、裁判離婚（民法770条）によっても実現可能です。配偶者の生死が3年以上明らかでないときには、夫婦のもう一方は、離婚の訴えを提起することができます（同条1項3号）。また、失踪が、悪意の遺棄（同条項2号）や婚姻を継続し難い重大な事由（同条項5号）に該当する可能性もあります。

6　河上正二「『イノック・アーデン』考―失踪宣告の取消しと婚姻―」中川良延ほか編『日本民法学の形成と課題（上）』（有斐閣、1996年）81頁。

CIVIL LAW 5

法人
——会社の社長は本当にエラいの？

◆法人とは？

私たちの活動の中には、個々の人（**自然人**）の社会活動だけではなく、団体による社会活動もあります。そして、これらの団体の中には、団体の構成員とは独立して団体自体を法的に位置づけるほうが妥当なものもあります。そこで民法は、自然人以外にも権利・義務の主体となることができる（＝権利能力を有する）存在として、「**法人**」を認めています（民法33条以下）。特に今の日本では、「**株式会社**」という法人が社会の中で定着しており、日本の経済を語るうえで必要不可欠なものとなっています。

団体が法人となると、権利・義務が団体そのものに帰属し、その団体名義で登記を行ない、さらに、その団体名義で取引をすることとなります。これに対して、ある団体が法人格を付与されない以上、その団体は「**組合**」（民法667条）という、契約で結ばれた人の集まりとして扱われることになります（250頁参照）。

◎組合と法人の違い

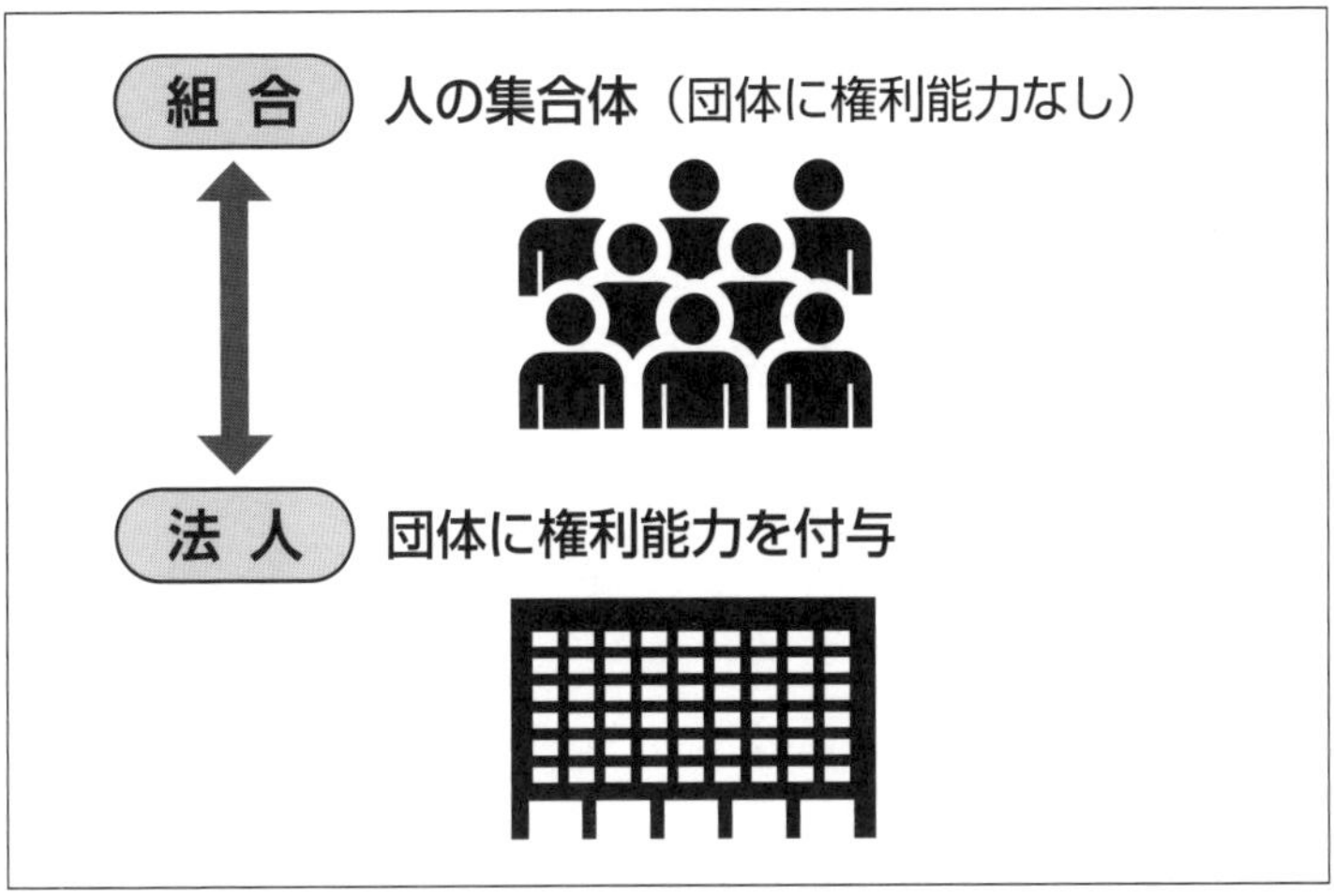

◆法人の設立と国家の関与

そもそも日本国憲法は、基本的人権の1つとして「団体設立の自由」を認めています（憲法21条）が、これは、個々人が自由に団体を組成することができ、これに対して国家から不当な干渉を受けないことを保障したにすぎず、すべての団体が法人として扱われることを保障していません。法人は、民法その他の法律の規定によらなければ、成立しません（民法33条1項）。これを、「**法人法定主義**」といいます。

ちなみに、法人が設立する際に国家がどれだけ関与するかは、設立する法人がどのようなものかによって異なります。国家の関与の程度に応じて、特許、許可、認可、認証、準則、当然設立などに分けることができます。

近年においては、規制緩和のもとで、準則主義（法律の定める要件を具備すれば、行政官庁の許可や認可がなくても法人の設立が認められる）が多数を占めています。一般的な株式会社の設立も準則主義です。

◆法人にはどんな種類がある？

「法人」と一口に言っても、さまざまな種類がありますが、特に、**「営利法人」「非営利法人」**という区別は重要です。営利法人とは、営利活動によって得られた収益の分配を目的とする法人をいいます。確かに、株式会社では、毎年の収益の一部を、株主に配当という形で分配するシステムがあります。これに対して、非営利法人とは、収益の分配を目的としない法人です。営利法人の中心は株式会社であり、「会社法」などの適用があるのに対し、非営利法人は、「一般社団法人及び一般財団法人に関する法律」などの適用があり、準拠する法律が異なります。

もう1つ、**「社団法人」「財団法人」**という区別も重要です。一定の目的のもとに結合した人の団体で構成された法人を、社団法人といいます。社団法人は、構成員たる社員を不可欠の要素とし、社員総会が法人の最高意思決定機関となり、その決定に基づいて自律的に行動（管理・運営）します。これに対し、一定の目的を遂行するために捧げられた財産の集合で構成された法人を、財団法人といいます。これを設立した者の意思を忠実に実行するものであり、社員や社員総会などは要素となっていません。例えば、絵画のコレクターが、その絵画で美術館（財団法人）を設立したりします。

南青山にある根津美術館は、公益財団法人です。東武鉄道の社長などを務めた実業家・初代根津嘉一郎が収集した日本・東洋の古美術品コレクションを保存し、展示するためにつくられた美術館です（写真は根津美術館ホームページより）。

◇株式会社が政治献金？

ところで法人には、権利能力が与えられるといっても、民法上、あくまで「目的の範囲内」でしか活動をすることができない建前になっています（民法34条）。会社を設立する際に作成される**定款**《ていかん》にも、必ず「目的」を記載することになっています。例えば、出版社の定款には、「書籍の出版事業」といった目的が定められています。自然人と異なり、法人が生きるためには目的が必要であり、目的の範囲外の行為は無効となります。

ただし、判例では、その「目的」をかなり広く解する傾向にあります。特に、営利法人である株式会社は、究極的には収益をあげて株主にそれを分配することが求められますから、それにつながる活動である限り、広く、目的の範囲に含まれるのです。例えば、株式会社が特定の政党に政治献金をしたことが目的の範囲内か争われた事件について、最高裁[7]は、次のように判示しています（八幡製鉄所政治献金事件。判決文一部抜粋）。明示された目的に限定されず、目的を遂行するうえで直接または間接的に必要な行為をすべて包含することがわかります。

> ある行為が一見定款所定の目的とかかわりがないものであるとしても、会社に、社会通念上、期待ないし要請されるものであるかぎり、その期待ないし要請にこたえることは、会社の当然になしうるところであるといわなければならない。そしてまた、会社にとっても、一般に、かかる社会的作用に属する活動をすることは、無益無用のことではなく、企業体としての円滑な発展を図るうえに相当の価値と効果を認めることもできるのであるから、その意味において、これらの行為もまた、間接ではあっても、目的遂行のうえに必要なものであるとするを妨げない。

◆社長ってどんな人？

ところで、法人はどのように活動するのでしょうか。法人という実体はありませんから、法人としての社会・経済活動を支える存在が必要です。

株式会社で言えば、まず、頭脳の役割を担うのが「**株主**」です。株式会社の実質的な所有者である株主が集まって（**株主総会**）、会社の運営について意思決定するのです（会社法295条1項。なお、取締役会との関係につき、同条2項）。また、実質的な所有者として、株主はインカムゲイン（株式の配当金など）を得たり、キャピタルゲイン（保有株式の売却益など）を得ることができます。これに対し、会社の手足に該当するのが「**取締役**」です。株主総会によって選任（委託）された取締役が、実際に事業を行ないます（66ページ図表参照）。

なお、取締役が何名もいて、取締役全員で構成する会議体である「**取締役会**」が設置されると、取締役の中から特に、「**代表取締役**」が選任されることとなります。この人が、一般用語でいうところの「社長さん」です。そして、代表取締役が選任されると、代表権が代表取締役に集中することになります。代表権の範囲は、株式会社の業務に関する一切の行為に及びます（会社法349条4項）。そのような限りにおいて、社長はエラいということになるのでしょうか……。

7　最大判昭和45年6月24日民集24巻6号625頁。他方で、税理士会が行なった政治献金につき、このような法人について目的を広範囲に広げてしまうと、法の趣旨を没却する結果をもたらしかねないこと、税理士会は強制加入団体であり、税理士の脱退の自由は実質的に保障されていないため、会員の思想・信条の自由が侵害されてしまうおそれがあることなどから、目的の範囲外とされた例もあります（最判平成8年3月19日民集50巻3号615頁）。

◎株式会社のイメージ

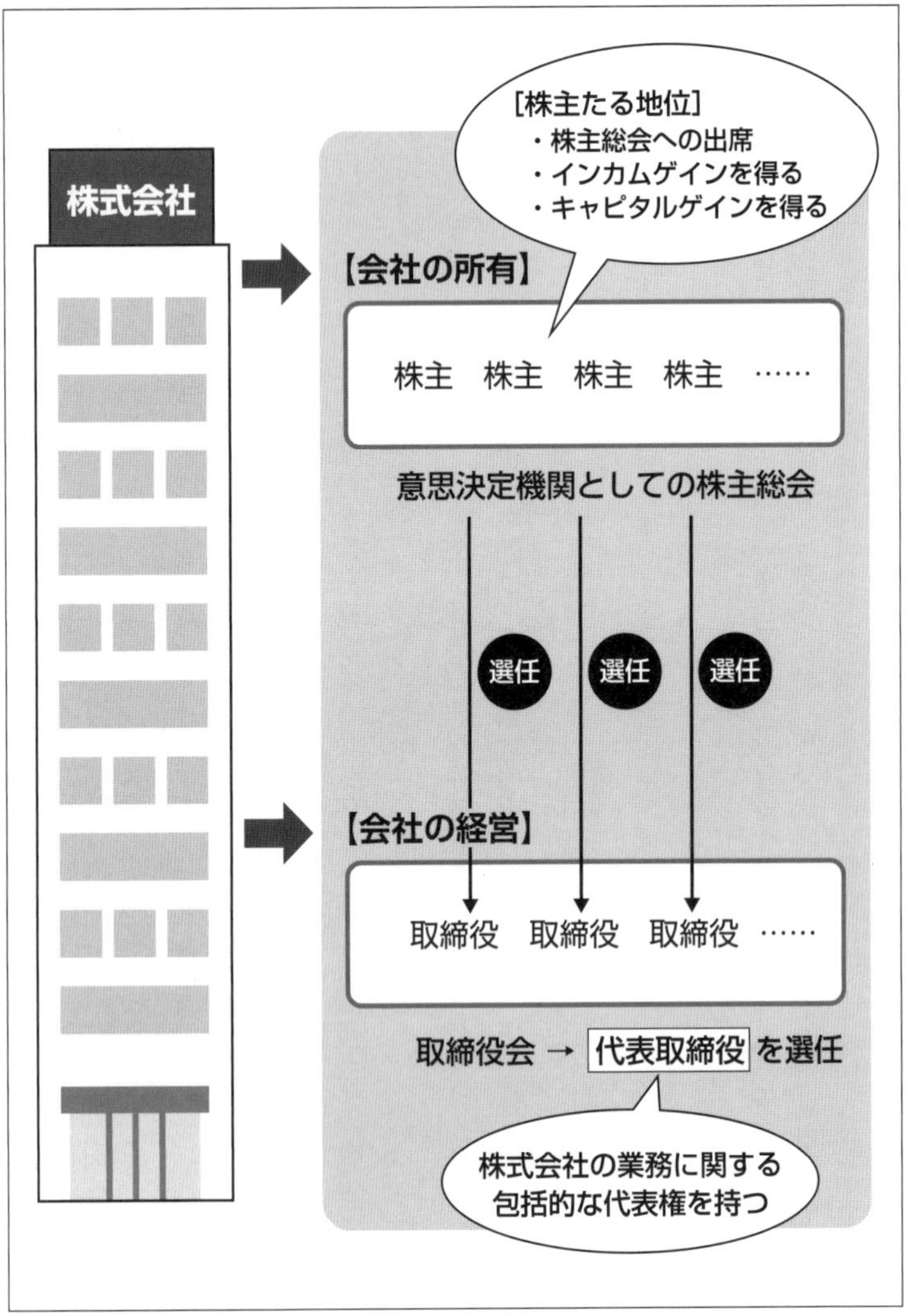
株式会社
[株主たる地位]
・株主総会への出席
・インカムゲインを得る
・キャピタルゲインを得る
【会社の所有】
株主　株主　株主　株主　……
意思決定機関としての株主総会
選任
選任
選任
【会社の経営】
取締役　取締役　取締役　……
取締役会 → 代表取締役 を選任
株式会社の業務に関する
包括的な代表権を持つ

CIVIL LAW

6

権利義務の客体としての「物」

——星や海は「物」なの？

◆権利の客体としての「物」とは？

権利の客体として民法が定めるのは、「物」です。そして、民法によれば、「物」とは、**有体物**《ゆうたいぶつ》を指します（民法85条）。有体物とは、固体・液体・気体を問いませんが、有形的に存在する（空間の一部を占める）ものを意味し、**無体物**《むたいぶつ》と対峙《たいじ》する言葉です。このように有体物と無体物を分ける考え方はローマ法に由来するものですが、日本の民法は、民法上のルールに服する「物」を有体物に限定しています。

ただし、無体物であっても、それは民法上の物ではないというだけであって、法的保護が与えられていないわけではありません。例えば、発明などの価値ある情報は、**知的財産権**として特別法によって保護の対象となっています（著作権法、特許法、商標法など）。反対に、有体物であっても支配可能性がないものは、やはり客体とはなり得ません。そのような意味で、星や海洋は、民法上の客体とはいえません。

コラム **権利の客体としての「情報」**

社会的に有益な情報はたくさんあります。例えば、難病に効く薬の開発に関する情報、みんなの心が癒やされる歌詞とメロディーを持つ曲に関する情報など……。私たちの社会は、先人たちの数々の発見などに支えられて発展を遂げてきました。情報を共有することで、社会が日々進歩していくのです。

他方、その価値ある情報に誰でもただ乗りすることができる（＝ただでマネされてしまう）のであれば、発見・創造する人のやる気が削がれてしまうことになります。また、類似の劣悪商品が出回り、市場に混乱がもたらされることも考えられます。

そこで、価値ある情報を「知的財産権」として法的に保護しています。知的財産権には、芸術的・学術的表現を保護する「著作権」、技術的な発明を保護する「特許権」、商品やサービスのネーミングやマークを保護する「商標権」などがあります。

◆不動産と動産

ところで、有体物を大きく分類すると、「**不動産**」と「**動産**」に分けることができます。日本の民法は、権利の客体が不動産なのか動産なのかによってその取扱いに著しい差異を設けているので（例えば、公示手段、公信の原則の適用の有無など。142、159頁参照）、この分類は非常に重要となります。物を不動産と動産に分けて取り扱いを異にする意味は、一般的に不動産は動産よりも財産的価値が高いという考えや、不動産の不動性、動産の動性という差異に由来しているといわれています。

まず、「不動産」とは、土地およびその土地に定着している物です（民法86条1項）。土地は、人為的に区分した一筆の土地をもって1個の物と扱っています。また、土地に定着している物（**定着物**）は、土地から容易に分離できなくなっている物のことを意味し、例えば、庭に植わっている樹木などが定着物です。定着物は通常、土地の一部とみなされています。なお、建物も土地の定着物の一種ですが、日本では、土地とは別個の物として取り扱っています。

他方、不動産以外の物はすべて「動産」とされています（民法86条2項）。食料品も、洋服も、宝飾品も、すべて動産です（なお、理論的には動産であっても、船・自動車・飛行機のように、特別法によって一般の動産と取扱いを異にしている場合があります）。

◆シンデレラ城は建物？

なるほど、以上のような説明で、土地と建物は別個独立の不動産として扱われることがわかりましたが、問題は、「『建物』とは何か？」ということです。これは実は、ときとして、非常にハードに争われる場合があります。

もちろん、一般的に言えば、それほど難しくないかもしれません。私たちが普段居住している空間は建物なわけです。しかし、鎌倉の大仏はどうでしょうか？　大船観音像はどうでしょうか？　東京ドームはどうでしょうか？　甲子園球場はどうでしょうか？　通天閣はどうでしょうか？　札幌の時計台はどうでしょうか？　考えてみると、微妙な建造物はたくさんあるのです。先ほどの定義によれば、それが建物でなければ、土地の一部にすぎません。

これに関し、不動産登記規則111条によると、「建物は、屋根及び周壁又はこれらに類するものを有し、土地に定着した建造物であって、その目的とする用途に供し得る状態にあるものでなければならない」とあります。すなわち、ⓐ外気分断性、ⓑ定着性、ⓒ用途性という3つが建物の要件となっています。この3要素に従って、読者のみなさん自身で先ほどの例のような建造物が建物に該当するのかどうか、当てはめてみてください。

少しだけ例を挙げると、東京ディズニーランドのシンボルである「シンデレラ城」。あそこに、王子様やシンデレラが住んでいるわけではありません（たぶん）。しかし、完全に外気と分断する構造になっていますし、土地に定着もしていますし、店舗や劇場としての用途もあります。したがって、建物ということができます。建物となると、建物の登記をすることになりますが、実際に、シンデレラ城は、建物登記がなされています。……ちなみに、「ビッグサンダーマウンテン」は、搭乗場所までの行列が続く部分は登記されている一方で、岩山の中を走行する部分は屋根もなく、外気分断性がないため、登記の対象外となっています。

CIVIL LAW

7

権利変動原因としての「法律行為」

——ギャンブルで損したお金は戻ってくる？

◆法律行為とは？

実体法における規範（条文）は、特定の「法律要件」を充たすと特定の「法律効果」が発生するという形で構成されていることは、既に説明しているとおりです（33頁参照）が、法律要件の中心に、「**法律行為**」という概念があります。

法律行為とは、当事者の「意思（表示）」を要素として、その意思どおりの法的効果を生じさせようとして行なうものといえます（72頁図表参照）。例えば、金銭の貸主が、借主を借金から解放してあげようと考えた場合、債務の免除をします。すると、債権者の「意思」のとおりに、債権が消滅することになります（民法519条）。すなわち免除は、債権の消滅という法律効果を生じさせる法律行為といえます。

これに対して、例えば、交通事故を起こして他人を怪我させると、加害者には損害賠償義務が生じます（民法709条。なお、自動車損害賠償保障法も参照）。これは、「交通事故を起こす（＝不法行為をする）」ことを法律要件として、「損害賠償義務の発生」という法律効果が発

◎法律要件・法律行為・法律効果のイメージ

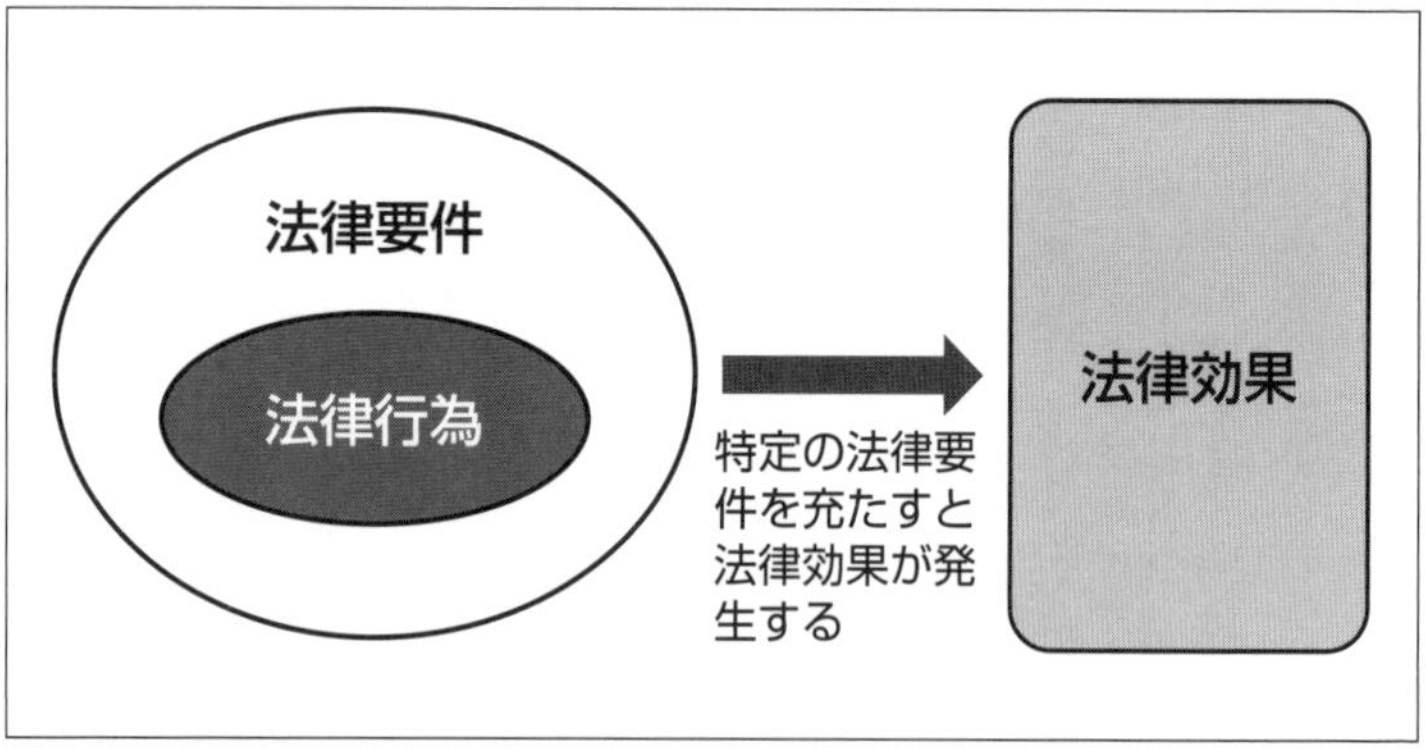

生するのですが、ここには当事者の「意思」は存在しません。交通事故を起こして他人を怪我させたという「事実」によって、損害賠償義務が法律上で当然に発生するのです。つまり、交通事故を起こすという行為は、法律効果は生じても、単なる事実行為であり、法律行為ではありません。

民法は、90条以下で、「法律行為」について特に規定しています。市民社会において私的自治が基調となっている中、自由な「意思」に基づく行為を中心に置き、それを強調することは重要です。そのような意味において、法律行為という概念が民法総則に規定されている意義があります。

◆法律行為の種類・内容

ところで、「法律行為」には、大きく3種類のものがあります。その中でも最も重要なものが、ⓐ**「契約」**です。読者のみなさんも、「契約」は私たちの生活に身近なものですので民法を学んだことがなくともイメージできると思いますが、契約は、その締結によって契約当事者に契約上の権利・義務関係を発生させるものといえます。

例えば、買主Aと売主Bの双方が新車の売買を意図して契約を締結することによって、A・B間に、金銭支払債務（Bから見れば、金銭支払請求権）と自動車引渡債務（Aから見れば、自動車引渡請求権）が発生するわけです。そして、重要なことは、自動車の売買契約は、買主Aの「意思」と売主Bの「意思」が共に外部に表示され（意思表示）、その意思が相互に一致することによって、契約が成立するという点です（234頁参照）。

他方で、契約以外にも、ⓑ「**単独行為**」、ⓒ「**合同行為**」という法律行為があります。1人の1個の意思表示のみによって成立する法律行為を、単独行為といいます。単独行為の例としては、遺言《いごん》、取消し、追認、解除、相殺、免除、認知、相続放棄などがあります。また、数人が共同して同一の目的に向かって行なう意思表示を、合同行為といいます。複数の意思表示が必要であるという意味では契約と類似していますが、その方向性が同一方向を向いているという点で、契約とは異なります。

◆合意があればすべて有効な契約、というわけではない

法律行為は、法の精神にかなったものでなければなりません。どれほど法律行為を行なう者に「意思」があったとしても、法（特に、当事者の特約によって排除することができない規定

である、**強行法規**）に反する法律行為は、やはり無効として扱われます。例えば、「お前は、一生、俺の奴隷だ！」という内容の約束は、たとえ相手がそれを了解していたとしても、有効な契約（法律行為）とすることはできません。

また、明確な強行法規がなかったとしても、法律行為が社会的妥当性を欠く場合、それを有効なものとして認めることはできません。民法は、公の秩序または善良の風俗に反する法律行為を無効と規定しています（**公序良俗違反**。民法90条[8]）。

公序良俗違反が争われた事例は無数にあり、ここで、どのような場合に公序良俗違反となるのかを網羅的に説明する紙幅はありませんが、例えば、配偶者のある者が妻と離婚して結婚するという契約、私通関係を維持するための貸金・贈与契約、母子が同居しないという父子間の契約、芸娼妓契約、とばく契約、談合、無制限に競業避止義務を負わせる契約、過大な利息・損害賠償の予約契約、女性の定年年齢を男性の定年年齢より低く定めた就業規則など、さまざまなものがあります。

◎公序良俗違反と強行法規違反

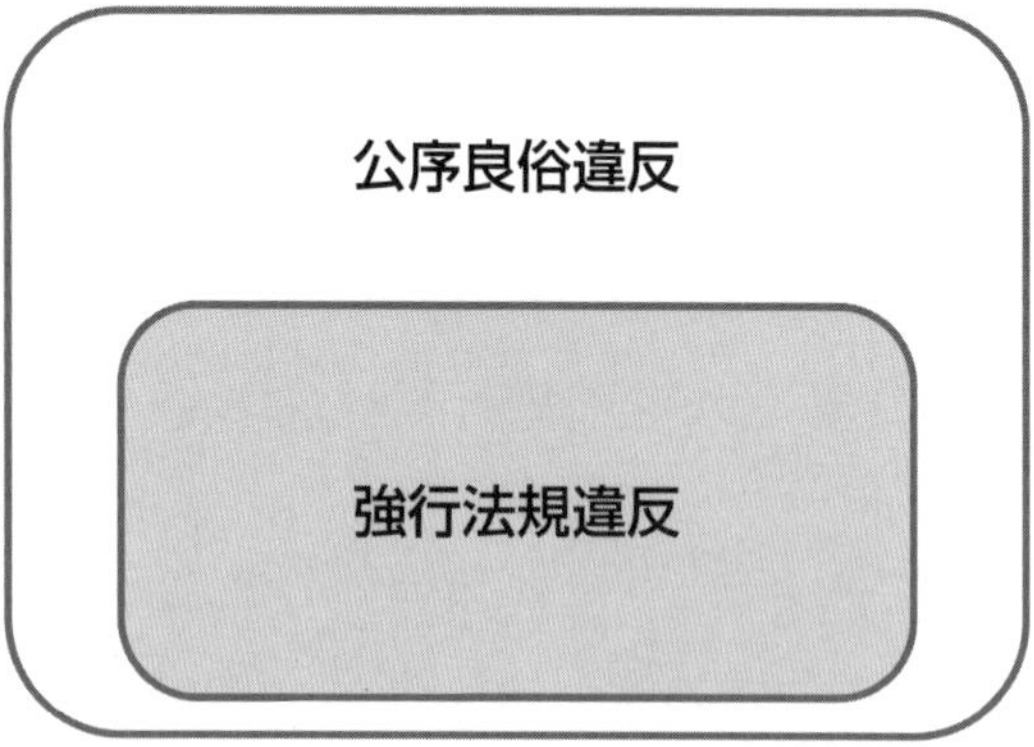

コラム

強行法規と任意法規

強行法規とは、特約によって排除できない規定です。例えば、民法上で「未成年者」は18歳未満と定められており（民法4条）、法定代理人の同意を得ないで未成年者が行なった行為は、原則的に、取り消すことができるものとされています（民法5条）。これについて、「この契約では、未成年者でも取消すことができない」と特約を設けることはできません。

他方、任意法規とは、特約によって排除することが可能な規定です。例えば、弁済場所（民法484条1項）、売主の責任（民法562～564条）、賃貸人の修繕義務（民法606条）など、さまざまな規定が民法に置かれていますが、これらは補充的な規定であり、契約当事者が別の合意をしようと思えば、可能です。

なお、余談ですが、近時、「任意法規の半強行法規化」という視点が注目されています。任意法規だからといって、完全に自由に特約を設けることができるのではなく、民法上の

8　本書では触れませんが、実は、以前から、公序良俗違反の位置づけに関する深淵な議論が展開されています。大村敦志『公序良俗と契約正義』（有斐閣、1995年）、山本敬三『公序良俗論の再構成』（有斐閣、2000年）参照。

規定がモデルとなる規定である以上、それと異なる合意をするためには、それなりの合理的根拠が必要であり、合理性がない場合には、その特約は無効となるという発想です。

◆ギャンブルで払ったお金の取戻しはできる？

ところで、読者のみなさんは、ギャンブルに対して、どのようなイメージを持たれていますか？　法律上で合法なギャンブルとして、公営賭博といわれるものがあります（具体的には、競馬、競艇、競輪、オートレース、宝くじなど）が、それ以外のものは、一般的に認められておらず、私法（民法）上も、無効となる可能性が高いと考えられます。というのも、ギャンブルは、射幸的な行為であり、労働意欲を減退させ、同時に短時間で莫大な財産を失うおそれがあるため、公序良俗に反するものと位置づけられるからです。[9]

では、ギャンブルで負けた人が、お金を払ったのだけれど、後でギャンブルの無効を主張して、払ったお金の返還を求めることができるでしょうか？　実は、これは、認められない可能性が高いのです。え？　ギャンブルが無効なのに？　しかし、このときに気をつけなければならないのは、「ギャンブルは無効だからお金は払わなくてよい」ということと、「ギャンブルは無効だから払ってしまったお金を取り戻せる」ということは、別物だということです。

民法７０８条本文は、「不法な原因のために給付をした者は、その給付をしたものの返還を請求することができない」と規定しています。これを「**不法原因給付**」といいます。すなわち、公序良俗違反であることを認識しながら、あえて給付（金銭の支払い）をしている者を、法は助力しないという考えが採用されているのです（これを、「**クリーンハンズの原則**」といいます）。「自分でギャンブルをしておいて、負け金を払ったものの惜しくなったので返してほしいなんて、虫が良すぎる」ということです。このように、公序良俗違反を定めた民法90条と不法原因給付を定めた民法708条は、表裏一体となって、社会的に妥当性を欠く行為を否定しています。

コラム

パパ活で払った金銭を取り戻せるか？

近年の裁判例で、いわゆるパパ活の相手に265万円余りを支払った男性が、相手の女性が男性の恋愛感情を利用して金品を詐取したと主張して、損害賠償を求めた事件がありました。裁判所（原審：東京地判令和5年9月13日、控訴審：東京高判令和6年2月29日）は、原告（男性）の主張を全面的に棄却しました。この事件を素材として、「相手に渡したものを、後で返せと言えるか？」という問題を考えることができます。

まず、パパ活であっても、恋愛感情に基づくもの（カップル同士のプレゼントなど）で

9　大判昭和13年3月30日民集17巻578頁

あっても、それが「あげたもの」(贈与。民法549条)である以上、原則として返還を求めることはできません。書面によらない贈与の取消し(民法550条)や、負担付贈与(民法553条)による処理の可能性もありますが、基本的には、一度あげたものは戻ってきません。

また、パパ活が、肉体関係を伴う不貞行為に該当する場合には、肉体関係を持つ対価としての金銭の給付であるため、公序良俗違反で無効となる可能性があります(なお、売春防止法では、2条において「対償を受け、又は受ける約束で、不特定の相手方と性交すること」を売春と定義づけ、3条において、「何人も、売春をし、又はその相手方となってはならない」としています)が、やはり不法原因給付として、既に渡した金銭の返還は求められないことになります。

他方、被告(女性)が、仮に詐欺や強迫などを用いて原告(男性)側に贈与などを迫っていた場合には、当該契約が取り消される余地があります(81頁参照)。また、もらったもの(贈与)ではなく、借りたもの(消費貸借。民法587条)だと認定されれば、返還義務が生じるのは当然です。

CIVIL LAW 8

法律行為と「意思」の関係

――だまされて契約をしてしまった場合はどうなる?

◇意思能力と行為能力

既に説明したとおり、自然人は生まれながらにして権利能力を有していますが(28頁参照)、これは、権利・義務の主体となり得る地位にあることを認めたにすぎません。人が私的自治の原則(および自己責任の原則)のもとで、自己の法律行為を自己の「意思」で有効に行なうためには、その者が自己の行為の結果を認識するに足りるだけの精神能力を有している必要があります。この能力を「**意思能力**」といいます。意思能力を欠く者の法律行為は、無効とされています(民法3条の2)。例えば、判断能力を完全に欠いてしまった高齢者が法律行為を行なっても、それは無効なものとなります。

しかし、法律行為を行なった者が、行為の当時に意思能力を欠いていたということを理由として無効を主張する場合、その証明が困難であることも少なくありません。また、相手方としても、判断能力の乏しい相手方と取引等をする場合には、後になってその効力が否定されるおそれがあるため、不測の損害を被ってしまう場合もあります。

◎意思表示の構造

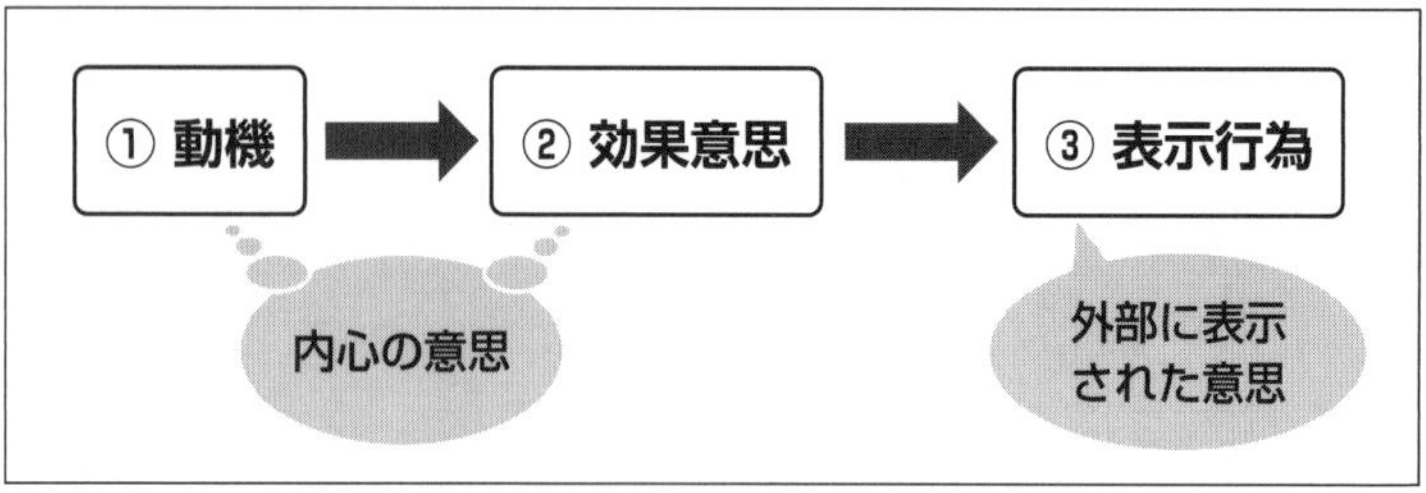

そこで民法は、実際に行為時に意思能力があったかどうかとは別に（＝個別的に判断能力の欠如を立証することを要せず）、定型的に判断能力が乏しい者の範囲を確定し、その者のなした法律行為を画一的に取り消し得るものとして、意思無能力者の立証の困難を救済して財産の保護を図るとともに、取引の相手方にも警戒を促すための制度を置いています。これが、「**制限行為能力者制度**」です。現行法上、制限行為能力者として、未成年者、成年被後見人、被保佐人、被補助人の4類型が規定されており、制限されている行為を単独でした場合、当該法律行為を取り消すことができるものとされています（民法5条、9条、13条、17条参照）。

◆意思表示の構造

法律行為は、「**意思表示**」を要素としています（71頁参照）。ところで、意思表示とは、どのようなものでしょうか。概念的なモデルとしては、意思表示は、「動機」→「効果意思」→「表示行為」というプロセスを辿ります。[10]

例えば、①「パソコンが壊れたので新しいパソコンが欲しい」

と思って（**動機**）お店に行き、②特定の機種に目をつけて「これが欲しい」という売買契約を成立させる意思のもとで（**効果意思**）、③「これをください」と意思表示する（**表示行為**）という具合です。このうち、①と②が内心の意思であり、③が外部に表示された意思となります。そして、正常な意思表示においては、内心の意思と外部に表示された意思は一致しています。

◆正常ではない意思表示

では、意思表示が正常でない場合はどのようになるのでしょうか。特に、契約を締結する段階で、合致したかに見える意思が、実は正常なプロセスを踏んでいなかった場合の取扱いです。より具体的に言えば、勘違いしたり、相手に騙されたり、わざと嘘を言ったりした場合です。これについて民法は、**心裡留保**《しんり》（93条）、**通謀虚偽表示**《つうぼう》（94条）、**錯誤**《さくご》（95条）、**詐欺**（96条）、**強迫**（96条）の5種類を置き、このような場合、意思表示が無効となったり、取り消すことができたりする途《みち》を確保しています。

10　ちなみに、効果意思とは別に、「表示意思（表示意識）」という概念が必要かが争われています。例えば、「5000万円で請負う」つもりで「5000円で請負う」と誤表示した場合、5000円の請負契約を成立させる意思はありませんが、契約締結に向けた意思表示を行なおうとする意思（意識）はあります。しかし、サークルの参加者名簿に署名をしたと思ったら、それが売買契約書だったというような場合は、効果意思だけではなく、契約を締結しようとする意思（意識）すらありません。このような事例を同様に扱ってよいのかどうか、というものです。

◎正常ではない意思表示

類　型	イメージ	原則的な効果
心裡留保（93条1項）	わざと虚偽の意思表示をする	有効（※1）
通謀虚偽表示（94条1項）	相手と通謀してわざと虚偽の意思表示をする	無効
錯誤（95条1項）（※2）	勘違いをしたまま意思表示をする	取り消すことができる
詐欺（96条1項）（※3）	相手から騙されて意思表示をする	
強迫（96条1項）	相手からおどされて意思表示をする	

※1）相手方が、その意思表示が表意者の真意ではないことについて悪意または有過失の場合には、意思表示は無効となります（民法93条1項ただし書）。相手方を保護する必要がないからです。

※2）錯誤による取消しが認められるためには、錯誤が「重要」な場合に限られます（民法95条1項）。また、表意者に重過失がある場合には、取消しが制限されます（同条3項）。さらに、錯誤には、大きく2種類の錯誤があり（95条1項1号および2号）、特に、「表意者が法律行為の基礎とした事情についてのその認識が真実に反する錯誤」（いわゆる、基礎事情の錯誤。民法95条1項2号）の場合には、その事情が法律行為の基礎とされていることが「表示」されていなければ、取消しをすることができません（2項）。

※3）相手方ではなく「第三者」が詐欺を行なった場合、表意者が取消しを主張するためには、相手方が悪意または有過失であることが要件となります（民法96条2項）。

◇偽物をつかまされたら

1つ例を挙げてみましょう。例えば、画商AがBに有名画家（甲）の描いた絵画を販売したところ、後ほど、その絵画が贋《がん》作《さく》であったことが判明した場合、この契約はどのようになるのでしょうか[11]。

Bとしては、贋作を真作であると「錯誤」に陥っています。確かにBには「甲を買おう」という効果意思がありますが、「甲は真作である」という契約締結の基礎となった事情についての認識に錯誤があります。そこで、民法95条1項2号に基づいた錯誤となります。

この場合、その錯誤が「法律行為の目的及び取引上の社会通念に照らして重要なものである」とき（1項）で、かつ「その事情が法律行為の基礎とされていることが表示されていたとき」（同条2項）に限り、取り消すことができることになっています。すなわち、A・B間の契約において、甲は真作であることが前提となっていて、贋作であれば売買は成立しなかった場合に限り、取消せることになります。なお、Bに重過失があるか否かも重要なポイントです。甲が贋作だということが容易にわかるような場合には、Bに重過失ありとなり、取り消すことができない可能性もあります（同条3項）。

このように、表意者（B）は、「勘違いしたのだから、取り消して」と単純に言えるわけではなく、表意者（B）と相手方（A）のさまざまな事情を踏まえ、「表意者保護」と「取引の安全（相手方保護）」の調和を取りながら、取消しの可否が決まります。

◆消費者を守るために

ところで、私たちの生活において、不当な勧誘によって契約を締結させられたという場合があります。その際に、民法95条や96条を用いて契約を取り消すことができればよいのですが、実は、要件が厳しく、消費者が事業者と行なう契約において、消費者を保護するには十分では

---

11 東京地判平成14年3月8日判例時報1800号64頁

ありません。そこで消費者保護を図るために、特別法でさまざまな規定が存在します。

その典型的なものとして、「特定商取引に関する法律」（特定商取引法）などで規定されているクーリングオフ制度（一定期間は無条件で解約できる制度）がありますが、それと並んで、「**消費者契約法**」によって、消費者が後で契約を取り消すことができる権利（**契約者取消権**）が挙げられます。

消費者契約法は、取引形態やサービスの種類を問わず、事業者と消費者の間で締結される契約（消費者契約。いわゆる、「B to C取引」）全般に等しく適用される法律ですが、同法4条には、消費者取消権が行使できる場合が列挙されています。その類型はさまざまであり、取消しのための正確な要件については条文を参照してもらいたいのですが、大雑把に言えば、ⓐ間違ったことを言われた（不実告知）、ⓑ不利益になることを教えてもらえなかった（不利益事実の不告知）、ⓒ必ず儲かるなどと言われた（断定的判断の提供）、ⓓ通常の量を著しく超える物の購入を勧誘された（過量販売）、ⓔ帰ってほしいと頼んでも居座られた（不退去）、ⓕ帰りたいと言っているのに帰してもらえなかった（退去妨害）、ⓖ就職セミナーなどの商法（不安をあおる告知）、ⓗデート商法（好意感情の不当な利用）、ⓘ高齢者などの不安をあおる商法（判断力の低下の不当な利用）、ⓙ霊感商法（霊感などの知見を利用した勧誘行為）などが挙げられます。

CIVIL LAW 9

第三者保護法理
――「取引の安全」って何？

◇法律行為の無効と取消し

これまでの説明で、法律行為が無効となったり取り消されたりする場合があること、そして、**無効原因**には、ⓐ意思無能力（民法3条の2）、ⓑ公序良俗違反（民法90条）、ⓒ通謀虚偽表示（民法94条）などが挙げられるのに対し、**取消原因**には、ⓐ制限行為能力（民法5条、9条、13条、17条）、ⓑ錯誤（民法95条）、ⓒ詐欺（民法96条）、強迫（民法96条）などが挙げられることがわかりました。法律行為が無効となったり取り消されたりすると、結果的に意思表示・法律行為の効力が否定され、その結果、法律行為によって発生すべきであった権利・義務が発生しなかったこととなります。

では、「無効」と「取消し」では、どこに違いがあるのでしょうか。モデルとしての無効・取消しを念頭に置くと、まず、両者には、ⓐ法的取扱いに関し、無効の場合は、当事者が意図した法律効果がはじめから効力を生じないのに対し、取消しの場合は、法律行為は一応有効に成立するものの、取消しによって遡及的に無効となる（民法121条）という本質的な違いがあります。

また、ⓑ追認の可否に関し、無効の場合は、遡及的追認はありえず、当事者が無効であることを知りつつ追認した場合に新たな行為をしたものとみなされるにとどまる（民法119条）のに対し、取消しの場合は、遡及的に完全有効な行為となること（民法122条）、ⓒ主張者に関し、無効の場合は、誰でも主張し得るのが原則であるのに対し、取消しの場合は、取消権者が限定されていること（民法120条）、ⓓ主張期間に関し、無効の場合には主張に期間制限がないのに対し、取消しの場合には、主張に期間制限があること（民法126条）、などの違いもあります。[12]

◆原状回復請求

では、権利・義務の存在を前提として既に債務の履行がなされていた場合はどうでしょうか。法律上の原因がないのに財産が移転しているのですから、「**不当利得**」（276頁参照）となります。例えば、A・B間で建物の売買契約が締結されたために、売主Aから買主Bに建物が引き渡され、BからAに売買代金が支払われたとしても、後にその契約が無効となったり、取り消されたりした場合には、AにもBにも返還義務が生じます。

ただし留意すべきなのは、返還の範囲です。民法121条の2第1項は、「無効な行為に基づく債務の履行として給付を受けた者は、相手方を原状に復させる義務を負う」としています

（例外的に、同条2項および3項は、現存利益に限定する場合を規定しています）。では、どのようなことをすれば原状に復させる（**原状回復**）ことになるのでしょうか。

契約関係がなかった状態に戻すということですから、自分が受け取った物を返すときの状態でそのまま返還すればそれで十分というわけではありません。もし、返還時までにその原物から得た利益（使用利益・運用利益・利息等）があれば、それも返還の対象となり得ます。例えば、先ほどの例で言えば、Bは建物の返還だけではなく使用利益の返還もしなければなりません。反対に、利得者が必要費や有益費を支出した場合には、利得者が損失者に対してその分を請求することができます。先ほどの例で言えば、Bが建物の修理費を支出した場合には、その返還をAに請求することができるわけです。

◆第三者の出現

ところで、A・B間の契約が有効であることを前提として第三者（C）が登場する場合があ

12 ただし近年では、「無効」をより「取消し」に近いものとして位置づける傾向もあります。いわゆる「無効の取消化（相対的無効）」です。例えば、意思無能力の場合、立法趣旨が意思無能力者保護にあることを前提として、意思無能力者だけが無効を主張し得るとする見解や、追認に関して、表意者の遡及的追認を認めるべきであるとの見解があります。

◎A、B間の契約を前提に、さらに第三者が出現するとどうなる？

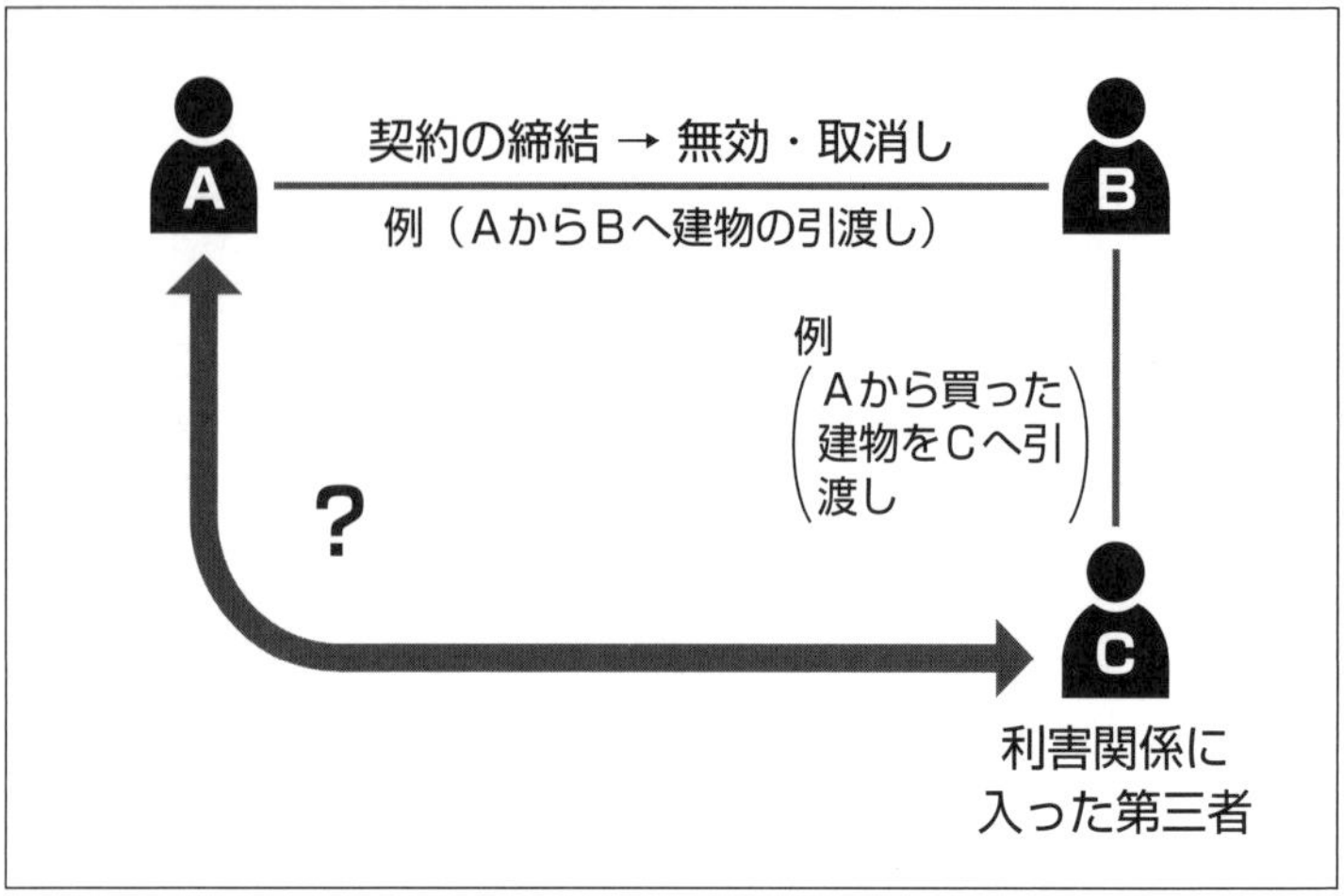

ります。無効や取消しの主張がなされる前に、CがBから当該建物を買い受けたり、また、Bの債権者Cが、当該建物を差し押さえたりする場合です。この場合、後に契約が取り消されたり無効の主張がされたりした結果、Cの地位が不安定になることが考えられます。契約が無効となることによってBは初めから無権利者ということになるからです。では、このようなCは保護されないのでしょうか。

民法は、以下のようにいくつかの**第三者保護規定**を置いています（民法93条2項、94条2項、95条4項、96条3項）。

◆表意者保護と第三者保護の調整

これらの規定は、表意者の保護と第三者の保護の調整を図っているものです。

まず、意思無能力、制限行為能力、公序良

◎第三者保護規定

無効原因	第三者保護規定
意思無能力（民法３条の２）	なし
公序良俗違反（民法90条）	なし
心裡留保（民法93条１項ただし書）	善意の第三者に無効を対抗できない（２項）
通謀虚偽表示（民法94条１項）	善意の第三者に無効を対抗できない（２項）
取消原因	**第三者保護規定**
制限行為能力（民法５、９、13、17条）	なし
錯誤（民法95条１〜３項）	善意・無過失の第三者に取消しを対抗できない（４項）
詐欺（民法96条１〜２項）	善意・無過失の第三者に取消しを対抗できない（３項）
強迫（民法96条）	なし

俗違反、強迫の各場合においては、第三者保護規定がありません。これは、Aが、判断能力を欠く者であったり、社会的妥当性を欠く行為に巻き込まれた者であったり、強迫を受けた者である場合には、Aに帰責性はなく、たとえ善意・無過失でCがBと取引をしたとしても、Aを保護する必要性が高いからです。

これに対して、心裡留保や通謀虚偽表示の場合には、表意者自身（A）が責めに帰すべき虚偽の表示を行なって、真実とは異なる外観を自ら作出していますので、Aが不利益を受けてもやむを得ないですし、他方では、虚偽の外観を信頼した第三者（C）を保護する必要があります。簡単に言えば、わざと嘘の意思表示をしたAには強い帰責性があるので、「善意」という緩やかな要件で、第三者（C）を保護しているのです。

他方、錯誤や詐欺の場合には、要は、Aが勘違いしたり騙されたりしているわけですから、心裡留保や通謀虚偽表示のような強い帰責性はAにはありません。しかし、勘違いしたり騙されたりした者にもある程度の落ち度が見受けられます。そこで、取引の安全に配慮しても差し支えないとの価値観に基づき、「善意・無過失」という厳格な要件のもとで第三者（C）を保護する規定を置いています。

CIVIL LAW

10

代理

――何でも自分で抱えこまずに……

◆代理とは？

民法99条以下では、代理制度が規定されています。代理とは、本人（A）に代わって代理人（B）が相手方（C）と法律行為を行ない、その効果が直接本人に帰属するという制度です。行為主体（BとC）と効果帰属主体（AとC）が異なる点に特徴があります。

代理行為を有効に行なうためには、代理人となる者に、代理人としての地位・資格（代理権）がなければならず、また、代理人が代理行為を行なうに際して、「本人のためにすることを示して（顕名《けんめい》）」これを行なう必要があります（民法99条）。すなわち、代理人が、ⓐ**代理権**に基づいて、ⓑ**顕名**をもって、ⓒ**正常な代理行為**がなされるからこそ、本人ではない者（代理人）の行なった行為が本人に効果帰属するのです。

◆代理の種類と機能

ところで、代理という制度は、何のためにあるのでしょうか。それを理解するためには、任

◎代理制度の概念

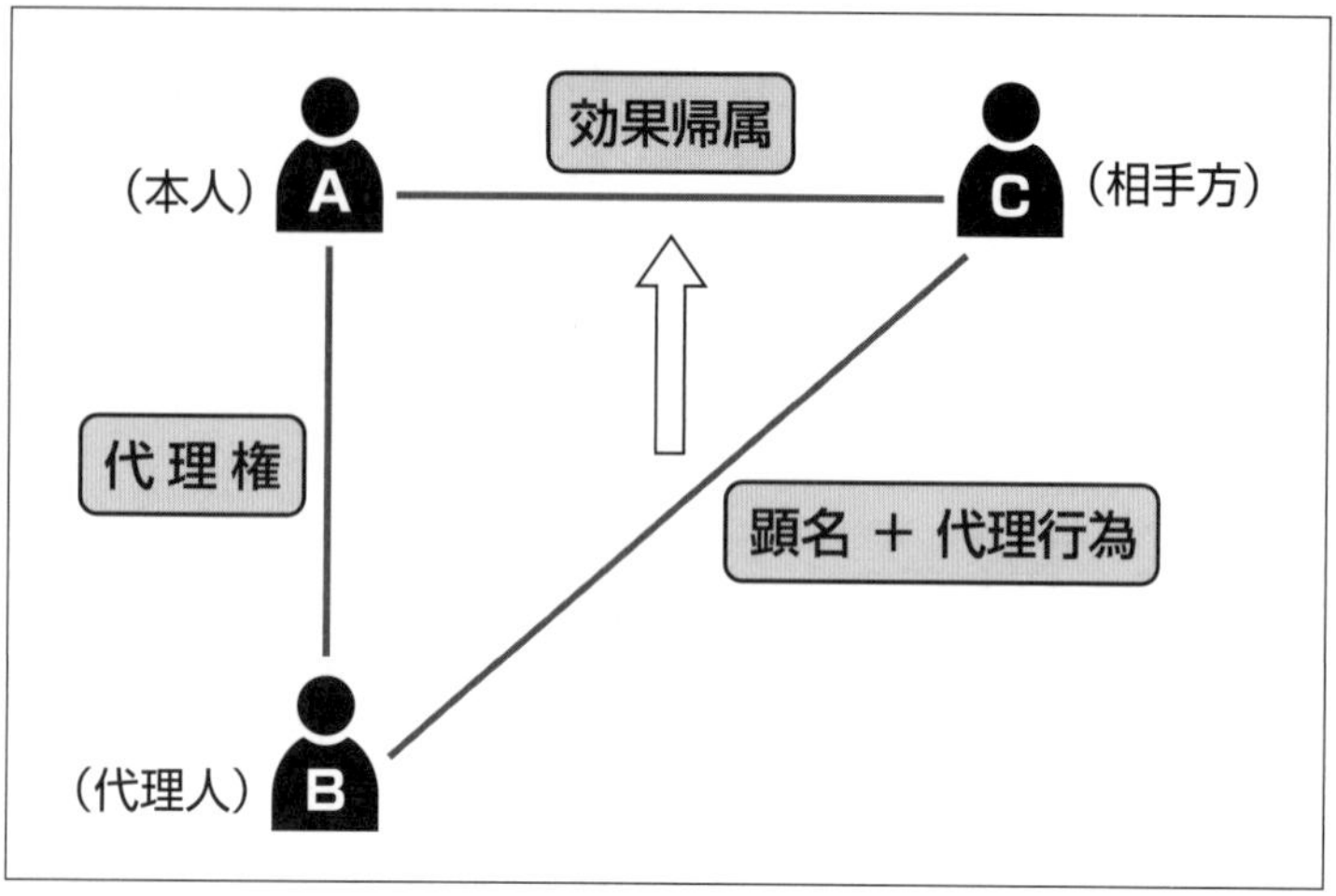

意代理と法定代理に分けて説明することが有益です。

まず、本人が代理人を選任し、代理権を授与する場合が、「**任意代理**」です。例えば、自己所有の不動産を他者に売却する際に、買主を自分で探すのではなく、他者に代理権を付与し、その任意代理人に売買契約を締結してもらうという場合です。

人は、基本的には法律関係を自らの自由な意思のもとで行ない、その効果を自己に帰属させるわけですが（私的自治の原則）、常に自分でやらなければならないとすると、自ずと限界が生じてしまいます。むしろ、自分が選んだ他者（代理人）に（も）行なってもらうことによって、より効率的に、活発な活動をすることが可能となります。このような機能を、「**私的自治の拡張**」と表現する場合が

◎委任状の例

委　任　状

代理人住所	
代理人氏名	

私は、下記不動産を目的とする令和○年○月○日付不動産売買契約の締結に関し、上記の者を代理人と定め、次の権限を委任します。

1　売主代理人として、売買契約書に記名・押印すること
2　付帯設備表、物件状況確認書に記名・押印すること
3　買主から手付金を受領し、領収書を交付すること

記

不動産の表示

土　　地　〔所在〕
　　　　　〔地目〕
　　　　　〔地積〕

建　　物　〔所在〕
　　　　　〔家屋番号〕
　　　　　〔種類〕
　　　　　〔構造〕
　　　　　〔面積〕

以上

令和○年○月○日

委任者住所	
委任者氏名	㊞

あります。

他方、法律の規定に基づいて当然に、または、法律の規定に基づいて、本人以外の者（裁判所など）が代理人を選任して、代理権が発生する場合があります。これを「**法定代理**」といいます。先ほども述べたとおり、人は法律関係を自分の意思に基づいて自ら形成するのが一般的ですが、場合によっては、判断能力が十分ではないなどの理由で、自分で法律関係を形成することが困難である者も存在します（例えば、未成年者や成年被後見人など）。

しかし、法律関係を形成することが全くできないとすると、その者の社会生活に支障を来たすおそれがあります。そこで、法律上当然に他者に代理権を発生させることによって、または、本人に代わって裁判所などが選任する者に代理権を与えることによって、本人に効果を帰属させることを可能としています。このような機能を、「**私的自治の補充**」と表現する場合があります。

◆無権代理

では、代理人として代理行為を行なった者が、実際には代理権を有していなかった場合はどうなるのでしょうか。本人が追認をしたければそれを妨げるものではない（その場合には、原則として、遡及的に有権代理があったものとなる。民法116条本文）のですが、本人が追認をしない場合には、本人に効果が帰属することはありません（民法113条1項）。

◎無権代理と表見代理

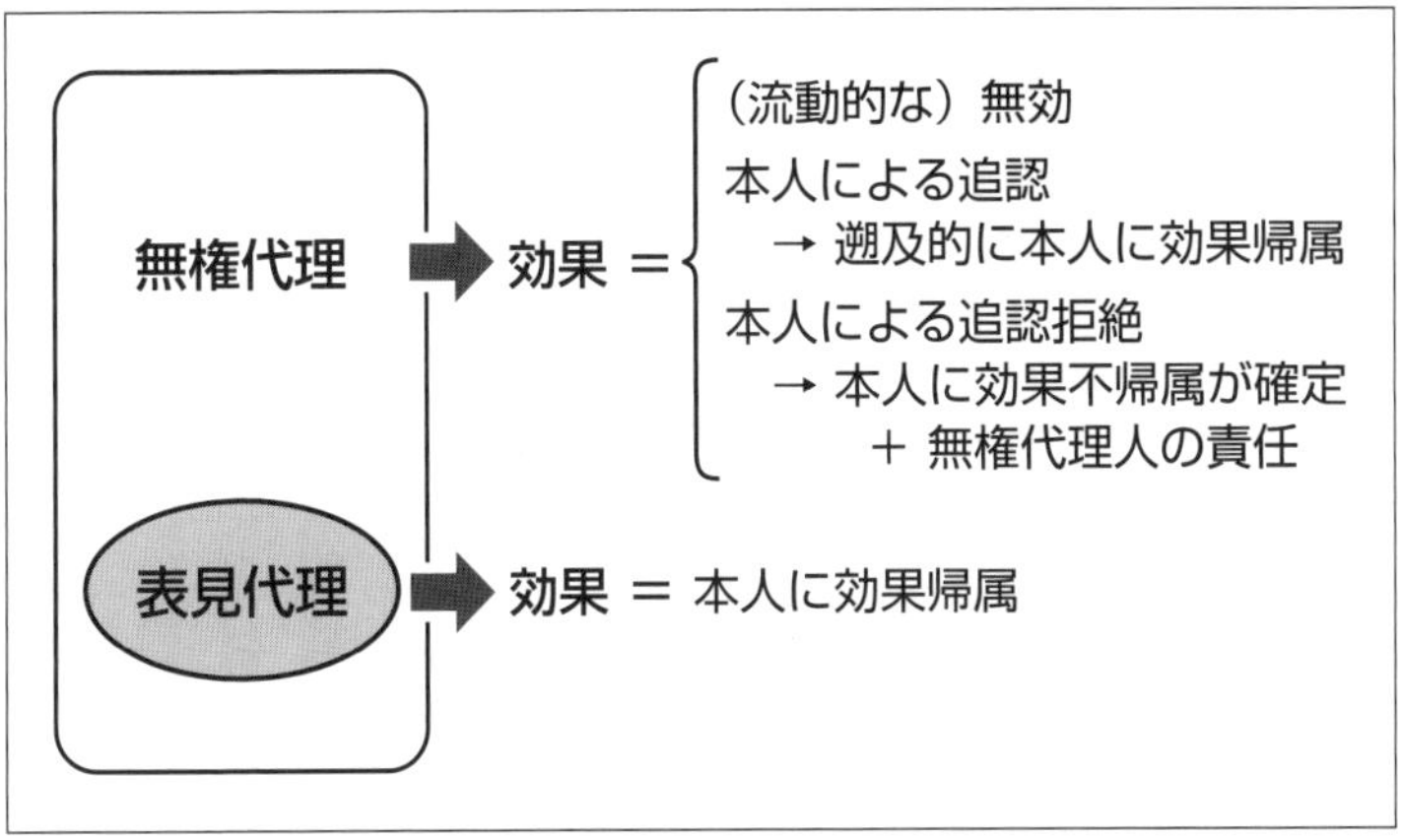

では、本人が追認しない場合、相手方は、無権代理人に何らかの責任追及をすることはできないのでしょうか。仮にできないとすると、安心して代理人と取引できないこととなってしまいます。

そこで民法は、ⓐ無権代理人が相手方に対して代理権がある旨を表示し、または自己の代理人であると誤信させるような行為をした事実を責任の根拠として、取引の安全、代理制度に対する社会的信頼を確保するために、無権代理人の責任について規定しています。

すなわち、他人の代理人として契約をした者が、自己の代理権を証明することができず、かつ、本人の追認を得ることができなかったときは、相手方の選択に従って、相手方に対して**履行または損害賠償の責任を負うもの**としています（民法117条1項）。

◆表見代理

ところで、無権代理であっても、無権代理人にあたかも代理権があるような外観（例えば、本人からの委任状を持っているなど）があり、その外観を作り出したことに対する責任が本人にも認められる場合があります。

このような場合、その外観を信頼して取引関係に入った相手方を保護するため、本人にも無権代理行為の効果を帰属させて、あたかも有効な代理行為があったかのようにさせることが適当です。これを「**表見代理**」といいます。

民法は、表見代理の態様として、ⓐ代理権を与えていないのに代理権授与の表示をした場合における表見代理（109条）、ⓑ一定の権限を与えたところ、その権限外の行為がなされた場合における表見代理（110条）、ⓒ代理権が消滅したにもかかわらず、まだ代理権があるかのような外観が残っていた場合における表見代理（112条）の3つを規定しています。[13]

コラム

本人の帰責性と相手方の保護要件とのバランス

表見代理についての民法の規定は、109条、110条、112条の3か条であると理解されており、いずれも、相手方の保護要件として、相手方が善意・無過失であることが要求されると一般的にいわれていますが、条文をよく読んでみると、実は、相手方の保護要件は微妙に異なります。

１０９条１項では、本人が代理権授与の表示をすれば、基本的に表見代理が成立し、本人が、相手方の悪意または有過失を立証した場合にはじめて免責されます。これに対して、１１０条（および１０９条２項・１１２条２項）は、「代理人の権限があると信ずべき正当な理由」が必要とされており、これは、相手方が正当な理由（＝善意・無過失）を立証する必要があることを意味します。他方、１１２条１項によると、代理権消滅後に無権代理人が代理行為をした場合、善意の立証は相手方が負いますが、無過失（相手方に過失があること）の立証は本人が負います。

このように立証責任の分配が３か条とも異なるのは、本人の帰責性の強さがそれぞれの場面で異なるからです。簡単に言えば、〔１０９条１項の帰責性 ＞ １１２条１項の帰責性 ＞ １１０条の帰責性〕となります。

１０９条は、代理権を授与していないにもかかわらず、その旨の意思表示をしているため、矛盾挙動にあたり、帰責性が強いといえます。

13　ただし、表見代理も無権代理の一種ですので、相手方は、本人へ責任追及せずに無権代理人へ責任追及することを選択することもできると考えられています。最判昭和33年６月17日民集12巻10号１５３２頁、最判昭和62年７月７日民集41巻５号１１３３頁。

これに対して、112条1項は、代理権が消滅したにもかかわらず、その外観を取り除かなかった点に帰責性を求めますので、109条1項に比べれば、本人の帰責性が高いとはいえません。

さらに110条は、本人が代理人に特定の権限を与えたところ、その代理人が権限外の行為をしたという局面ですので、本人の帰責性（権限外の行為をするような者に基本代理権を与えたという面での帰責性）は強くありません。

このような帰責性の強弱を、立証責任の分配によって図っているということができます。

CIVIL LAW

11

条件と期限

――「タラレバ」は取引では常識？

◆民法版「タラレバ」――条件という概念

読者のみなさんは、「タラレバ」という言葉をご存じでしょうか。「もし〇〇していたら（したら）」「もし〇〇していれば（すれば）」という仮定の話です。実は、民法の世界にも、「タラレバ」規定があります（ただし、一般用語の「タラレバ」のように、後悔・反省の意味はありませんが……）。すなわち、有効に成立した法律行為につき、実際にその効力を発生・消滅させるために、一定の不確実な要件（事実）にかからしめることがあります。これが、効力発生・消滅要件としての「**条件**」です。

条件は、「**停止条件**」と「**解除条件**」に大別されます。停止条件とは、一定の事実が発生したら法律行為の効力が生じると定めるものであり、例えば、「もし私が転勤となったら、この不動産をあなたに譲渡する」と約束するものです。この場合、売買契約は有効に成立していても、「転勤」という事実が発生する（条件が成就する）まで、その契約の効力発生が停止しており、条件が成就したときからその効力を生じます（民法127条1項）。

これに対し、解除条件とは、一定の事実が発生したら法律行為の効力を失うと定めるものであり、例えば、「もし今学期のあなたの成績がGPA　3・0を下回った場合には、奨学金の給付は打ち切る」と約束するものです。この場合、奨学金給付の契約の効力は既に生じていますが、成績不良という事実が発生する（条件が成就する）と、そのときから効力を失うことになります（民法127条2項）。

◆条件付き権利にも財産的価値がある

条件が付いている権利も、れっきとした権利であり、当事者には、条件の成就により一定の利益を受けることに対する「**期待権**」があります。

例えば、先ほどの例で、「転勤したら、不動産を譲渡する」という約束をした場合、買主からすれば、実際に売主が転勤をするか否かは定かでなくとも、もし売主が転勤をしたら売ってもらえるという期待権が発生するわけです。つまり、このような権利にも財産的価値があるのです。

そこで、条件付き法律行為の各当事者は、条件成否が未定である間、条件が成就した場合にその法律行為から生ずる相手方の利益を害することはできません（民法128条）。また、条件の成否が未定である間における当事者の権利義務でも、処分・相続・担保の対象となります（民法129条）。さらに、条件が成就することによって不利益を受ける当事者が故意にその条件の成就を妨げたときは、条件が成就したものとして扱われますし、反対に、条件が成就することによって利益を受ける当事者が不正にその条件を成就させたときは、条件が未成就であると扱われます（民法１３０条）。

◆いつから？ いつまで？ ――期限という概念

条件のような不確実性はないのですが、もう1つ、効力発生・消滅要件として、「**期限**」という概念があります。期限とは、法律行為の効力の発生または消滅などを、生じることの確実な事実にかからしめるものです。

期限のうち、例えば、「支払期限は令和6年3月15日まで」というように、期限が確定している場合を「**確定期限**」といいます。これに対して、例えば、「私が死亡したら、この不動産を君に譲る」という場合のように、到来するのは確実なのだけれど（人はいつかは死を迎える）、いつ到来するか未定である場合を「**不確定期限**」といいます。確定期限か不確定期限かによって、債務者が履行遅滞に陥る時期（民法４１２条１項および２項）などが異なります。

なお、「**始期**」と「**終期**」という概念も重要です。例えば、「令和6年3月1日から利用できる」というように、期限の到来によって、法律行為の効力が発生する場合を、始期といいます（民法１３５条1項）。これに対して、「令和8年5月25日まで利用できる」というように、期限の到来によってその効力が消滅する場合を終期といいます（民法１３５条2項）。なお、「令和6年8月1日から令和8年7月31日まで利用できる」というように、始期も終期も付されている場合、始期と終期によって挟まれた時間を「**期間**」といいます（期間の計算については、民法138条～143条）。

◆契約書でよく見られる「期限の利益喪失条項（特約）」とは？

ところで、期限が付けられることによって受ける利益を「**期限の利益**」といいます。例えば、AがBにお金を貸す場合、通常、返済期限が付されます。この場合、Bから見れば、その期限まで借り受けた金銭を自由に利用することができ、期限前にAから返済を強制されることはありません。このことを指して、Bには「期限の利益」があると捉えることができます。期限の利益が誰にあるのかは、法律行為の内容によって異なりますが、通常、期限は債務者に弁済の猶予を与える趣旨で付される場合が多いため、期限は債務者の利益のために定めたものであると推定されています（民法136条1項）。

ただし、一定の場合には、債務者が期限の利益を主張することが認められていません（民法137条）。債権者に対して信用を失わせるような事情が生じた場合には、もはや債務者に期限の利益の主張を許すべきではなく、むしろ債権者の債権回収の機会を確保すべきであると考えられるからです。

さらに取引実務上では、このような民法の規定だけでは債権回収の面で十分ではないという

◎利益喪失条項の例

〔1項〕Bについて次の各号の事由が1つでも生じた場合には、Aから通知催告等がなくても、BはAに対するいっさいの債務について当然期限の利益を失い、直ちに債務を弁済するものとします。

1．破産、民事再生手続開始、会社更生手続開始、会社整理開始もしくは特別清算開始の申立があったとき。
2．手形交換所の取引停止処分を受けたとき。
3．前2号のほか、Bが債務整理に関して裁判所の関与する手続きを申し立てたとき、もしくは弁護士などへ債務整理を委任したとき、または自ら営業の廃止を表明したときなど、支払を停止したと認められる事実が発生したとき。
4．BまたはBの保証人の預金その他のAに対する債権について仮差押、保全差押または差押の命令、通知が発送されたとき。なお、保証人の預金その他のAに対する債権の差押等については、Aの承認する担保を差し入れる等の旨をBが遅滞なくAに書面にて通知したことにより、Aが従来通り期限の利益を認める場合には、Aは書面にてその旨をBに通知するものとします。ただし、期限の利益を喪失したことに基づき既になされたAの行為については、その効力を妨げないものとします。

〔2項〕Bについて次の各号の事由が1つでも生じた場合には、Aからの請求によって、BはAに対するいっさいの債務の期限の利益を失い、直ちに債務を弁済するものとします。

1．BがAに対する債務の一部でも履行を遅滞したとき。
2．担保の目的物について差押、または競売手続の開始があったとき。
3．BがAとの取引約定に違反したとき。
4．Bの責めに帰すべき事由によって、AにBの所在が不明となったとき。
5．保証人が前項または本項の各号の1つにでも該当したとき。
6．前各号に準じるような債権保全を必要とする相当の事由が生じたと客観的に認められるとき。

考えから、契約の中で、追加的に「**期限の利益喪失条項（特約）**」が設けられている場合が少なくありません。

例えば、債務者（B）の財産が他の債権者（C）によって差し押さえられた場合には、債権者（A）は、直ちに自己の債権について期限の利益を失わせ、権利行使ができる条項が盛り込まれたりしています（103頁の条項の1項4号）。相殺制度と組み合わせることによって、優先的回収が図られる場合もあります（329頁参照）。

CIVIL LAW

12

取得時効

——「お前の物はオレの物」は認められるの？

◇人気たこ焼き店「大たこ」訴訟

読者のみなさんは、大阪の人気たこ焼き店のうちの1つ「大たこ」をご存じでしょうか。では、かつて「大たこ」と大阪市との間で、土地の所有権を巡って民事訴訟が行なわれ、最高裁まで争われていたこととは？

当時、「大たこ」は、大阪市中央区の道頓堀川《どうとんぼりがわ》にかかる太左衛門橋《たざえもんばし》のある敷地で営業をしていました。しかし、その土地は、市有地だったため、大阪市は経営者に立ち退きを求めました。これに対して、「大たこ」の経営者は、父親（故人）が1976年6月頃からその土地で店舗を建てて経営しており、既に1996年6月には20年間経過したのだから、その時点で土地の所有権の**「取得時効」**が成立したと主張して争いました。訴訟の結果、「大たこ」の経営者の敗訴となり、立ち退きと過去12年分の土地の使用料の支払いが命じられることとなったのですが……。

◆取得時効とは？

では、ここでいう所有権の取得時効とは、何でしょうか？　所有権の取得時効とは、物を一定期間、継続的に占有することにより、それが他人の物であっても、その物に対する所有権を取得することができるという制度です。取得時効には、大きく、所有権の取得時効（民法１６２条）と、所有権以外の取得時効（民法１６３条）がありますが、特に重要となるのが、所有権の取得時効です。

所有権の取得時効が成立するためには、ⓐ所有の意思をもって、ⓑ平穏かつ公然に、ⓒ他人の物を、ⓓ一定期間（20年―民法１６２条１項、10年―民法１６２条２項）占有を継続する、という４つの要件が必要です。[14]

このうち、要件ⓐ「**所有の意思**」とは、自らが所有者としてふるまう意思のことを意味します（このような意思をもって占有することを**自主占有**といいます）。占有者が占有の権原《けんげん》（占有を正当化する法律上の原因）を有しないことを知らない場合（**善意占有**）だけではなく、知っている場合（**悪意占有**）であっても、所有の意思が認められれば、取得時効が成立する余地があります。すなわち、悪意占有でも善意占有でも、所有の意思は認められる可能性があるのです。

ですから、先ほどの「大たこ」の事件でも、市有地だと知っていながらそこで営業していたとしても、それだけで取得時効の成立が妨げられるわけではありません。ただし、自分が所有者としてふるまう意思がなければなりませんので、人の物を借りているような場合（他主占有）には、いくら占有を継続しても、所有権の取得時効が成立することはありません（ただし、他主占有から自主占有に転換する場合があります。民法１８５条）。

また、要件ⓓにつき、20年ではなく、より短い10年で取得時効が成立するためには、占有者が占有の開始時に、自分が所有者ではないことについて善意・無過失でなければなりません（なお、占有開始時に善意・無過失であれば、その後に悪意に転じても構いません）。

コラム

所有と占有

所有と占有の関係は、簡単ではありません。しかし、ごく簡単に言えば、「所有」というのは、その物を支配する（自由にその物を使用し、収益を上げ、処分をすることができる）権利であるのに対し、「占有」というのは、その物を所持している状態を指します。

14　ただし、「所有の意思」「平穏」「公然」は推定されます（民法１８６条1項）。また、前後の両時点において占有をした証拠があれば、その間の占有継続も推定されます（民法１８６条2項）。さらに、「他人の物」が条文上の要件ですが、判例は、自己の物や公物についても取得時効が成立する余地を認めている（最判昭和42年7月21日民集21巻6号１６４３頁）ため、占有者が取得時効を主張する際に、他人の物であることを確定する必要はありません。

所有者でなくても占有者であると評価することはできますし、所有者が常にその物を直接的に占有しているとは限りません。

ところで、民法は、「占有」に対して一定の法的効果を与えています。[15] そのうちの1つに、「本権取得機能」があります。占有をすることによって、本権（その物の支配権）を有していない者にも、本権を与えるという機能です。取得時効もその一例です。他人の土地でも占有を継続すれば、その占有者に所有権が発生するのです。

ちなみに、本権取得機能のその他の例として、例えば、無主物先占（民法239条）、遺失物拾得（民法240条）、即時取得（民法192条）などがあります。

◆占有の継続って？

ところで、「**占有の継続**」は、どのような場合に認められるのでしょうか？　例えば、「大たこ」のケースのように、先代の経営者（＝前の占有者）から継続していた占有は、取得時効に必要な期間としてカウントされるのでしょうか？

これに関し、民法は、「占有者の承継人は、その選択に従い、自己の占有のみを主張し、又は自己の占有に前の占有者の占有を併せて主張することができる」（民法187条1項）としています。つまり、自分だけの占有を主張しても構わないし、前の占有者の占有を合計して主張しても構わないのです（110頁図表参照）。ただし、同条2項では、「前の占有者の占有を併せて主張する場合には、その瑕疵《かし》をも承継する」とありますので、もし合算する前の占有者の占有が悪意であれば、自分自身の占有が善意であっても、全体として悪意占有となり、10年の短期時効を主張することはできないのです[16][17]。

15　その効果は多種多様ですので、平易に説明するのは困難なのですが、ひとまず、最も基本的な占有の機能として、「本権取得機能」の他に、次の2つを挙げることができます。ⓐまず、占有には、所有権などの本権の所在を表す機能（本権表章機能）があります。ある物を占有していれば、それに対する本権が推定されますし（民法188条）、占有の移転（引渡し）が動産物権譲渡の対抗要件になっています（民法178条。145頁参照）。ⓑまた、占有をしているということ自体を維持する機能（占有訴権。民法197条。129頁参照）があります。占有訴権は、占有者が本権を有するか否かにかかわらず、ひとまず「あるがままの状態」を保護する役目を果たしています。

16　前の占有者が善意の場合でそれを合わせて主張する場合、自分が悪意であっても全体的に善意となるのか問題となります。判例は、最初の占有者の占有開始時において善意・無過失を判定すべきであるとしています（最判昭和53年3月6日民集32巻2号135頁）。それによれば、前の善意の占有者の占有を合わせて主張することによって、自分が悪意占有であっても短期時効（民法162条2項）の成立が可能となります。

17　そもそも、相続の場合にも民法187条の適用があるのかという問題があります。これに関し、相続は包括承継なので、相続人は被相続人の占有権を取得するのみであり、自己固有の占有権を取得するものではない（したがって、民法187条の適用はない）という考え方があります。しかし判例は、187条1項は、「相続の如き包括承継の場合にも適用され、相続人は……その選択に従い自己の占有のみを主張し又は被相続人の占有に自己の占有を併せて主張することができる」としています（最判昭和37年5月18日民集16巻5号1073頁）。

◎「占有の継続」の期間のカウントの仕方

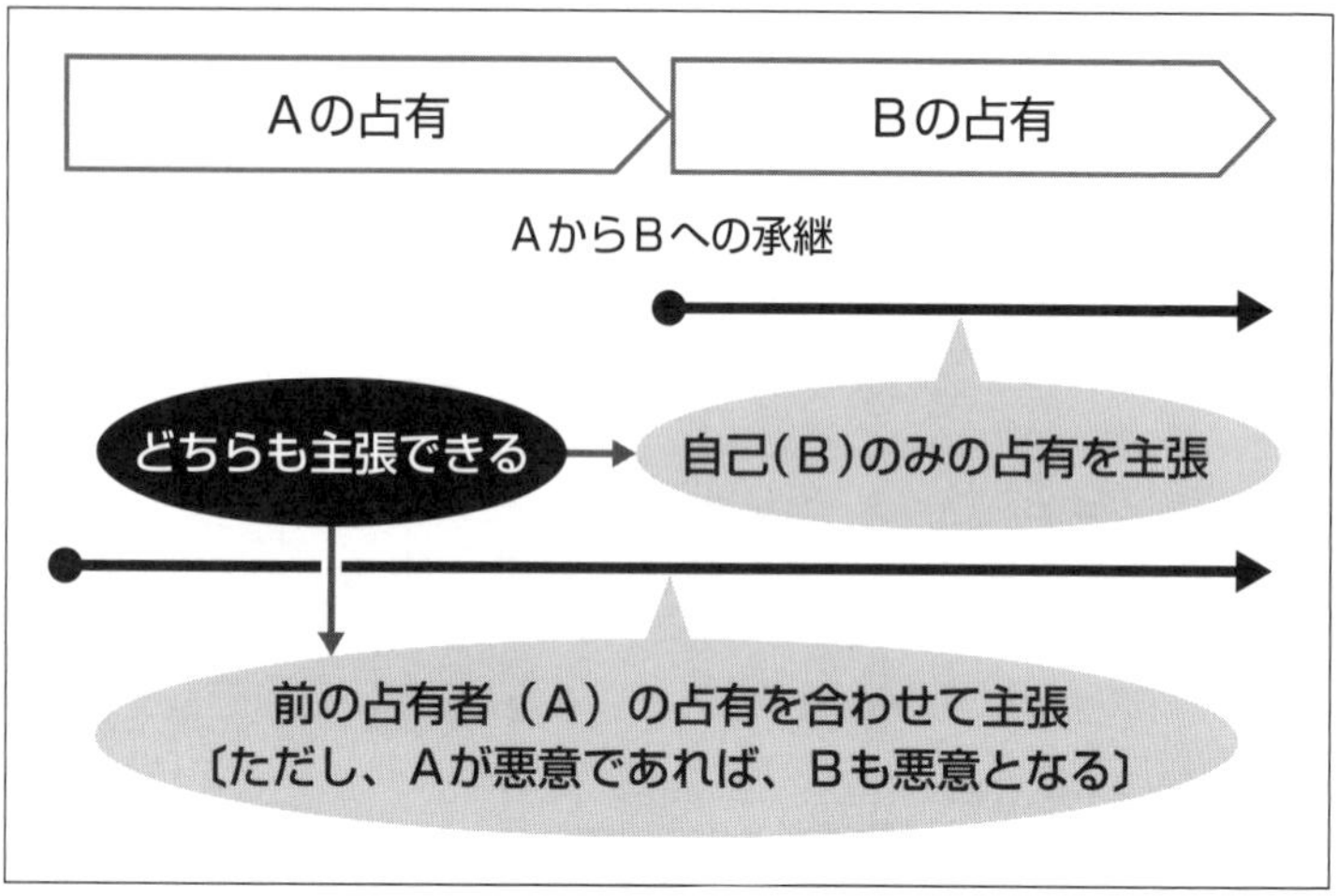

◆取得時効が成立すると……

所有権の取得時効期間が経過し（時効の完成）、占有者が時効の利益を受けることを主張する（時効の援用をする）と、占有者がその物の所有権を取得しますが、ここで気をつけたい点が2点あります。

まず1点目は、占有者が所有権を時効取得するとき、それは「**原始取得**」であるという点です。所有権の取得原因には、大きく、承継取得と原始取得があります（125頁参照）。**承継取得**とは、既に存在している物権に基づいて、それを承継する形でなされる取得のことです。代表的な例としては、売買契約や相続を挙げることができます。これに対して、原始取得とは、前主の権利とは無関係に、新たに（原始的に）物権を取得することです。取得時効は、元の所有者から権利を承継するのではなく、占有を継続することによって占有者が原始的に所有権を取得する制度であると理解されています。

2点目として、取得時効には、時間をさかのぼらせる力、すなわち、遡及効《そきゅうこう》があるという点です（民法144条）。占有者が所有権を取得するのは、時効が完成したり、時効の主張をしたりしたときではなく、占有者の占有開始時にさかのぼります。ですから、取得時効が成立すれば、占有をしていた間も、占有者がその物の所有権を既に有していたことになり、占有者は、その間の使用料などを、元の所有者に支払う必要がありません。

◆なぜ、取得時効という制度があるの？

ちなみに、取得時効は、お隣さん同士の境界トラブルなどにも頻繁に登場します。お隣さんが境界線をはみ出して土地を占有していたけれど、そのまま放置して時間が経過すると、いつの間にか、そのお隣さんに占有部分の所有権が生じ、自分の所有権は消えてしまう……。なんてこともあるのです。

ところで、読者のみなさんの中には、「取得時効って、変な制度だな……。他人の物なのに、占有を継続していたら、いつの間にか自分のものにできるなんて……」と不思議に思われるかもしれません。『ドラえもん』に登場するジャイアンの名（珍）セリフ、「お前の物はオレの物」を地で行くような制度です。大たこの事件でも、少し間違えば（上手くいけば？）取得時効が成立するなんてこともあり得たのです。

ある意味で、反道徳的な要素とも思えるものを含むこのような制度が、なぜ、認められるのでしょうか。ここには、一定の価値観が横たわっているように思えます。すなわち、**民法が「占有（＝物を所持すること）」に、一定の価値を見出しているの**です。物を占有している人は、その物に関心を持ち、継続的にその物を活用していますし、場合によっては、他の人に貸したりして、新たな法律関係が既に生まれているかもしれません。ですから、その事実状態をそのまま尊重することが、社会的に有益ですし、また、いたずらな紛争を妨ぐことにもつながります。他方、真の所有者は、自分の物が他人に占有されているのに、何も権利主張（明渡しの請求など）をしなかった以上、所有権が奪われても仕方ないとも考えられます。これを表す法諺《ほうげん》として、「**権利の上に眠れる者は、保護に値しない**」があります。

CIVIL LAW
13

消滅時効
——合法的な借金の踏み倒し？

◇消滅時効とは？

権利が行使されないという事実状態が一定期間継続した場合に、その権利は消滅するという制度があります。これが、**消滅時効**です。消滅時効にかかるのは、「債権」および「債権または所有権以外の財産権」です。実際には、債権者の履行請求に対して、債務者が抗弁として消滅時効を主張する場合が多く、債権者（例えば、貸付債権や売掛債権の債権者）は、適切な時効管理をしないと、いつの間にか消滅時効が完成していたなどということもあり得ます。

では、なぜ、このような権利消滅制度が設けられているのでしょうか。これは、取得時効と同様、いくつかの説明がありますが、特に、ⓐ証明の困難性からの救済と、ⓑ権利の上に眠れる者は保護に値しないということが強調される傾向にあります。

まず、債務者が本当は既に弁済し終えている場合でも、特に時間が経過することによって弁済の事実に関する証拠が散逸してしまうので、後になって弁済を証明することが困難となることが少なくありません。そこで、一定の期間が経過したら、弁済の証明を要せず債務者の債務を消滅させることにより、弁済者を救済する機能を果たしているといえます。

他方、仮に債務者が未だ債務の弁済をしていなかったとしても、債権者が債権を行使しない事実状態が継続した場合、このように長期間権利行使をしない債権者は保護に値しないものとみなし、非弁済者を債務から解放させて保護するという機能も果たしています。

◆いつから何年で時効にかかるの？

消滅時効が完成するためには、権利の不行使が一定期間継続することが必要です。したがって、いつから時効期間の計算を始めるのか（起算点はいつか）と、どのくらいの期間が経過すれば時効が完成するのか（時効期間）が重要なポイントになります。

この点、一般の債権の消滅時効（民法166条）は、ⓐ債権者が権利を行使することができることを知ったとき（**主観的起算点**）から**5年間**行使しないとき、または、ⓑ権利を行使することができるとき（**客観的起算点**）から**10年間**行使しないときに時効が完成するとなっています。二重期間構成を採用していることがわかります。

この点、契約に基づいて生じた債権は、通常、債権者は権利を行使することができるときを知っているわけですから、ⓐとⓑの両起算点が一致する（したがって、主観的起算点から5年で時効が完成する）場合が多いです。しかし、例えば誤振込みをした場合の返還請求権（これは、法律上の原因のない利得の返還を求めるものであり、不当利得に基づく返還請求権となります。276頁参照）などは、誤振込みをしてから、誤振込みに気づくまでタイムラグがある場合も想定され、その場合には主観的起算点と客観的起算点に不一致が生じます。

なお、消滅時効期間が満了したからといって、当然に債権などの権利が消滅するわけではありません。消滅時効によって利益を受ける者[18]が、時効の「**援用**」をしなければ、確定的に、権利消滅という効果が生じないと考えられています。

◆生命・身体への侵害

原則的な債権の消滅時効期間は、今、説明したとおりですが、すべての権利の時効期間が統一化されているわけではありません。

特に、不法行為による損害賠償の請求権は、「被害者又はその法定代理人が損害及び加害者

18　消滅時効を誰が援用できるのか（援用権者）については、争いがあります。民法145条は「当事者（消滅時効にあっては、保証人、物上保証人、第三取得者その他権利の消滅について正当な利益を有する者を含む。）」となっていますので、債務者だけではなく、保証人、物上保証人、第三取得者は、債務者の債務の消滅時効を主張することができる当事者であることが明文規定で明らかです。また、それ以外にも、判例上、売買予約の仮登記に遅れた抵当権者（最判平成2年6月5日民集44巻4号599頁）や、詐害行為の受益者（最判平成10年6月22日民集52巻4号1195頁）などが「当事者」として認められています。他方で、後順位抵当権者は「当事者」に含まれないとする判例があります。

を知った時から**3年間**行使しないとき」または「不法行為の時から**20年間**行使しないとき」のいずれかの場合には、時効によって消滅するものと規定されています（民法724条）。5年よりもさらに短い3年で時効が完成する可能性がある点がポイントです。

他方で、少しややこしいのですが、特に人の生命または身体の侵害は重大な法益侵害であることから、被害者をより保護する必要性があります。そこで、人の生命または身体の侵害による損害賠償請求権の消滅時効について、主観的起算点から5年とするとともに、客観的起算点から20年とされています（民法167条、724条の2）。

なお学説上は、生命侵害の場合にさらに特則を設けるべきではないかとの見解（公訴時効が一部廃止されたことに伴い、それとの均衡を問題にする）や、性的虐待の場合について特則を設けるべきではないかとの見解（現実には、被害者の権利行使が困難である場合が少なくないことを問題にする）もありますが、現時点では立法化されていません。

◆取引実務における「時効管理」

消滅時効制度を、時効の主張を受ける側（債権者側）から考えてみると、何とかして時効にかからないように、その進行を食い止める必要があります。これが、いわゆる「**時効管理**」です[19]。では、どのようにして時効期間の進行を食い止めるのでしょうか。大きく、時効の「**完成猶予**」および「**更新**」という制度があります。

◎債務確認書の例

債務確認書

○○株式会社　御中

1　当社は、貴社に対し、令和○年○月から令和○年○月までの間に購入した商品代金合計金300,000円の支払い義務があることを認めます。
2　当社は、貴社に対し、上記第1項の債務全額を、令和○年○月○日までに支払います。

令和○年○月○日

（確認者）
住　所
会社名　　○○○○株式会社　印

まず、時効の「完成猶予」（平成29年改正前民法では「停止」）とは、時効期間が満了にあたり、このまま時効を完成させたのでは真の権利者に著しく不利益をおよぼす場合に、時効の完成を猶予する制度です。進行した時効期間を無に帰するのではなく、時効の完成が一定期間猶予されるにとどまります。

他方、時効の「更新」（平成29年改正前民法では「中断」）とは、継続する事実状態を覆すような事実が生じたときに、それまで進行した時効期間の経過を全く無意味

（いわば、「振出しに戻る」状態）にするための手段です。時効の更新（中断）事由が生じた場合には、これまで経過した時効期間は無に帰することとなり、更新（中断）事由の終了したときより改めて時効が開始します。

基本的には、時効の相手方（債権者）の積極的な権利主張が、時効の完成猶予事由や更新事由になります。例えば、裁判上の請求や、強制執行、担保権の実行などです（民法１４７条～１４９条）。これらの権利行使は、司法上の正式な手続きを要する点に特徴があります。これに対して、例えば、支払いの督促を手紙などでするだけでは、法的には「**催告**」にしか当たらず、６か月間、時効の完成が猶予されるにすぎません（民法１５０条）。その６か月の間に、新たに正式な司法上の手続きが必要となります。

そのような中で、（債務者側が親和的であることを前提として）実務上で一番容易な時効更新事由は、「**承認**」（民法１５２条１項）です。例えば、債務者Ｂが債権者Ａに対して、自己の債務が存在することを認めるなど、時効利益を受ける者が時効によって権利を失う者に対して、その権利の存在を知っている旨を表示すれば、これが承認に当たります。

承認が更新事由の１つとなったのは、時効の利益を受けるべき者の意思を尊重しようとする配慮が働いているからであると説明されたり、承認がなされたことによって権利者がこれを信頼して何もしなくとも責められないと説明されたりしています。具体的には、支払猶予願の差入れ、手形書換の承諾、利息の支払い、一部弁済などがこれに該当します。[20]

19　ここでは消滅時効の時効管理について説明していますが、時効の「完成猶予」「更新」という概念は、時効総則上の（＝取得時効にも適用される）ものです。

20　時効完成「前」の債務承認とは別に、時効完成「後」に債務者が債務承認を行なった場合、民法上でこれをどのように評価すればよいかが問題となります。債務者が、既に時効が完成したことを知りつつ、あえて債務承認をするような場合には、時効の利益の放棄（民法１４６条）と評価され、それ以降、時効の援用をすることは許されなくなりますが、債務者が、時効の完成を知らずに債務承認をした場合はどうでしょうか。これについて判例（最大判昭和41年4月20日民集20巻4号７０２頁）は、債務者の時効の採用を否定しています。そしてその理由は、「時効の完成後、債務者が債務の承認をすることは、時効による債務消滅の主張と相容れない行為であり、相手方においても債務者はもはや時効の援用をしない趣旨であると考えるであろうから、その後においては債務者に時効の援用を認めないものと解するのが、信義則に照らし、相当であるからである。また、かく解しても、永続した社会秩序の維持を目的とする時効制度の存在理由に反するものでもない」としています。信義則（債権者の期待保護と、債務者の矛盾挙動の禁止）を根拠としていることがポイントです。

CIVIL LAW

第3章

物権Ⅰ

――物権総論

CIVIL LAW

1

物権法の概要

——民法第2編は、何を規定しているの？

◇物権を勝手に創ることはできない

私たちは生活を営む中で、土地や建物、自動車、時計、洋服、食料品などの有体物を、自分の財産として支配し、活用しています。このように、人が他者を排して物を独占的に支配する権利を「**物権**」といいます。そもそも、あらゆる物がすべての人を完全に満足させるほど潤沢に存在しているのであれば、帰属意識は芽生えず、わざわざ「これは、私の物！」と意識する必要はありません。しかし実際には、多くの資源は有限であるため、「その物を支配する権利が誰に属するのか」ということが重要となるのです。

ところで、民法175条によると、「物権は、この法律その他の法律に定めるもののほか、創設することができない」と規定しています。近代的な制度として確立しているわが国の物権は、財貨の交換を前提としているので、その内容は社会一般から認識可能な画一的なものでなければならず、法律で定められたものと異なった物権を当事者同士で勝手に創出したり、法定の物権の内容を変更したりすることはできない（これに反した法律行為は原則として無効とな

◎第2編（物権）の構成

<table>
<tr><td rowspan="10">第２編物権</td><td colspan="3">物権に共通するルール
（物権変動）</td><td>①総則（175条～）</td></tr>
<tr><td colspan="3">本権ではない物権</td><td>②占有権（180条～）</td></tr>
<tr><td rowspan="8">本権としての物権</td><td colspan="2">全面的支配権</td><td>③所有権（206条～）</td></tr>
<tr><td rowspan="7">制限物権</td><td rowspan="4">用益物権</td><td>④地上権（265条～）</td></tr>
<tr><td>⑤永小作権（270条～）</td></tr>
<tr><td>⑥地役権（280条～）</td></tr>
<tr><td>○入会権（263条、294条）</td></tr>
<tr><td rowspan="3">担保物権</td><td>⑦留置権（295条～）
⑧先取特権（303条～）</td></tr>
<tr><td>⑨質権（342条～）</td></tr>
<tr><td>⑩抵当権（369条～）</td></tr>
</table>

※①、②、③…は第２編の各章の番号（入会権は独立した章がない）

る）とされているのです。このような考え方を、**物権法定主義**といいます。

◇どのような種類の物権がある？

では、民法上でどのような物権が法定されているのでしょうか。第2編（175条から398条の22）においてさまざまな類型の物権が規定されていますが、具体的には条文順に、占有権、所有権、地上権、永小作権、地役権、入会権、留置権、先取特権、質権、抵当権の10種類が法定されています。

このうち、中心を占めるのは、何といっても、**所有権**です。所有権とは、物に対する全面的な支配権（本権）を有する物権として位置づけられています（民法206条）。

「**支配権（本権）**」というのは、大きくは、「**用益権**」（例えば、鉛筆を使う、家に住む、自転車に乗るというように、特定の物を使用する権利に加え、例えば、Aが家や車を貸してそこからレンタル料を稼ぐというように、特定の物から収益をあげる権利）と、「**処分権**」（例えば、Aが自己の所有している本をBに売るというように、物を処分する権利）を意味します。そして、「全面的」というのは、その用益権と処分権の両方を含むということを意味します。

これに対し、所有権よりも後の章の8種類は、「全面的」ではなく、一定の限られた内容についての支配権（本権）のみを有する、いわゆる、**制限物権**です。この制限物権は、他人の物（土地）を使用・収益し得る（すなわち、用益権のみを有する）「**用益物権**」と、他人の物を債権の担保のために処分しうる（すなわち、物の持っている抽象的な交換価値のみを把握し、処分権のみを有する）「**担保物権**」に分類できます。

なお、以上のような所有権＋8種類の制限物権（本権）とは別に、もう1つ、「**占有権**」という物権を認めています（所有と占有の関係については、107頁のコラム参照）。そもそも占有権は、制度趣旨自体が古くから争われており、容易に説明できるものではないのですが、あえて一言で言えば、「物の事実的支配（占有）に法が一定の効果を付与している」と説明することができます。

◆物権の取得原因

もう1つ、物権法を学ぶ前提として、物権の取得原因について触れておきたいと思います。物権を取得する原因にはさまざまなものがありますが、大きく、「**承継取得**」と「**原始取得**」に分類することができます。

①まず、承継取得とは、既に存在している物権に基づいて、それを承継する形でなされる取得**のこと**です。代表的な例としては、契約を挙げることができます。売買契約や贈与契約などの財産移転型の契約によって所有権が移転する例が典型的ですが、地上権や抵当権の設定のように、既に存在している所有権を基礎として、内容の制限された別の物権を設定・取得することをも含まれます。これらは、特定の物に対する承継取得ですので、「**特定承継**」といいます。また、相続や会社の合併などを原因としても、承継取得はなされます。これらは、特定の財産だけの承継ではなく、被承継人の有していた財産について包括的に承継されるため、「**包括承継**」といいます。

②他方、原始取得とは、前主の権利とは無関係に、新たに（原始的に）物権を取得することです。物が物理的に新しく生成する場合（動産の製造、建物の新築、隆起による土地の生成など）が典型的ですが、それ以外にも多くの例を挙げることができます。例えば、無主物先占《せんせん》（民法239条）であれば占有を始めた者が、遺失物拾得（民法240条）であれば拾得した者が、埋蔵物発見（民法241条）であれば発見した者が、それぞれ原始的に物権を取得することに

なります。また、添付（付合、混和、加工。民法242条以下）によって新たな物が生成された場合、その物に対する所有権の取得も原始取得として説明されます。さらに、他人の物を時効取得した（民法162条）としても、これは、占有の継続によって生じる擬制的な原始取得ですし、即時取得（民法192条。160頁参照）も同様です。

CIVIL LAW

2

物権的請求権

――「私の物を返してくれ」を法的に言うと……

◆物権的請求権とは?

自分が支配している物が、他人によって侵害された(または、侵害されそうになった)場合はどうなるのでしょうか。この場合には、「**物権的請求権**」を主張することとなります。物権的請求権とは、物権を保護するために、その権利を侵害する者(または侵害しようとする者)に対し、その侵害(または侵害の危険)の除去を請求する権利です。日常的な言葉で言えば、「邪魔だからどかしてよ!」「危ないから何とかしてよ!」「それ、返してよ!」ということができる権利です。

ところで、物権的請求権は、民法の何条に規定されているのでしょうか? 実は、民法上には、物権的請求権を直接認めた明文規定はありません。しかし、物権が排他性のある独占的な支配権であり、さらに自力救済が禁止されていることから認められる、当然の権利であると解されています。

◆物権的請求権の具体的内容

物権的請求権には、大きく3つのものが含まれています。

第一に、「**物権的妨害排除請求権**」です。これは、物権が違法に妨害されている場合に、妨害物の排除や妨害行為の停止などを求める請求権です。例えば、A所有の土地にBが違法駐車をしていたら、AはBに対して、その車の除去を求めることができます。

第二に、「**物権的妨害予防請求権**」です。これは、将来、物権が違法に侵害される可能性が明らかに高い場合に、妨害の予防を求める請求権です。具体的に侵害が発生してからはじめて侵害除去を請求し得ると解したのでは物権の保護として不十分であるために認められています。生活被害（騒音・悪臭・振動など）の場合に、この請求権を利用して、差止めを求めるというようにも使われています。ただし、濫用のおそれも考えられるため、妨害の蓋然性《がいぜんせい》が高く、重大なものに限って認められる傾向にあります。

第三に、「**物権的返還請求権**」です。これは、物権者が占有すべき目的物の占有を奪われた場合、その返還を求める請求権です。例えば、A所有の宝飾品をBが無断で持っていってしまった場合には、AはBに対して、その宝飾品の返還を求めることができます。物権的妨害排除請求権との違いは、占有が奪われているか否かです。

◆費用はどちらが？

ところで、物権的請求権は、相手方に積極的な行為を求めることができる権利なのでしょうか、それとも、物権者自身が特定の行為をすることを相手方に認容させる権利にとどまるのでしょうか。また、物権的請求権を行使する際にかかる費用は、誰が負担するのでしょうか。例えば、Ａの土地にＢが無断でコンテナを置いている場合、ＡはＢに何を求められるのか、そして、撤去費用は誰が負担するのか、条文がありませんので、解釈の問題となります。

これについて、判例があります。[1] それによれば、土地所有権に基づく妨害排除請求権の内容は、相手方に対して積極的な妨害除去または防止義務を課すものであり、土地に対する妨害が不可抗力に起因する場合を除いて、相手方は、自己の行為によるか否かを問わず、また、故意・過失の有無を問わず、除去・防止義務を負い、除去・防止費用は相手方が負担すべきであるとしています。つまり基本的に、物権的請求権は、**相手方の費用で、相手方に対して積極的な行為を求める**ことができるものであると解しているのです。

◆物権的請求権と似て非なる「占有訴権」

ところで、物権的請求権と似て非なるものとして、占有権（民法１８０条以下）の箇所に、

1　大判昭和12年11月19日民集16巻１８８１頁

「占有訴権」（民法197条以下）が規定されています。ちなみに「訴権」というと、特別な訴訟上の権利のようなイメージがありますが、日本の場合は、簡易迅速な占有訴訟手続が特別に規定されているわけではないので、この言葉は、若干、内容とミスマッチかもしれません。しかしいずれにしても、具体的な内容として、ⓐ**占有保持の訴え**（民法198条）、ⓑ**占有保全の訴え**（民法199条）、ⓒ**占有回収の訴え**（民法200条）の3種類が規定されています。

ところで、条文を見てもらうとわかりますが、「占有訴権」は、先ほど紹介した「物権的請求権」と、同じような内容の権利です。どちらも、要は、「邪魔だからどかしてよ！」「危ないから何とかしてよ！」「それ、返してよ！」という権利です。

では、両者で何が違うのでしょうか。簡単に言えば、目指すべき目的が異なります。物権的請求権は、所有権を中心とした本権に基づく請求権であり、「あるべき」状態に合致させることを目的としています。これに対して占有訴権は、**「あるがまま」の状態を保護**しようとするものです。言い方を変えれば、民法は、本権を保護するとともに、（本権とは切り離して）占有自体に一定の価値を認めて、それを保護しているのです。

ちなみに、民法202条2項によれば、占有の訴えは、本権の訴えに関する理由に基づいて裁判をすることができないとされています。例えば、Bが占有回収の訴えを提起した場合、裁判所は、所有権がAにあることを考慮してはならず、専らBの占有が侵害されたかどうかのみに着目して裁判をしなければなりません。[2] 占有訴権と物権的請求権では、争う土俵が異なるのです[3]。

◆物権的請求権＋占有訴権？

さて、このように物権的請求権と占有訴権の両方が存在することは、ときに、理論的に少し厄介な問題を引き起こします。例えば、Aが所有し、かつ占有している自動車をBが盗んだ場合、Aは、所有権に基づく返還請求権（物権的請求権）を主張することも、占有訴権を主張することもできるように思われますが、両者はどのような関係に立つのでしょうか。

この点、民法202条1項は、「占有の訴えは本権の訴えを妨げず、また、本権の訴えは占有の訴えを妨げない」としています。つまり、どちらを主張しても構わないのです。

では、例えば、占有回収の訴えをBに対して提起して敗訴したAが、再び、所有権に基づく返還請求権を主張してBに訴訟を提起することはできるのでしょうか。これは少し難しい問題で、学説上では争いがあります。確かに、実質的に多くが重なり合うAからの2つの訴え提起

2　大判大正8年4月8日民録25輯657頁、最判昭和27年5月6日民集6巻5号496頁参照

3　ただし、注意が必要です。AがBを被告として、「別訴」で所有権に基づく返還請求を主張することは、自由です。本権の訴えが、占有の訴えに対する防禦方法ではなく独立の請求権であることを考えれば、当然に許容すべきでしょう。また、判例は、別訴でなくとも、占有訴権に基づく訴訟手続の中で本権に基づく「反訴」を提起することも認めています（最判昭和40年3月4日民集19巻2号197頁）。

に、いちいちBが応訴しなければならないとすると、Bは大変です。しかし、物権的請求権の行使とは別に占有訴権を認めていることを重視するならば、Aが自らの意思に基づいて二度目の訴訟を提起することを保護することは必ずしも不当とはいえません。また、占有訴権の行使期間には短い制限がある（民法201条参照）ことから、応訴への負担は一定限度に制限されているようにも思われます。

◆そもそも占有訴権は必要？

もう1つ、こんな疑問も湧いてきます。そもそもその物の支配権（本権）を有しているのであれば、訴訟でも、本権で争えばいいわけで、何も占有訴権を主張する必要（メリット）はないのではないか、というものです。これは、占有訴権の存在意義にも関係します。

これに関し、占有者が本権を有するかどうか明らかでない場合において、占有利用に対する侵害があったときの応急的な仮の保護として、占有訴権は機能する、という考え方があります。ただし、占有をしていれば適法に権利を有すると推定されます（民法188条）ので、占有をしてさえいれば、本権の証明が難しいと言いにくい側面があります。そこで、占有訴権が実際に機能を発揮するのは、訴訟上で推定が揺らぐ場合や、不動産登記が有する推定力が占有の推定力に優先する場合[4]に限られることになりそうです。そのようなこともあり、占有訴権の存在意義は極めて限定的だとする学説も存在します。

CIVIL LAW

3

物権の優先的効力

——「買った人」と「借りている人」はどちらが強い？

◇物権の優先的効力とは？

物権的請求権と並んで、物権に共通する効力がもう1つあります。それが、**物権の債権に対する優先的効力**です。これは、「債権の目的となっている物に物権が成立すれば、たとえ物権が債権の後から成立したものであっても、物権のほうが優先する」というものです。

例えば、AがパソコンをBに無償で貸し付け（使用貸借契約。民法593条）、Bがそのパソコンの利用権（＝債権）を有していたとしても、その後にAがそのパソコンをCに売却してCが所有権（＝物権）を取得した場合には、原則として、BはCに対して使用借権（＝債権）を主張することができないことになります。債権は相対的権利にすぎない（31頁参照）ため、債権者（B）は債務者（A）に対してしかパソコンを利用する権利を主張することができず、物権取得者（C）に対しては権利主張できないわけです。

4　最判昭和46年6月29日判時635号110頁

◎物権の優先的効力

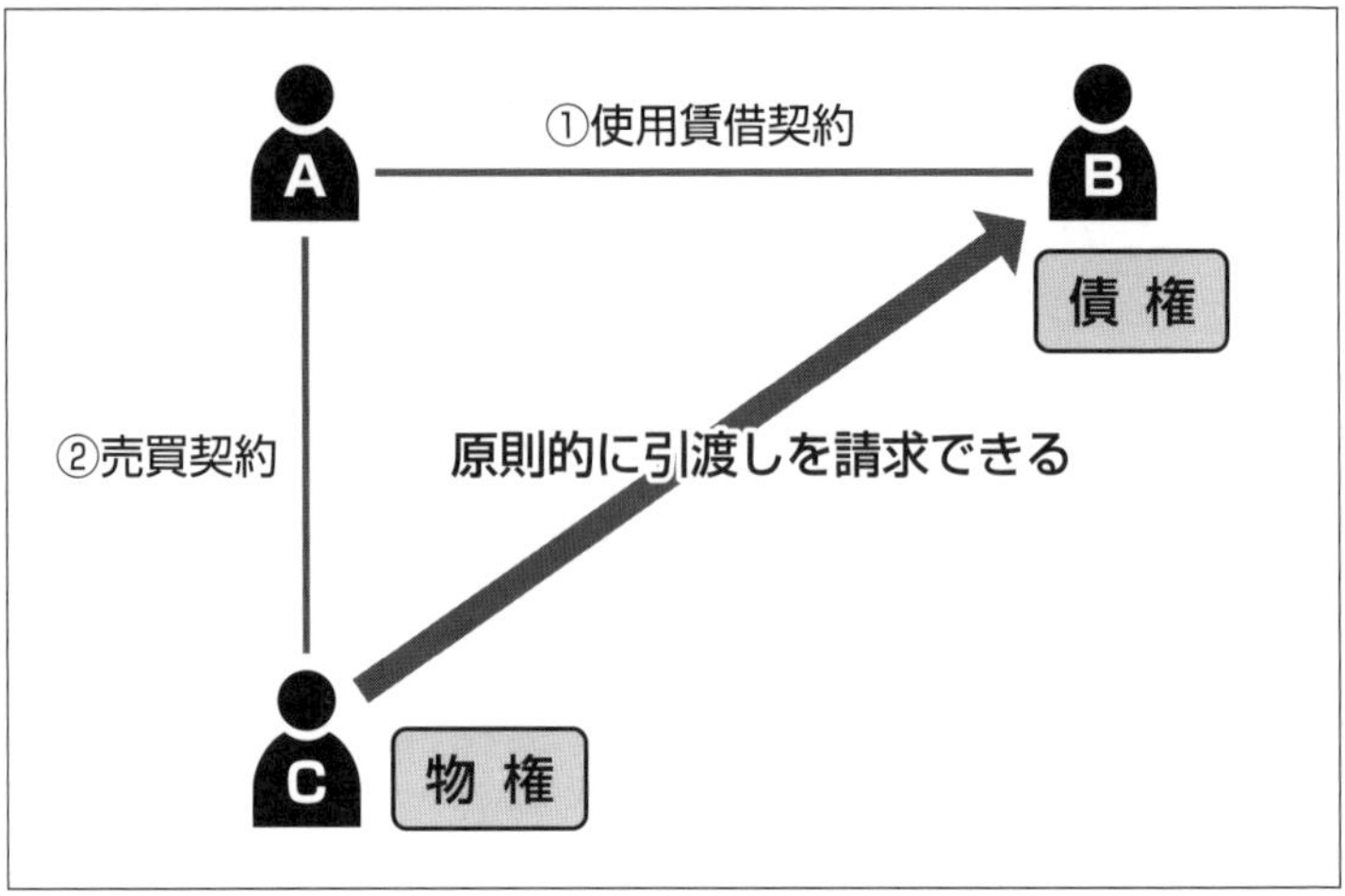

◆例外としての「対抗要件を備えた不動産賃借権」

しかし、このような原則的な規範には、例外があります。例えば、Aが自己の不動産をBに賃貸していたけれども、あるとき、Aがその不動産をCに売却した場合を考えてください。先ほどと同様、CがBに対して引渡しを求めた場合、Bはそれに応じなければならないでしょうか。

この点、民法によれば、不動産の賃貸借は、その旨を**登記**することによって、それ以後、その不動産について物権を取得した者に対しても効力を主張することができるとされています（民法605条）。賃借権も債権ですから、原則として排他性が認められていませんが、それでは賃借人の立場は弱いものとなってしまうところ、不動産賃借権において

◎対抗要件を備えた不動産賃借権

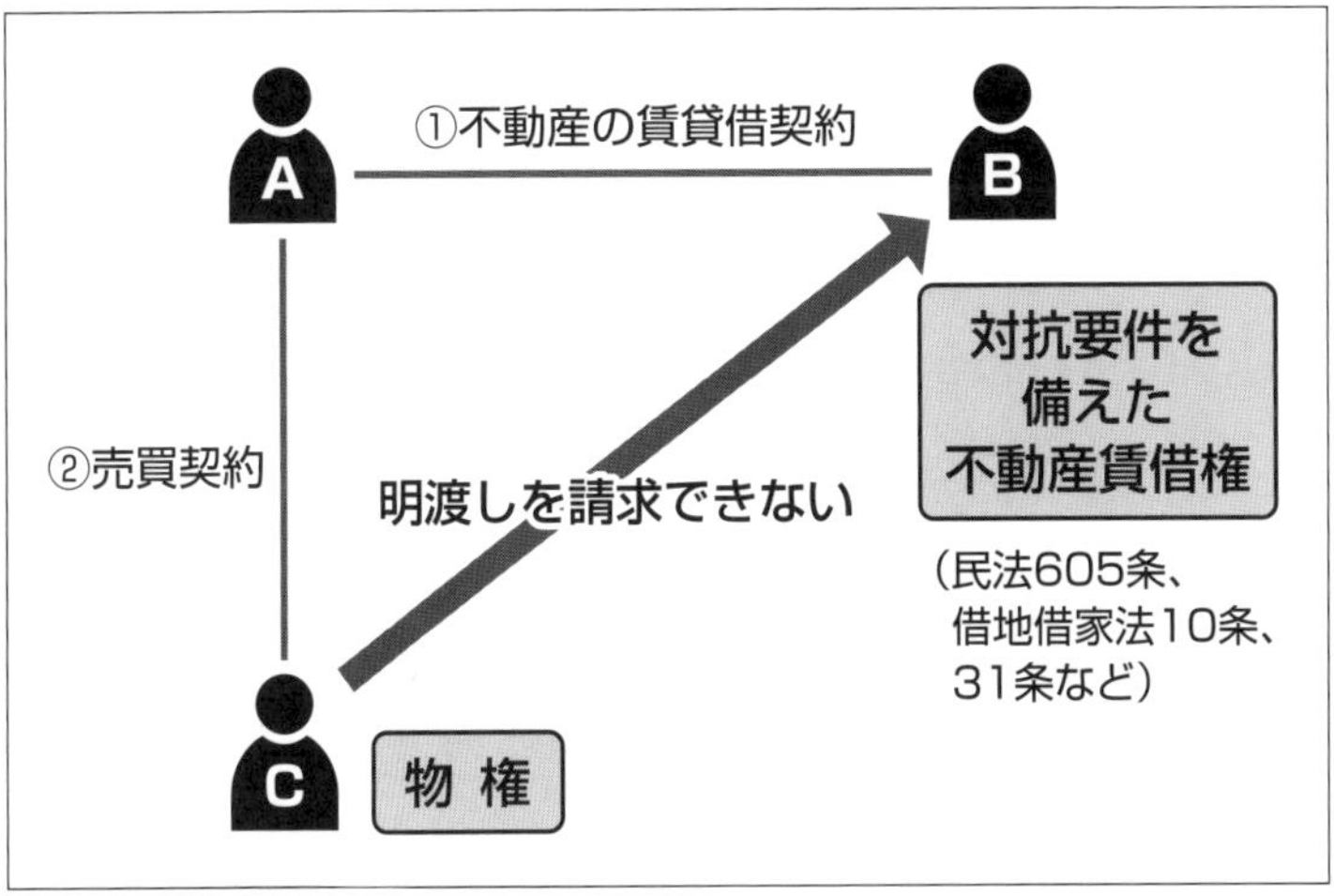

特に賃借人の権利保護を図ったものが本条です。つまり、本条の適用の及ぶ限りにおいて、不動産賃借権は、物権と同様に解され、先に対抗要件を備えたほうが優先することとなります。

◆賃借権登記なんてしていないのだけれど……

ただし、留意点があります。それは、起草者の意図に反して、民法605条による賃借人保護は必ずしも有効に機能しているわけではないという点です。というのも、賃貸借契約においては、売買契約と異なり、賃貸人は賃借人に対して登記申請に協力する義務がないと解されているのです。[5] また、仮に賃借権の登記をする旨の特約がある場合でも、その登記義務と賃料支払義務とを同時に履行すべき旨の特約がない限り、不動産の引渡しを受けて既に使用収益している賃借人は、登記義務が履行されていないことを理由に賃料の支払いを拒絶することはできないとされています。[6] そこでさらに、特別法である借地借家法によって、不動産賃借人の保護を図ることになります。

①まず、借地権は、借地権登記がなされていなくとも、土地の上に**借地権者が登記されている建物を所有**する場合には、第三者に対抗することができます（借地借家法10条）。これは、土地の所有権に利害関係を有する者は、借地上に借地権者名義の建物がある場合、その名義人が土地利用権も有しているということを推知することができるため、不測の損害を被ることはないと考えられるためです（したがって、ここでいう建物登記とは、権利に関する登記に限られず、表示に関する登記も含まれます）。

②また、借家権についても、借家権登記がなくても、**建物の引渡し**があったときは、その後その建物について物権を取得した者に対抗することができます（借地借家法31条）。建物の占有が移転していることによって建物賃借権の公示がなされているとみて、賃借人を保護しているのです。

CIVIL LAW

4

所有権の移転要件と移転時期

——いつから、「私の物」になるの？

◆所有権の移転要件

例えば、Aが所有する不動産（甲）をBに売却する場合、いったいどのような要件が備わればAの所有権がBに移転するのでしょうか。これについて、基本的に、2つの立法主義があるといわれています。それは、「**意思主義**」と「**形式主義**」です。

意思主義とは、物権の変動を生じさせる法律行為の成立には、当事者の合意だけで足りるとする考え方で、フランス法がその例として挙げられます。これに対し、形式主義とは、当事者の合意だけでは足りず、それに加えて一定の形式的行為が必要であるとする考え方で、ドイツ法がその例として挙げられます。

では、日本の立法は、どのようになっているのでしょうか。民法176条によると、「物権

5　大判大正10年7月11日民録27輯1378頁
6　最判昭和43年11月28日民集22巻12号2833頁

の設定及び移転は、当事者の意思表示のみによって、その効力を生ずる」となっています。この条文は、明らかに**意思主義**を採用しています。すなわち、少なくとも契約の当事者間では、移転の合意のみによって直ちに権利が移転し得るということです。

◆所有権の移転時期

ただし、ここでなお留意すべきことは、民法176条の存在によって当然に、所有権の移転時期が契約の成立時と決定するわけではないということです。「いかなる条件で、所有権が移転し得るのか（移転要件）」と、「いつ所有権が移転するのか（移転時期）」は区別して考えることもできるところ、民法176条は、前者の問題について、所有権の移転には合意以外の要件は要らないということを明らかにしているにすぎないと考えることもできます。実際に、民法176条があるにもかかわらず、学説上では、「売買契約において所有権移転時期はいつか？」という問題が昔から争われています。[7]

では、移転時期をどのように考えればよいのでしょうか。これは、契約内容によって決められるべき事柄であり、契約で明確に定められている場合はそれに従うこととなりますが、問題は、移転時期に関する明確な契約文言がなく契約解釈をしなければならない場合です。これについて、判例は、原則的に、**契約成立時**に所有権が移転すると解しています。[8]

◆所有権留保という特約

ところで実際の売買契約においては、売買契約が成立するのと同時に所有権が移転しないように、特約を設ける場合が少なくありません。原則的な条文および解釈とは異なる所有権の移転時期を、当事者間で特約（合意）するのです。そしてその合意は、特に、「**所有権留保特約**」という形で現れます。[9]

7　学説上では、契約成立時に直ちに所有権が移転すると解することは、およそ現実の取引実態とは合わないとの批判が加えられています。そして、債権契約とは独自に物権契約の存在を認めたうえで、所有権の移転時期を目的物の引渡・登記・代金支払時のいずれかに求める説なども有力に主張されています。また、わが国の取引慣行や売買契約の有償性を根拠として、移転時期を遅らせる見解が有力です。さらに、そもそも所有権の移転時期を確定することは不要であり、あえて言えば所有権はなし崩し的（段階的）に移転するというほかないという見解なども主張されています。いずれにせよ、この争いは、単なる理論的問題にとどまらず、契約交渉をやめられるのはいつの時点までか、果実収取権がどちらに帰属するのか、土地工作物責任（民法717条）において最終的に責任を負う者（所有者）は誰かなどの問題意識が潜んでいます。

8　大判大正2年10月25日民録19輯857頁、大判大正7年12月25日新聞1522号17頁、最判昭和33年6月20日民集12巻10号1585頁

9　なお、割賦販売法7条によれば、割賦販売の方法により販売された指定商品（耐久性を有するものとして政令で定めるものに限る）の所有権は、賦払金の全部の支払いの義務が履行されるときまでは、割賦販売業者に留保されたものと推定されます。

◎「所有権留保特約」の考え方

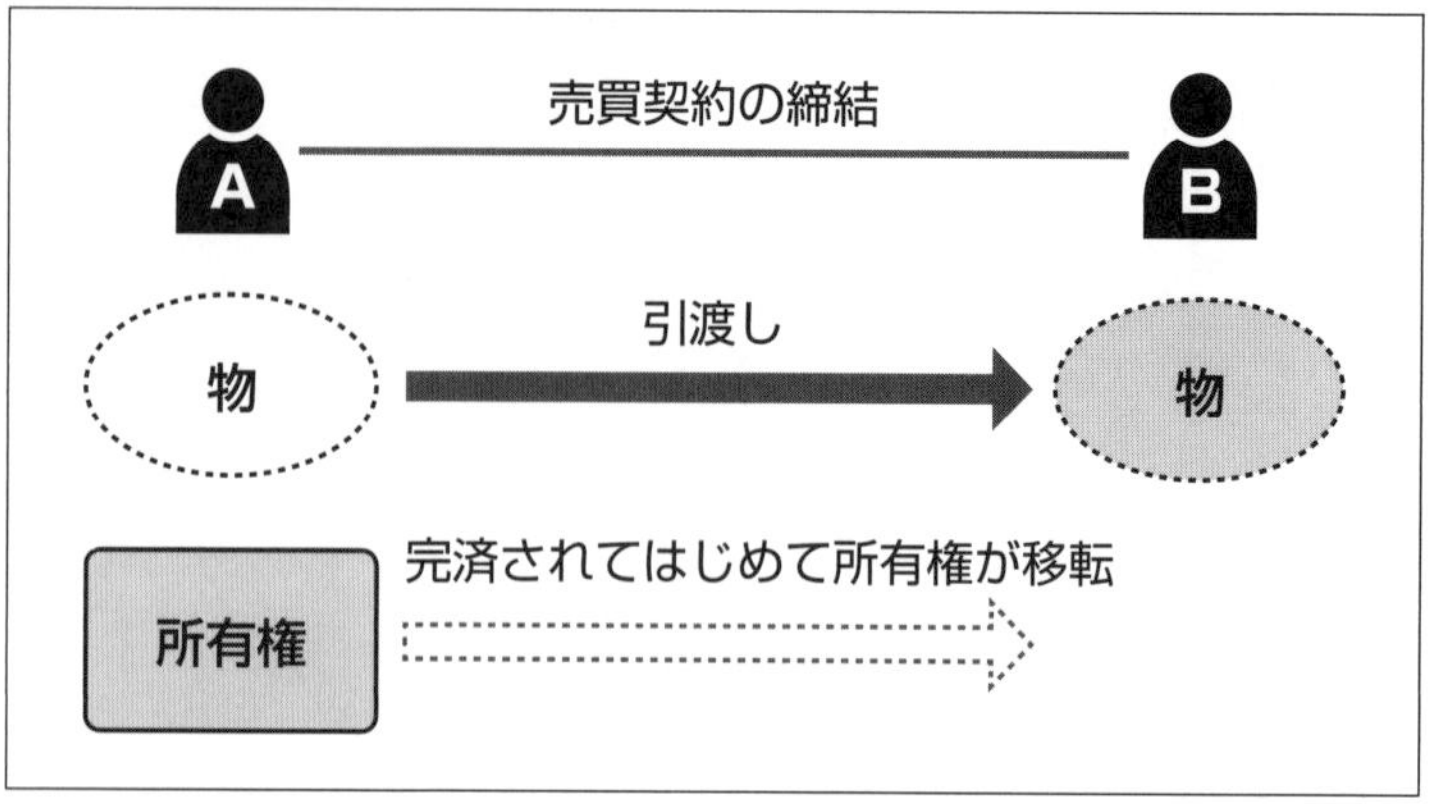

ここでいう「所有権留保特約」とは、売買代金全額が売主に支払われる前に売買目的物を買主に引き渡す場合に、代金が完済されるまで、買主に目的物の所有権は移転せず、売主が所有権を自己に留保することをいいます。そして、完済がされてはじめて、買主に所有権が移転します。[10]

では、「所有権留保特約」は、何のためにあるのでしょうか。これは、売主の債権回収をしやすくするための手段です。これを、「**担保**」という場合があります（担保物権については、第4章で後述します）。

つまり、売主は買主に対して売買代金を支払うよう求める権利（代金支払請求権）を持つわけですが、もしかしたら買主が途中で、支払うことができなくなってしまうかもしれません。そこで、そのようなリスクを回避するために、特約を設けるのです。買主が代金の支払いを遅滞した場合には、留保している所有権に基づいて、目的物を買主から引き揚げて、第三者に売却したりしてお金に換えて、その換価金を未回収の代金の支払いに充てます。[11]

10　実務上、所有権留保がよく登場する例として、自動車の売買が挙げられます。その場合、所有者として、ディーラーやクレジット会社の名前が登録され、使用者として、買主の名前が登録されます。このような状態では、買主が勝手に、車を売ったり廃車にしたりすることはできません。もし買主が代金を全額完済した場合には、「所有権（留保）解除」の手続きを行ないます。この手続きによってはじめて所有権が移転します。完済しても自動的に所有権が買主に移転するわけではありません。

11　留保所有権者が、どの時点でどのような権限を有するのか問題となります。判例（最判平成21年3月10日民集63巻3号385頁）によれば、債務者が立替金債務について期限の利益を喪失しない限り、目的物を占有、使用する権限を有しませんが、債務者が期限の利益を喪失して残債務全額の弁済期が経過したときは、債務者から目的物の引渡しを受けて、これを売却してその代金を残債務の弁済に充当することができるものとされています。また、当該目的物が第三者の土地上に存在しているような場合の留保所有権者の撤去義務や不法行為責任も、残債務弁済期の経過の有無が基準となるとしています。

CIVIL LAW

5

公示の原則

――誰に対しても、「私の物」だと言えるためには……

◇物権変動と公示

ところで、物権を取得した者は、そのことを他人に知らせる必要があります。なぜなら、物権は、目的物に対する直接的・排他的な支配権であり、同一物の上に同一内容の支配を及ぼすことはできないこと（これを「**一物一権主義**」といいます）から、権利が誰に帰属しているかは大変重要となるため、変動があった場合にはその事実を公に示して、自己の権利を一般に知られるようにしておく必要があるからです。このことを「**公示**」といいます。

そして、その公示の重要性から、前述（１３７頁参照）のとおり物権の取得において意思主義を採用し、当事者間では物権の変動に関する効果が生じるとしても、それを対外的に（第三者に対して）主張し得るためにはさらに公示手段を備えることを必要とし、公示手段が備わらないうちは、その物権の取得は対外的には否定されるという考え方が成り立ちます。これを、「**公示の原則**」といいます。日本の民法においても、「対抗要件」という形で１７７、１７８条に、公示の原則が具体的に明示されています。

◆不動産物権変動の対抗要件としての「登記」

民法177条は、「不動産に関する物権の得喪及び変更は、不動産登記法……その他の登記に関する法律の定めるところに従いその登記をしなければ、第三者に対抗することができない」と定めています。すなわち、A所有の不動産をBが買い受けたとしても、Bが、自己が所有権者であることを外部からも認識し得るように登記をしておかなければ、自分が物権を取得したということを第三者Cに対抗できないこととなります。このように、物権を第三者に主張するための要件を**対抗要件**といい、不動産物権変動の対抗要件は**登記**であるとされています。

不動産登記は、私たちの財産である土地や建物について、どのような土地・建物がどこにあり、どの程度の広さで、誰がどのような権利を持っているのかという情報を記録するものです。現在の不動

◎「登記事項証明書」の例

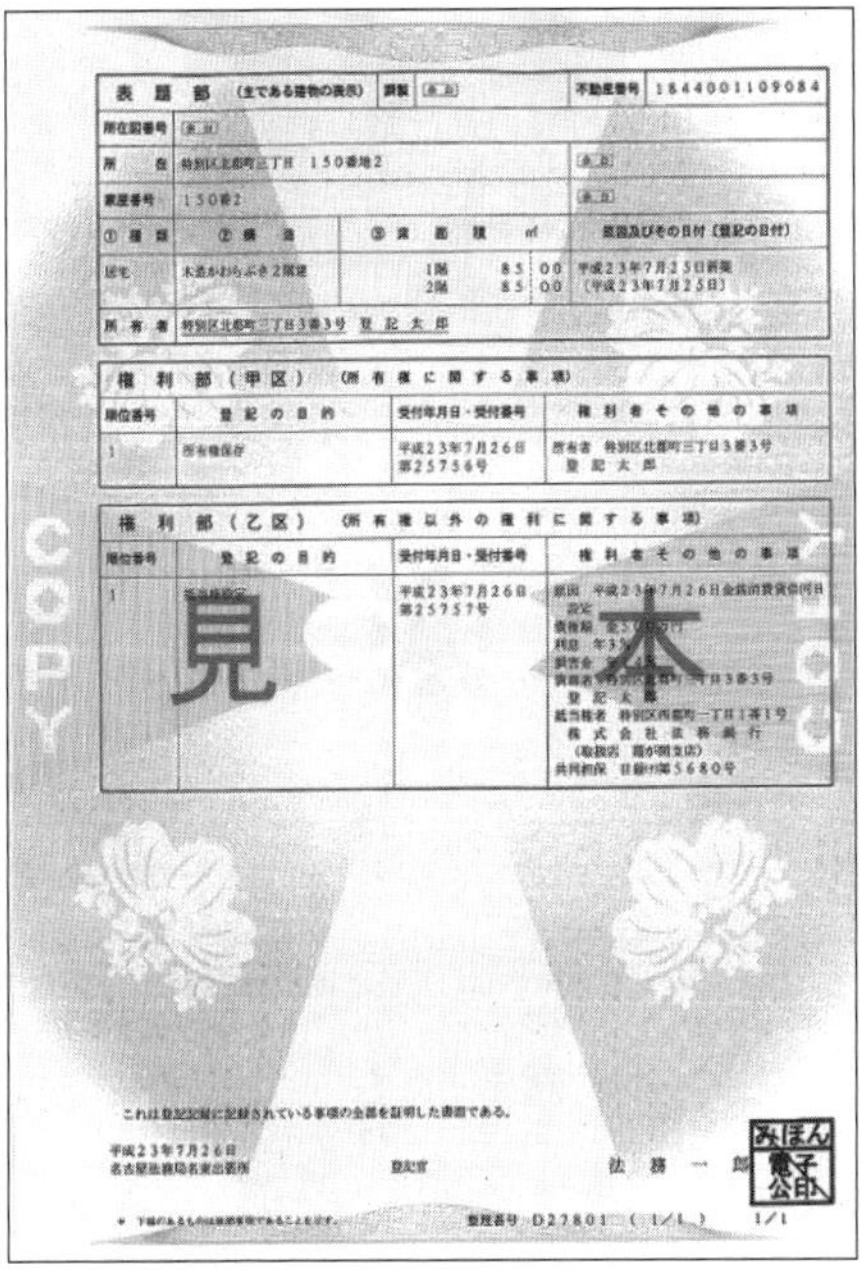

表題部（主である建物の表示）	調製	余白	不動産番号	1844001109084
所在図番号	余白			
所在	特別区北都町三丁目　150番地2		余白	
家屋番号	150番2		余白	
①種類	②構造	③床面積　㎡	原因及びその日付〔登記の日付〕	
居宅	木造かわらぶき2階建	1階　85　00 2階　85　00	平成23年7月25日新築 〔平成23年7月25日〕	
所有者	特別区北都町三丁目3番3号　登記太郎			

権利部（甲区）（所有権に関する事項）			
順位番号	登記の目的	受付年月日・受付番号	権利者その他の事項
1	所有権保存	平成23年7月26日 第25756号	所有者　特別区北都町三丁目3番3号 登記太郎

権利部（乙区）（所有権以外の権利に関する事項）			
順位番号	登記の目的	受付年月日・受付番号	権利者その他の事項
1	[illegible]	平成23年7月26日 第25757号	原因　平成23年7月26日金銭消費貸借同日設定 債権額　[illegible] 利息　年3[illegible] 損害金　[illegible] 債務者　特別区北都町三丁目3番3号 登記太郎 抵当権者　特別区西都町一丁目1番1号 株式会社法務銀行 （取扱店　[illegible]支店） 共同担保　目録(み)第5680号

見本

これは登記記録に記録されている事項の全部を証明した書面である。

平成23年7月26日
名古屋法務局名東出張所　　登記官　　法務一郎

みほん　電子公印

＊下線のあるものは抹消事項であることを示す。　　整理番号　D27801　（1/1）　　1/1

※法務省ホームページより

産登記制度は、明治初期の地租改正のときまでさかのぼります。かつては、土地台帳、家屋台帳および地図の管理は税務署で行っていましたが、やがて台帳と登記の一元管理が実現して、法務省の所管となり、現在では、法務局で取り扱われるようになっています。不動産登記をすることによって、国や自治体が税金を徴収するためだけではなく、誰が見てもわかるようになっているため、不動産に対する市民の権利が保全され、また、市民相互間における不動産取引の安全にも役立っています。

前頁に掲載のものは、**登記事項証明書**（**登記簿謄本**を電子データ化したもの）の例です。登記は、1筆の土地または1個の建物ごとに記録されています。そして、大きく、ⓐ表題部、ⓑ権利部（甲区）、ⓒ権利部（乙区）の3つから構成されていることがわかります。

まず、ⓐには、「どんな土地や建物か」がわかるような情報が記録されています。すなわち、土地であれば、所在、地番、地目、地積などが記録され、また、建物であれば、所在、地番、家屋番号、種類、構造、床面積などが記録されています。他方、ⓑおよびⓒには、「誰のどのような権利が、その土地・建物上にあるのか（あったのか）」がわかるような情報が記録されています。ⓑにおいて、所有権に関する事項（所有権の取得や移転など）が、ⓒにおいて、所有権以外の権利に関する事項（抵当権の設定など）が記載されています。

◆動産物権変動の対抗要件としての「引渡し」

では、動産の物権変動についてはどうでしょうか。民法178条は、「動産に関する物権の譲渡は、その動産の引渡しがなければ、第三者に対抗することができない」と定めています。すなわちこの規定は、動産に関する物権を取得したことを第三者に対抗するための要件は、「**引渡し**」（占有の移転）であることを示しています。

動産の物権変動にも公示が必要なことは不動産と同様ですが、不動産に比べて動産は取引がより頻繁になされているため、動産の物権変動のすべてについて登記制度を設けようとすると、取引の円滑化を阻害することになります。また、例えば文房具や弁当の1つずつに登記をするということ自体、そもそも現実的ではありません。そこで、より簡易で安価な公示手段を用意しているのです。

◆「引渡し」に含まれるものは？

ところで、民法178条の「引渡し」には何が含まれるのでしょうか。まず、**現実の引渡し**（民法182条1項）があります。最も原則的な引渡しの方法として、Aが占有している物をBの占有に移す現実的支配の移転のことです。

しかし、178条の「引渡し」は、現実の引渡しだけではありません。さらに、**観念的な引渡し**も含まれると解されています。すなわち、

ⓐ**簡易の引渡し**（民法182条2項。例えば、BがAから借りているAの物をAから買い取った場合など、Bが占有しているAの所有物を現実的には移転することなくAの意思表示だけで行なう観念的な占有移転）

ⓑ**占有改定**（民法183条。例えば、BがAの所有物を購入したが、以後もAがそれを借りておく場合など、Aが占有するAの所有物を移転することなく、AがBの占有代理人となる旨の意思表示だけで行なう観念的な占有移転）

ⓒ**指図による占有移転**（民法184条。例えば、Aがその動産を預けているCに対して、「以後、Bのために占有せよ」と命じ、Bがそのことを承諾することによって行なう観念的な占有移転）

の3種類です。なお、このように観念的な占有移転も認められているため、占有が果たして動産物権変動の公示手段としての役割を十分に果たし得るのか、かなり疑わしい場合もあります。

CIVIL LAW

6

対抗要件としての「登記」

——どのような場合に登記が必要？

先述のとおり、民法177条で不動産物権変動の対抗要件について規定されているのですが、では、同条の適用場面として、どのようなものが想定されるのでしょうか。

まず、「不動産に関する物権の得喪及び変更」には、さまざまなものが含まれると解されています。売買契約などの特定承継だけではなく、相続などの包括承継、さらには、取得時効などの原始取得なども含まれるというのが、一般的な理解です。

◇「第三者」とは、どのような者を指すのか？

では次に、民法177条でいう「第三者」とはどのような者を指すのでしょうか。一般的な用語で言えば、第三者とは当事者以外の者全般を指すこととなります。しかし、このように解すると、例えば書類の偽造によって登記を移転した者や不法占拠者に対しても、登記がないために自己の物権を主張できない場合がでてきてしまいます。そこで判例は、民法177条にいう第三者とは、**登記の欠缺《けんけつ》を主張する**（つまり「あなたは、登記を備えていないではないか！」と主張する）**正当の利益を有する第三者**に限ると解するようになりました。[12]

より具体的には、二重譲受人や競落人《けいらくにん》など1つの不動産を相争う者、目的不動産に支配を及ぼした債権者（差押債権者など）などは民法177条の第三者に当たると解する一方、詐欺や強迫によって登記の申請を妨げた者（不動産登記法5条1項参照）、他人のために登記を申請する義務を負う者（不動産登記法5条2項参照）、不法占拠者などは、民法177条の第三者に該当しない（したがって、物権の取得者は登記なくして物権を主張することができる）ものと解されています。

◆悪意者でも「第三者」に含まれるか？

なお、判例によれば、第三者が悪意者であっても問題ないものとしています。[13] 例えば、A所有の不動産をBが先に買い受けたのですが、AがそれをCに二重に売却した場合（いわゆる、二重譲渡）、A・B間の売買契約をCが知っていた（＝悪意であった）としても、それだけをもってCが民法177条の第三者から除外されることはなく、Cが先に登記を備えてしまえば、もはやBは所有権を主張することができないと解されています。これは、自由競争原理を認めているわが国において、単なる悪意者が取引に介入することは、社会生活上で正当性を有する自由競争の範囲であると認められるからです。

ただし、物権変動についての登記の欠缺を主張することが信義に反すると認められる事情がある場合（例えば、先ほどの二重譲渡の例で、CにBを害する積極的な目的がある場合や、C

がAの近親者や関連会社であり、実質的に同一人と評価することができる場合など）は、別です。このような場合は、単なる悪意にとどまらず「**背信的悪意**」となり、自由競争の範囲外となります。そして、そのような者は信義則上、民法177条の第三者として保護されないこととなります。[14]

◆契約の取消しと登記の関係

例えば、AがBに土地を売却し、BがこれをCに転売して所有権移転の登記を済ませたものの、Aがその前後で当該契約を取り消した場合、Cは土地の所有権をAに対して主張できるのかという問題があります。これについて判例は、次のように解しています。

①まず、CがAの取消前に出現した場合には、Aは取消しの遡及効（民法121条）によって自己の権利を**登記なくして主張することができ**（大判昭和4年2月20日民集8巻59頁）、例外的に、第三者保護規定（85頁参照。民法95条4項、96条3項）に該当する場合だけ、遡及効が制限され、Cは自己の所有権を主張することができると考えます。

12　大連判明治41年12月15日民録14輯1276頁
13　最判昭和32年9月19日民集11巻9号1574頁
14　最判昭和43年8月2日民集22巻8号1571頁

②これに対し、CがAの取消後に出現した場合には、民法95条4項や96条3項の適用はなく、A・C間の権利関係は民法177条の問題として扱い、登記を済ませたCはAに対抗できると解しています。[15] すなわち②の局面では、Aの取消しによってBからAに「**復帰的物権変動**」がなされるところ、その復帰的物権変動は通常の物権変動に準じて考えることができるから、Aが取消しの意思表示をしたにもかかわらず登記を回復しないでいる間にCがBから当該不動産を取得したという事実は、Aが登記をすることができるのにそれを放置しておいたという（対抗要件主義の精神から責められるべき）事情とみられ、ちょうど〔B→A〕〔B→C〕と二重譲渡がなされた場合に類似すると考えます。そのうえで、**民法177条の対抗問題**として処理をし、先に登記を備えたほうが所有権を取得できるとしています。

◆取得時効と登記の関係

例えば、A所有の土地をBが自己の物として長期間継続して使用していましたが、Aが当該不動産をCに譲渡してしまったとしましょう。この場合、Bは、占有の事実だけで（登記なくして）取得時効（105頁参照）をCに主張することができるかという問題があります。

民法162条によれば、取得時効の成立要件は「占有」のみを要件としているので、何人に対しても（すなわち、Cに対しても）登記なくして自己の所有権を主張できるように思われますが、他方、民法177条によれば、「不動産に関する物権の得喪及び変更」は、その旨の登記がなければ第三者に対抗できないと規定していることから、時効取得による場合にも登記がなければ第三者に対抗できないとも考えられるため、解釈上問題となるのです。

これに関し、判例は、前述の「取消しと登記」の場合と同様に、Cの出現時期が時効完成前か後かで区別して、次のように解しています。

①まず、原所有者Aは、取得時効の「当事者」であるため、Aとの関係においては、Bは登記なくして取得時効を主張することができることを前提としつつ[16]、時効完成前にAから当該不動産を譲り受けたCとの関係でも、BとCは「当事者」であり、民法１７７条の適用はないので、BはCに対して登記なくして時効取得を主張することができるとしています。[17]

②これに対し、取得時効完成後にAから当該不動産を譲り受けたCとBとの関係は、対抗問題（一種の競争関係。民法１７７条）として扱います。[18]すなわち、時効が完成した後にBは、自己に登記をなし得る以上、時効完成後に当該不動産を譲り受けたCとの関係は、〔A→B〕〔A→C〕と二重譲渡類似の関係となり、Cは**民法１７７条における第三者**に該当するため、Cが

15　大判昭和17年9月30日民集21巻９１１頁
16　大判大正7年３月２日民録24輯４２３頁
17　最判昭和46年11月5日民集25巻8号１０８７頁
18　最判昭和41年11月22日民集20巻9号１９０１頁

◎取得時効と登記の関係はどうなる？

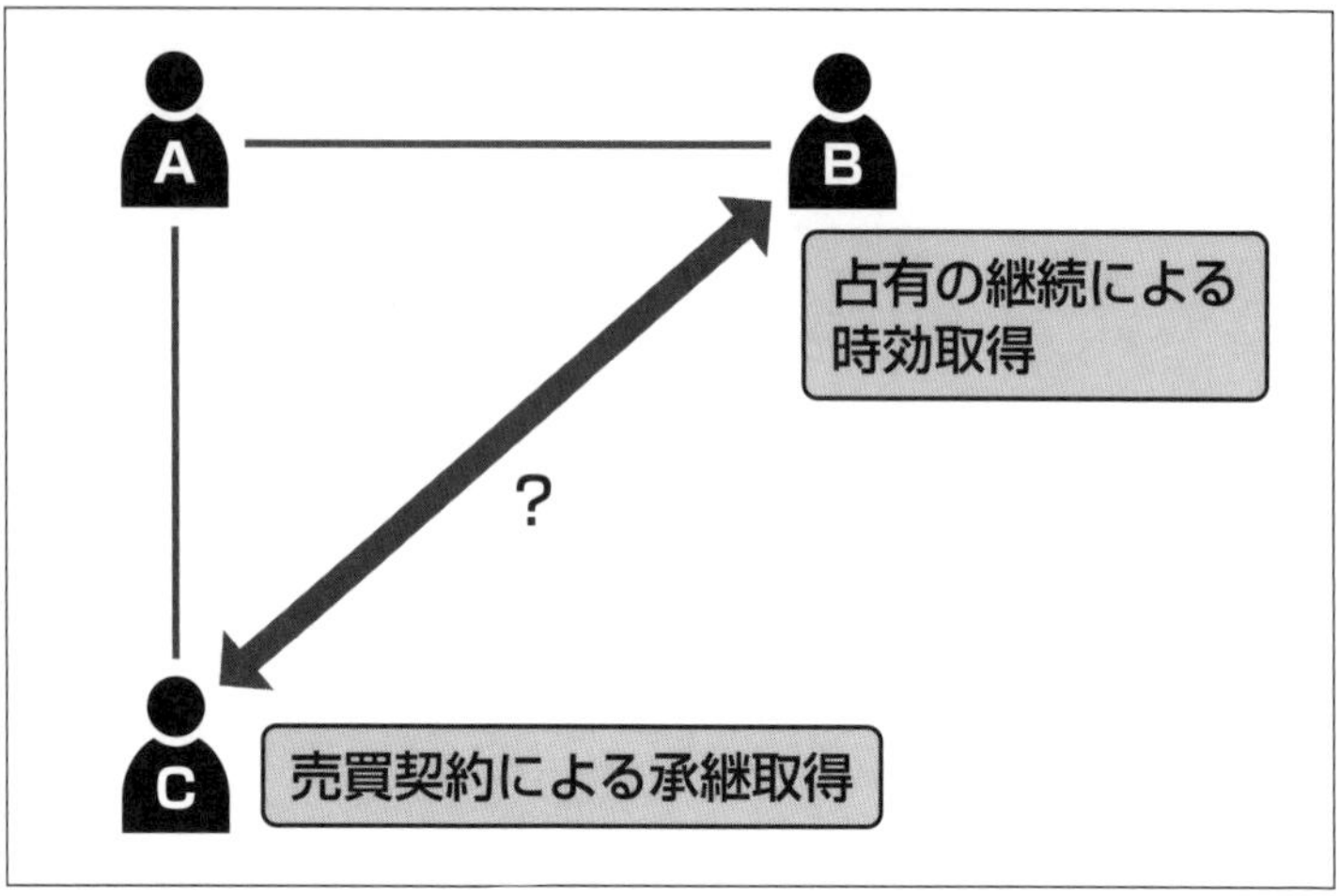

先に登記を備えた以上、Bはもはや登記なくして自己の時効取得をCに対抗できないと解しています。[19]

◆対抗関係ではないのに登記が必要？

ここまで説明した例は、**対抗関係**（競争関係、いわゆる「食うか食われるか」の関係）において登記が必要な場面でしたが、実は、そのような意味での対抗関係でなくとも、登記を必要とする場面があります。その典型的な例が、「賃貸人の地位の移転」の場面です。

例えば、Aが所有する不動産をBに賃貸していたところ、Aがその不動産をCに売却したとしましょう。その場合、Cが、賃貸人の地位が移転したことを前提としてBに対して賃料の支払いを求めるには、Aから所有権移転登記を受けることが必要です（民法605

条の2第3項、605条の3)。

ではなぜ、登記が必要なのでしょうか。B(不動産賃借人)とC(不動産の新所有者・新賃貸人)は、対抗関係(競争関係)にはありません。しかし、もしCが移転登記を受けていないのにBに対して賃料請求ができるとなると、(Cが確定的に所有権かつ賃貸人の地位を取得していないので)Bが二重払いの危険を強いられることになってしまいます。そこでCに移転登記を要求し、Bは、Cが登記を備えるまで、賃料の支払いを拒絶してもよいことにしているのです。ここでの登記は、Cが賃貸人として権利行使するための**「権利行使要件」としての登記**ということができます。

---

19 なお、このうえでさらなる判例準則が確立しています。③このように解すると、Cが「当事者」となるか「第三者」となるか(言い換えれば、Cが時効完成前に出現した者か時効完成後に出現した者か)の区別は決定的に重要となるところ、これを絶対的な方法によって確定しておかなければなりません。そこで、取得時効の起算点を占有開始時に絶対的に固定し、任意に繰り下げることはできないものとしています。最判昭和35年7月27日民集14巻10号1871頁。④また、「第三者」(登記のない占有者Bが時効取得を対抗できない者)と位置づけられたCが、Bにその不動産の明渡しを求めないままBが占有をなお継続した場合、取得時効はCの登記時より再び進行を開始し、さらに時効期間が満了した場合には、Bは時効取得をCに対抗することができるものとしています。最判昭和36年7月20日民集15巻7号1903頁。

CIVIL LAW 7

対抗要件としての「引渡し」

――「引渡し」は公示として機能するの？

◆なぜ、「二重譲渡」事例を民法178条で処理しにくいのか？

先ほど、物権変動の対抗要件は、不動産の場合には「登記」（民法177条）、動産の場合には「引渡し」（民法178条）であることを説明しました（142頁参照）。しかし実は、民法178条は、177条ほど頻繁に登場しません。二重譲渡事例を考えてください。Aが自己の所有物をBとCに二重に譲渡する場合です。このような場合、不動産であれば、民法177条に従って、先に登記を備えたほうが優先するという取扱いをするのですが、動産の場合には、必ずしも民法178条が登場するわけではないのです。

それは、次のようなカラクリです。民法178条の対抗要件である「引渡し」には観念的な引渡しも含まれます（145頁参照）。そうすると、そもそも、AからCへの譲渡（第二譲渡）がなされる前に、AからBへの譲渡（第一譲渡）についてBが既に観念的な引渡し（占有改定など）を受けている（＝対抗要件を備えている）ことが十分に考えられます。そしてそのような場合は、Aは完全に無権利者となるため、もはや民法178条の問題ではなく（対抗関係で

CがBに優先する余地はなく）、Cが保護されるためには民法192条における即時取得（159頁参照）の要件を備えなければならないこととなります。

このようなことから、177条と比べた場合の178条の適用範囲は、かなり狭いものと解される点には留意する必要があります。

◇中古車の譲渡と対抗要件

さて、ここで「自動車」について触れておきましょう。「自動車は不動産ですか？　動産ですか？」と問われれば、ひとまず「動産」と答えることになります。自動車は、土地およびその定着物ではないからです（民法86条参照）。確かに、「動産」は「動（く財）産」であるとするならば、自動車はその典型的なものといっても過言ではありません。

では、Aが所有する中古車をBに売却する場合、民法178条に従って、その対抗要件は「引渡し」なのかというと、そうではありません。なぜならば、自動車には「**登録**」制度があるからです。日本では、公道で走っている自動車ごとに、所有者が誰なのかがわかる仕組みになっています。一般的に普通自動車は、登録をしなければ、公道を走行することができません。この手続きがなされてはじめて、自動車検査証とナンバープレートが交付されるのです。

中古車を購入する場合にも、名義変更（移転登録）の手続きを行なわなくてはなりません。販売店で中古車を購入するような場合には、通常、販売店ですべて手続きをしてくれますが、

◎自動車検査証の例

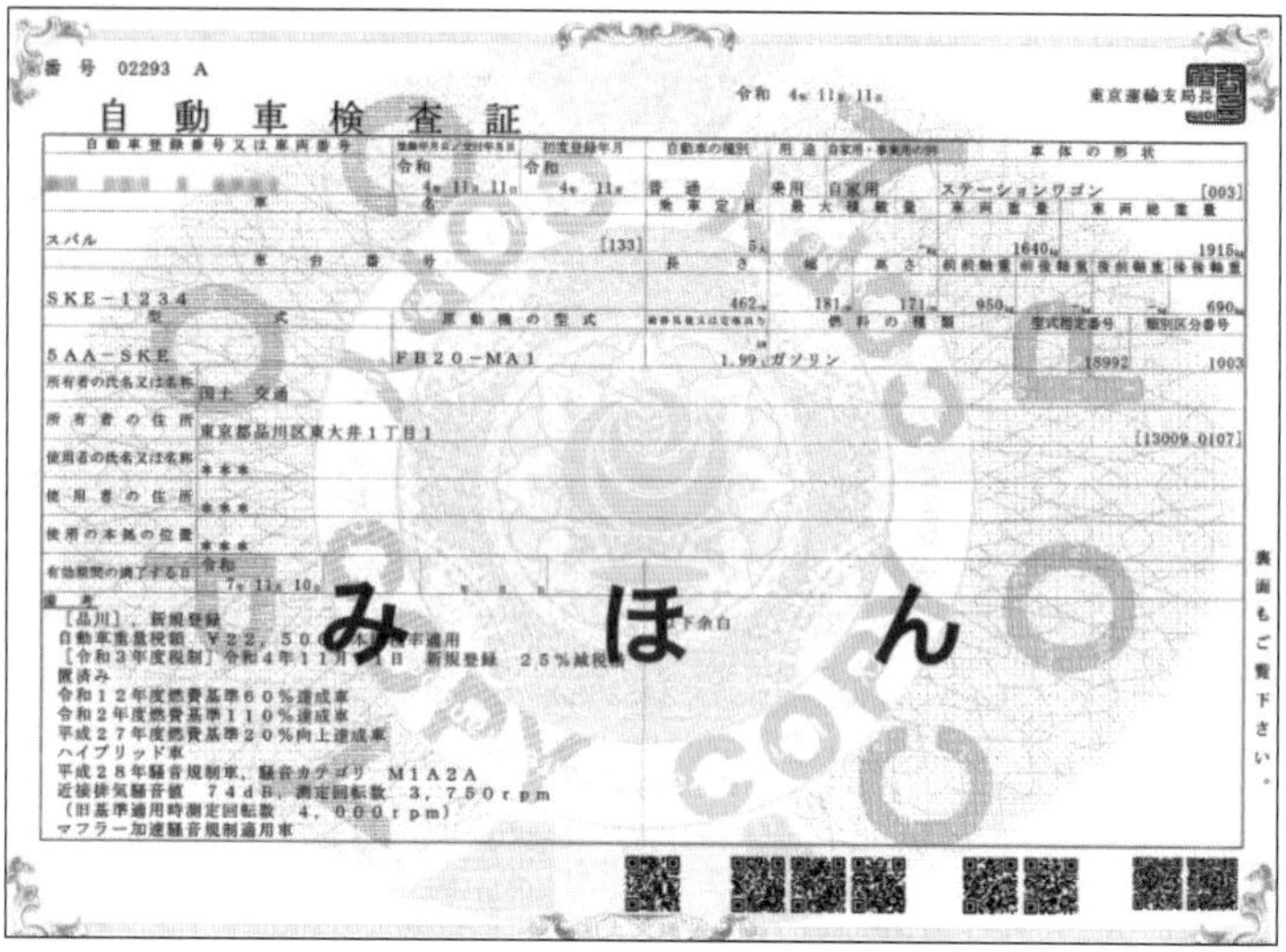

※自動車検査登録総合ポータルサイトより

個人間で売買をする場合や、オークションで購入するような場合には、自分自身で名義変更の手続きをしなければなりません。道路運送車両法5条1項によれば、「登録を受けた自動車の所有権の得喪は、登録を受けなければ、第三者に対抗することができない」となっています。つまり、誰が車の所有者なのかを登録して、明確に公示することにより、所有権を巡る争いなどで混乱が生じないようにしています。

このように、動産でありながら、登録制度を採用しており、不動産の登記制度と同様の公示手段を採用しているものがあります。自動車以外に、例えば、船舶や飛行機などが例として挙げられます。

◆「引渡し」だけが対抗要件ではない！

さらに、動産譲渡の対抗要件は、必ずしも「引渡し」とは限らないことについて触れておきましょう。後述するように、**「動産譲渡担保」**という担保形式があります（214頁参照）。例えば、A社がB金融機関から融資を受ける際に、A社が有する動産を「担保」のために「譲渡」するのです。もしA社が借入金を完済できない場合には、B金融機関は、取得した譲渡担保権に基づいて、当該動産を処分して、そこから優先的に回収を図ります。

そもそも動産の担保であれば、質権（200頁参照）を設定することができる（質屋を想像してもらうとわかりやすいですね）のですが、質権は占有担保（質権者が質物を占有する形態の担保）であるため、お金を借りるために質権を設定する者（A）からすると、質物をもはや利用することができなくなり、不都合である場合も少なくありません。そこで、お金を借りたいAが、占有を移さずして自己所有の動産を担保に供する手段として、動産譲渡担保が考えられたのです（民法上の明文規定はありませんが、取引慣習上で認められています）。

ところで、譲渡担保権者（B）は、その物を占有しない状態で、譲渡担保権を有していることを公示するには、どうすればよいのでしょうか。ひとまずの説明としては、占有改定による引渡し（146頁参照）を受けているため、対抗要件（民法178条）を備えているものとされます。ですからBは、第三者に対しても、自己の譲渡担保権を主張し得るのです。

しかし、先ほども説明したように、観念的な占有は、物が実際に引き渡されているわけでは

◎動産譲渡登記の例

登 記 事 項 証 明 書（一括）

概 要 事 項

【登記の目的】：動産譲渡登記
【譲渡人】
　【本店等】：東京都中野区野方一丁目３４番１号

　【商号等】：動産商事株式会社

　【会社法人等番号】：○○○○０１○○○○○○
　【取扱店】：中野本店
　【日本における営業所等】：－

【譲受人】
　【本店等】：東京都千代田区大[illegible]南一丁目１番１[illegible]号
【申請区分】：出頭
【登記番号】：第２０１３－２０００号
【登記年月日時】：平成２５年４月２２日　　１３時５分

※法務省ホームページより

ないため、公示としては極めて不十分といえます（第三者Cから見ると、その物がまだAの手元にあるわけですから、Bが譲渡担保権を有していることはわかりにくい状態です）。そこで、「動産及び債権の譲渡の対抗要件に関する民法の特例等に関する法律」（動産・債権譲渡特例法）によって、**譲渡担保の「登記」**をすることにより、公示をする方法が用意されています（同法3条1項。２１９頁参照）。

なお、ときには、店舗内にある在庫商品一式をまとめて譲渡担保権を設定する場合もあります。この場合、在庫商品ですから、商品が売れたり、逆に、新たに商品を仕入れたりして、内容は変動するのですが、その流動性のある在庫商品を1つの「**集合物**」と捉えるのが、判例です。[20]

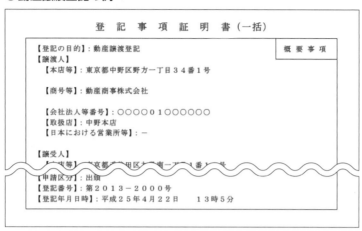

CIVIL LAW

8

公信の原則

——コンビニで安心してお弁当を買える？

◆公信の原則とは

物権変動の領域で、もう1つの大切な視点について説明しておきましょう。例えば、父親Xが所有している骨董品を息子Aが勝手に持ち出し、フリマアプリを用いて無断でBに売却してしまったような場合はどうなるのでしょうか。つまり、所有権はXに帰属するのだけれど、公示はAとなっている状態で、公示を信頼したBがAと取引をしたという場合です。

そもそも、「何人も自分の持っている以上の権利を他人に与えることはできない」ということであるならば、当然、無権利者（A）から相手方（B）が権利を承継取得することはできません。しかし、それでは、Aが権利者であると信じたBの保護に欠けることとなってしまいます。そこで、ある物権の公示（占有・登記）が存在するときには、たとえその公示が実質的権利を伴わない場合であっても、その公示を信頼した者（B）に権利を与えるという考え方があ

20　最判昭和54年2月15日民集33巻1号51頁

◎公信の原則を規範として採用するか？

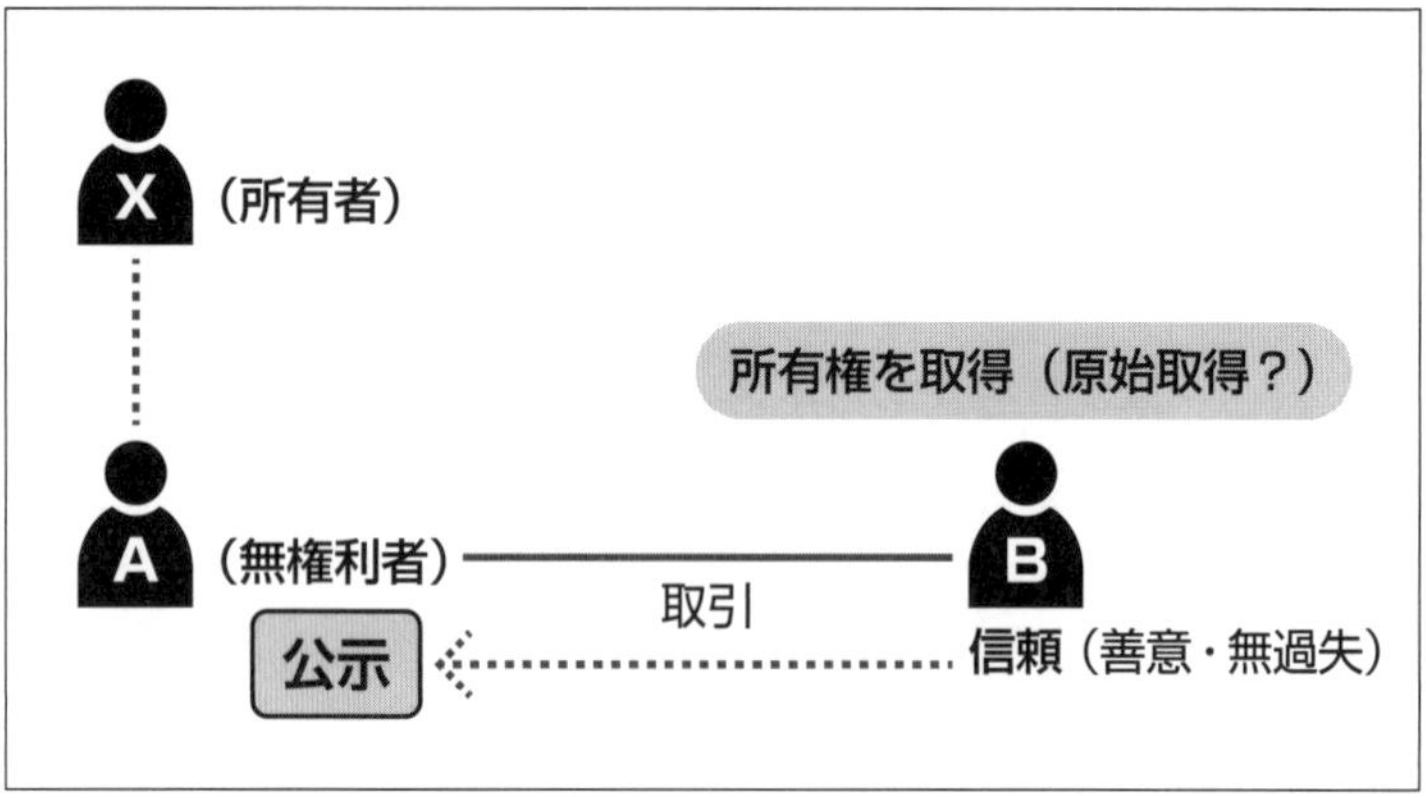

ります。これを「**公信の原則**」といいます。また、公信の原則が適用されることを指して、その公示に「**公信力がある**」という言い方もします。

ただし、公信の原則を認めると（公示に公信力を認めると）、取引の相手方（B）や取引の安全が保護される一方で、真の権利者（X）の権利が犠牲となってしまいます。したがって、公信の原則を規範として採用するか否かは、政策的な問題（取引の安全と真の権利者のどちらを保護すべきであるかという利益衡量）です。

◆動産取引における「取引の安全」の重視

では、日本の民法は、どうなっているでしょうか。

まず、**動産に対する物権の公示手段である占有には、公信力が認められています**（民法192条）。同条を一般的に、「**即時取得**」といいます。そもそも動産取得の対抗要件である「引渡し」は登記などに比べて容易に行ない得るわけですが、その分、観念的な占有移転も認められているため、その公示は不完全なものといえます。しかし他方では、動産については、日常から商品取引が活発に行われており、取引の円滑化を図っていかなければならないという社会的要請があります。

そこで、民法192条を通じて、占有から権利の存在を信頼した取引の相手方を保護しているのです。私たちが日常生活において安心して動産の売買契約などの取引ができるのは、この制度があるからといっても過言ではありません。例えば、私たちがコンビニエンスストアに行ってお弁当を買おうとしたとき、本当にそのお弁当の所有権がお店に帰属しているとは限りません。それでも私たちが、いちいち所有者は誰なのか調査しなくても安心してお弁当を買えるのは、万一、そのお弁当の所有権がコンビニになかったとしても、私たちは所有権を取得できる即時取得の制度があるからです。

これに対して、**不動産に対する物権の公示手段である登記には、公信力が認められていません**。すなわち、X所有の不動産の所有者の登記名義がAになっていたところ、Bがその登記を信じてAと取引をした場合でも、真の所有権者であるXに対してBは所有権を主張できないこととなります。これは、動産と比較して価値が高い場合が多い不動産においては、それだけ真の所有者の権利を保護すべき要請も強いものがあるとともに、不動産取引は、動産取引に比べて頻度も高くなく、動産取引のように高度に取引の安全を保護する必要性はないことが理由となっています。

なお、個別に第三者を保護する規定（民法93条2項、94条2項、95条4項、96条3項など。85頁参照）があり、それが不動産取引においても適用されることは当然です。しかしこのような第三者保護は、あくまで真の権利者に、外観作出に対して帰責性が認められることが要件となっており、公信の原則とは一線を画するものといえます。

◆即時取得の成立要件

即時取得が成立するためには、民法192条の条文上、ⓐ占有を始めた物が「動産」であること、ⓑ「取引行為」を通じて占有を取得したこと、ⓒ「占有」を始めたこと、ⓓ占有の取得が「平穏に」かつ「公然と」、「善意で」かつ「過失がない」こと、の4つの要件が要求されています。少しだけ、補足しておきましょう。

まず、要件ⓐに関して、本条は公示が「占有」を前提としている**動産**取引の安全を保護するための制度ですから、いくら動産であっても、公示手段が登記・登録で成り立っている船舶・航空機・自動車などには適用がありません（ただし、未登録の自動車などには、適用がありま す[21]）。

要件ⓑに関して、本条は、取引の安全を保護するための制度ですから、160頁の例におけるA・B間に売買契約や贈与契約などの**取引行為**であることが必要です。反対に、取引行為以外の行為による占有の取得（例えば、相続による場合や、自己の山林と誤信して伐採した場合など）には適用がありません。

要件ⓒに関して、取引の相手方（B）が始めた「**占有**」がどのようなものである必要があるかが、問題となります。判例および通説によれば、「指図による占有移転」（146頁参照）による場合は、代理人への意思表示（占有者の変更の伝達）が公示・対抗要件として機能しており、一般外観上従来の占有状態に変化がきたされることから即時取得は認められます。一方、一般外観上従来の占有状態に変更をきたさない「**占有改定**」（146頁参照）の場合には、認められないものと解されています。[22]

要件ⓓに関し、民法186条1項により、**善意・平穏・公然**については推定が働くうえ、判例によれば、民法188条によって元の占有者（A）が占有物について行使する権利を適法に有するものと推定されるため、取引の相手方（B）の**無過失**も推定が働くものと解されています。[23] そこで、取引の相手方（B）が積極的に、自らの占有が平穏・公然・善意・無過失の占有

21　最判昭和45年12月4日民集24巻13号1987頁

22　最判昭和57年9月7日民集36巻8号1527頁（指図による占有移転の例）、最判昭和35年2月11日民集14巻2号168頁（占有改定の例）。なお、どちらも観念的な占有移転ですから、実際には、両者の差は微妙なものがあります。しかし、指図による占有移転は、利害関係のない第三者が直接的な占有をしているぶん、公示（占有状態の変更）の機能は一応果たせているのに対し、占有改定の場合には、直接的な占有が元の占有者（A）のままであるため、公示（占有状態の変更）としては極めて不十分といえます。

であることを証明しなければならないわけではありません。

◆金銭の特殊性?

最後に1つだけ。Xが有する「金銭」をAが勝手に持ち出し、その金銭をBに贈与したような場合を考えてください。このような場合も、即時取得の適用があるのでしょうか。金銭も動産の一種である以上、即時取得の適用がありそうですが、実は、そのようには解されていません。

というのも、金銭の場合、他の動産と異なって、高度に流通性が確保されなければなりません。そこで、金銭は、常に、占有（者）と所有（者）を一致させることとしています（**金銭の「占有と所有の一致」理論**）。つまり、XからAが勝手に金銭を持ち出しても、Aが金銭を占有する以上、その金銭の所有者はAですし（したがってAは無権利者ではありません）、また、AからBにその金銭が贈与されれば、Bは、即時取得の要件を考えることなく、常にその金銭の所有者となるのです（その場合にも、XからAに対して、不当利得や不法行為を根拠として、返還請求ができるのは、もちろんです）。

CIVIL LAW
9

所有権① 共有
——分譲マンションのエレベーターは誰の物？

◆「共有」という共同所有権概念

さて、ここからは、所有権に関する各則的なルールをいくつか見ていきましょう。まずは「共有」です。

所有権をめぐる権利関係を簡潔にするためには、1個の目的物につき1人が単独で自由に所有するという形態が最も望ましいといえます。しかし他方では、私たちの社会・経済活動の中においては、1個の物を複数人で所有する必要性がある場合もあるわけです。このような所有形態を「**共同所有**」といいます。そして民法では、明文で、「**共有**」という共同所有形態について、規定しています（民法249条以下）。

共有関係は、当事者の意思に基づく場合のほか、法律上、当然に成立する場合もあります。例えば、相続（民法898条）、相隣《そうりん》関係における境界線上の設置物（民法229条）、動産の

23 最判昭和41年6月9日民集20巻5号1011頁

付合によって生じた合成物（民法２４４条）、物の混和によって生じた混合物（民法２４５条）などです。そして「共有」は、個人主義的性格の強い共同所有形態といえます。各共有者は共有物に対して「**持分《もちぶん》権**」を相互に独立して有しており（民法２４９条１項）、その処分も自由であり、かつ、分割請求（民法２５６条）によって共有関係を解消することができる点に特徴があります。このことは、近代的所有権が、団体的な制約を排除した個人的所有権を目指していたことからすると、当然のことといえるでしょう。

◆分譲マンションの共用部分は？

さて、ここで、分譲マンションを考えてください。分譲マンションには、１棟の建物にいくつもの所有者が共存しています。これは、１つの不動産の上に１つの所有権のみが成立するという原則形態に馴染《なじ》みません。そこで、「建物の区分所有等に関する法律」（建物区分所有法）によって、通常の所有権とは異なる、「**区分所有権**」という概念が用意されています。

区分所有建物は、大きく、「**専有部分**」と「**共用部分**」に分けることができます（建物区分所有法2条）。このうち、専有部分が、区分所有権の対象となる部分です。この部分は、構造上・機能上の独立性があり、区分所有者が独占的に使える部分です。マンションの住人が実際に住んでいる部分がこれに当たります。これに対して、共用部分とは、区分所有者が共同で使う部分です。廊下やエレベーターなどが該当します。

では、この共用部分について、どのような権利関係が発生するのでしょうか。建物区分所有法11条1項本文によれば、共用部分は、区分所有者全員の「共有」に属すると規定しています。そして、各区分所有者は、専有部分の床面積の割合に応じて「持分権」を持ち、その割合に応じて、権利を有し義務を負うことになります（同法14条1項、19条[24]）。

◆サークルで購入した物の所有権は？

次にお話ししておきたいのは、「組合」についてです。組合は、各当事者が出資をして共同の事業を営むことを約することによって成立する契約です（民法667条1項。250頁参照）。簡単に言えば、団体を作る契約のことです（団体に法人格がありませんから、「法人」とは異なります）。例えば、友人数人でダンスチームを作るような場合です。では、もしその組合で財産を有することになったときは、その財産は法的にどのように扱われるのでしょうか。例えば、メンバー（組合員）でお金を出し合ってその団体のための備品を購入した場合、その

24 なお、区分所有者は、持分権を譲渡することもできますが、それは専有部分の処分とともに行なわなければなりません（建物区分所有法15条1項参照）。具体的に言えば、自分の専有部分（部屋）から独立して、エレベーターや廊下の持分権を譲渡することができないわけです。各専有部分の所有者がエレベーターや廊下を使うわけですから、当たり前と言えば当たり前です。

◎共有・合有・総有の違い

	共　有	合　有	総　有
構成員の結合関係	結合が緩やかであり、個人的性格が強い	団体的制約が設定される分、結合がやや強い	各人は団体に埋没しており、団体的性格が強い
持分権	ある	ある（ただし、潜在的）	ない（ただし、異説あり）
持分譲度・分割請求	各人の自由	持分の譲渡は制限（結合がある限り分割請求も不可）	いずれも不可

物の所有権は、誰にどのように帰属するのでしょうか。

これに関し、民法668条は、「各組合員の出資その他の組合財産は、総組合員の共有に属する」と規定しています。しかし、ここで少し注意しなければならないのは、同条の「共有」という文言の意味です。学説上では、これは、先ほど説明した民法249条以下の「共有」とは少し異なるものと捉えています。なぜならば、持分を譲渡することには制限が加えられ（民法676条1項）、清算前の分割請求も禁止されているからです（同条3項）。これは、組合財産が勝手に処分されたりすると、共同の事業の遂行の妨げになるからです。

このように、各構成員は、一応、持分権を有するけれども、共同の目的という範囲で団体的拘束に服し、共同の目的が終了するまで持分の譲渡や分割請求が制限されるような共同所有形態もあります。これを「**合有**《ごうゆう》」と呼んでいます。

◆小学校のＰＴＡの財産は？

もう１つ、「**権利能力なき社団**」についても触れておきましょう。団体には、形式的には法人格がなくとも、法人（60頁参照）と同様の社会的実体が認められるような場合があります。すなわち、団体としての組織を備え、多数決の原理が行なわれ、構成員の変動にかかわらず団体そのものが存続し、代表の方法・総会の運営・財産の管理、その他団体として主要な点が規則によって確定しているような場合です。イメージとしては、先ほどの「組合」より、さらに法人に近い実体のある団体です。判例[25]は、このような団体を「権利能力なき社団」とし、可能な限り法人と同様の取扱いとすべきであると考えています。

では、権利能力なき社団で形成された財産は、どのように扱われるのでしょうか。例えば、組織がしっかりしている学校のＰＴＡなどで特定の物品を所有するような場合です。このような場合、組合よりもさらに団体的性格が強い財産となりますので、そもそも、構成員は団体に埋没し、持分権を持たず、分割請求も認められません。例えば、小学校のＰＴＡに加入していた父母が、子どもの卒業時にＰＴＡを脱退する際に、持分を主張することはできません。このような共同所有形態を、「**総有**《そうゆう》」といいます。[26]

25　最判昭和39年10月15日民集18巻８号１６７１頁
26　最判昭和32年11月14日民集11巻12号１９４３頁

CIVIL LAW

10

所有権② 添付

――オレの焼酎をあいつの炭酸で割ったら、誰の物？

◆新たな物が誕生した場合

所有権の各論的なルールとして、「**添付**《てんぷ》」についても説明しておきましょう。数個の物が結合したり、ある物に他人が工作をしたりすることによって、新たな物が生成する場合があります。例えば、自動車にドライブレコーダーが装着されたり、粘土を用いて陶器が作られたりするような場合です。これを「添付」といいます。より具体的には、**付合**《ふごう》（民法２４２〜２４４条）、**混和**《こんわ》（民法２４５条）、**加工**（民法２４６条）の３種類があります。

民法の条文では、一物一権主義（１４２頁参照）のもと、新たに生成された物について所有権が誰に帰属するのかが規定されています。

新たに出来上がった物をまだ可分な物と捉えると、複数の所有権を前提として、場合によっては多額の費用をかけて分離・復旧をしなければならない可能性がでてきてしまいます。そこで、むしろ既に不可分な物と評価したうえで、誰かに所有権を帰属させたほうがよいという価値観を前提として、規定が存在します。

◆付合とは？　混和とは？

まず、添付のうち、「**付合**」とは、複数の物が結合して分離できない状態となることをいいます。民法は、付合する物同士の主従関係を基準にして、所有権の帰属を決めています。ⓐ不動産に従として物が付合した場合には、不動産の所有者が付合した物の所有権を取得します（民法242条）。また、ⓑ動産の場合、付合前の動産同士に主従関係があれば、主たる動産の所有者に結合物の所有権が帰属し（民法243条）、主従関係がなければ、各動産の所有者が、価格の割合に応じてその付合物を共有することになります（民法244条）。

また、添付には「**混和**」という概念もあります。これは、複数の物が混ざり合って識別できなくなることです。例えば、A所有の焼酎とB所有の炭酸が混ざり合って、炭酸割り焼酎ができるようなイメージです。混和については、動産の付合と同様の扱いになります（民法245条）。すなわち、主従関係があれば、主の所有者が混和物の所有権を取得しますし、主従関係がない場合には共有となります。

なお、付合・混和という概念と区別して考えたいのは、**主物・従物**という概念です（民法87条）。例えば、工場に運び込まれた工作機械、庭に置かれただけの庭石、建物に運び込まれた畳、パソコンに接続したマウスなどは、独立性を失わないまま、実質的には、ある物（主物）に従属して存在し、その物の経済的効用を高めています。このような物を「従物」といいます。付合物や混和物はまとめて1個の物ですが、従物は主物から独立性を保っています。ただし、従物は、主物の処分に従うものとされています（民法87条2項）。法律的運命を同一に取り扱うこととし、結合関係にあるものを極力破壊しないようにしているのです。

◆加工とは？

もう1つ、「**加工**」という概念に触れておきましょう。加工というのは、ある物に工作（一定の作業）を加えることによって、新たな物が出来上がった状態を意味します。例えば、木材を使って机と椅子を作るような場合が挙げられます。

では、加工物の所有権は誰に帰属するのでしょうか。民法は、「**材料主義**」を原則的な考え方としています。すなわち、材料を供給する者とその材料に工作を加えた者がいる場合、原則として、材料を供給する者に所有権を認め、例外的に、加工によってその物の価値がとても大きい場合に限り、加工した者に所有権を割り当てています（民法２４６条）。

◆建前からの建物完成は、付合？　加工？

ここで、建築建物を例に考えてみましょう。建物の建築途中で、主要な柱、梁《はり》、棟木《むなぎ》などを組み上げたような状態を「**建前**《たてまえ》」と呼びます。ところで、Aからの注文を受けた請負人Bが、自ら材料を供給して建前までを作業し終えた後、A・B間でトラブルが生じたので契約が解除され、新たにその建前を前提として、Aから注文を受けた請負人Cが、自ら材料を供給して建物を完成させた場合、完成建物の所有権は誰に帰属するのでしょうか。[27]つまり、B所有の建前を前提に、Cが自ら材料を供給して建物を完成させた場合、BとCのどちらに所有権が帰属するのかという問題です。これについて次のような判例（判決文一部抜粋）があります。[28]

> 建物の建築工事請負人が建築途上において未だ独立の不動産に至らない建前を築造したままの状態で放置していたのに、第三者がこれに材料を供して工事を施し、独立の不動産である建物に仕上げた場合においての右建物の所有権が何びとに帰属するかは、民法二四三条の規定によるのではなく、むしろ、同法二四六条二項の規定に基づいて決定すべきものと解する。けだし、このような場合には、動産に動産を単純に附合させるだけでそこに施される工作の価値を無視してもよい場合とは異なり、右建物の建築のように、材料に対して施される工作が特段の価値を有し、仕上げられた建物の価格が原材料のそれよりも相当

27　実はこの問題は単純ではありません。まず、建前（＝独立した不動産になる前）は、土地に付合しないのかという問題があります。また、建前自体の所有権の帰属につき、特約があるか、材料を誰が供給しているか、建前段階で相応の報酬が支払われているかなどで、所有者が異なる可能性があります。さらに完成建物についても同様に、状況次第で所有権の帰属主体が異なる可能性があります。ここでは、そのような問題を抜きにして、建前の所有権はBに帰属することを前提とします。

28　最判昭和54年1月25日民集33巻1号26頁

程度増加するような場合には、むしろ民法の加工の規定に基づいて所有権の帰属を決定するのが相当であるからである。

ここで注目してもらいたいのは、建築の請負のような場合、単に動産と動産が付合するというのではなく、請負人の行なう工作を重視し、加工の規定に基づいて処理をしているということです。その結果として、材料主義を前提としながら、「仕上げられた建物の価格が原材料のそれよりも相当程度増加する」か否かを基準に所有者を決定するものとしています。

◆添付により損失を受けた人はどうなるの？

ところで、添付によって、損失を受けた人がいる場合は、どうなるのでしょうか。例えば、先ほど例に挙げたように、A所有の焼酎とB所有の炭酸が混和すると、おそらく、炭酸割り焼酎の所有権は、主たる動産である焼酎の所有者であるAに帰属します。そうすると、Bの所有権が消滅してしまうのですが、この場合、Bが損失を受けることになります。付合によって所有権を喪失した者や、加工したのに所有権を取得できない者も同様です。そこで民法では、損失分を不当利得として、利得者である所有者に対して主張することができることとなっています（民法247条）。つまり、BがAに対して、Aが得た炭酸の利得分の支払いを求めることができるのです。これが、いわゆる「**償金請求権**」です。

CIVIL LAW 11

所有権③ 所有者不明土地問題

——余る土地を社会で管理する時代へ

◇所有権という概念

近代的な所有権・財産権モデルを前提にする限り、所有権・財産権は「絶対的」なものと位置づけられることは、繰り返しお話ししているとおりです。本書でも、基本的には、その出発点には異を唱えないことを前提としています。そしてそれは、日本だけの価値観ではありません。世界人権宣言17条は、1項において、すべての人に財産権があることを示し、2項において、その不可侵を示していることを見れば、所有権の絶対性が相当程度の国で共有されている考え方だと認識できます。

確かに、所有権は、何にも増して強力なインセンティブをもたらす源泉です。市場経済下だけではなく社会主義体制下であっても、所有権は、強力に作用しています。しかし、そのような強力な所有権でよいのかという問いは、なお残ります。実際に、時代の変遷《へんせん》の中で、近代的「所有」観に対する疑いの目は、既に多くの学問分野から寄せられています。[29] 民法上、物権法定主義（民法175条。122頁参照）のもとで、所有権概念は現時点では固定化されているとしても、特別法（または、民法の中）においてそこに修正を加えることは可能ですし、さらに、所有権制度自体の再設計を模索することも可能です。

例えば、（民法上の所有権とはやや距離があるとしても）知的財産権の独占的な力がもたらす社会的な弊害を取り除く必要があるかもしれないことは、ウイルスのワクチンの特許を巡る各国の激しい衝突からも浮き彫りになっています。

日本国内でも、問題は山積です。代表例は、土地・建物の所有権です。近代的所有権概念のもとでは、物を使用・収益・処分する権利を持つ所有者は、同時に、物を使用せず、収益も得ず、処分もしない権利を有することになりそうです。しかし、そのような考え方は、例えば、急激に増加している空き地・空き家を、個々人の聖域として放置せざるを得ない方向性へと誘《いざな》います。日本の社会・経済が全体的に、「拡大の時代」から「維持・縮小の時代」へ突入する中、所有権概念も再考しなければならないように感じられます。

◇所有者不明土地問題

不動産所有権にあっては、空き地・空き家問題に加えて、いわゆる「所有者不明土地」の問題が深刻です。現在、私有地であるのに、それが放置され、移転登記もなされず、現在の所有者が誰だかわからない土地が、日本中で増加しています。ある調査によると、２０４０年頃には、７２０万ヘクタール（北海道と同程度の広さ）まで広がる懸念も指摘されています。

◎日本中で増える空き地・空き家

このような状況は、社会的に大きな負の影響を与えます。その土地を処分したくても、所有者の探索に多大な時間と費用が必要となるため、結果として処分が困難となってしまいます。また、共有者が多数の場合や一部所在不明の場合には、土地の管理・利用のために必要な合意形成が困難となる結果、公共事業や復旧・復興事業が円滑に進まないなど、土地の有効利用が阻害されるおそれがあります。さらに、土地が管理不全となると、隣接地にも悪影響が発生する可能性があります。

では、なぜ、所有者不明土地が発生してしまうのでしょうか。その要因の1つとして、相続時に移転登記がなされないことが挙げられてい

29　経済学、社会学、人類学などの視点から所有（権）を紐解く近年の書籍として、岸政彦／梶谷懐編著『所有とは何か―ヒト・社会・資本主義の根源』（中央公論新社、2023年）。

ます。不動産登記制度については既に説明したとおりですが（143頁参照）、日本の場合、不動産登記は、第三者対抗要件にしかすぎず、登記をしなくとも（少なくとも当事者間では）権利移転ができます。言い方を変えれば、所有権を脅かすような「第三者」が現れる可能性が低ければ、不動産登記に対するインセンティブは後退します。

また、都市部への人口移動や人口減少・高齢化の進展等により、地方を中心に、土地の所有意識が希薄化し、土地を利用したいというニーズも低下しています。さらに、遺産分割をしないまま相続が繰り返されると、土地共有者がねずみ算式に増加してしまい、もはや財産の承継自体が困難となってしまうことも挙げられています。

◆法改正の動き

このような問題を受けて、制度改正がなされています。まず、平成30年には、「所有者不明土地の利用の円滑化等に関する特別措置法」が制定されました。この法律の中には、所有者不明土地を対象として、一定の手続きを経たうえで一定期間、利用権を設定し、公益目的の施設（公園や文化施設など）に利用できる制度が盛り込まれています。

また、平成3年には、民法の改正、不動産登記法の改正、「相続等により取得した土地所有権の国庫への帰属に関する法律」（相続土地国庫帰属法）の制定がなされました。内容は多岐にわたっていますが、大きな柱としては、①相続登記がされるようにするための不動産登記制度の見直し（発生予防）、②土地建物の利用に関する民法の見直し（利用の円滑化）、③土地を手放すための制度の創設（発生予防）となっています。

①まず、所有者不明土地が発生するのを防止するために、不動産を取得した相続人に対して、その取得を知ったときから**3年以内に相続登記の申請をすることを義務付ける**こととなりました（不動産登記法76条の2）。そして、相続登記の義務化の実効性が確保できるよう、登記手続の負担軽減、登録免許税の負担軽減、登記漏れ防止のための所有不動産記録証明制度などもパッケージで盛り込まれました。

②また、民法改正としては、所有者不明土地・建物管理制度の創設（民法264条の2～264条の8）、共有者間の意思決定ルールの見直し（民法252条2項、252条の2）、相隣関係に関するルールの見直し（民法209条3項、213条の2第4項）、遺産分割ルールの見直しなどが、その内容となっています。

③さらに、相続などによって土地の所有権を取得した者が、法務大臣の承認を受けて、その土地の所有権を国庫に帰属させることができる制度も新設されました（相続等により取得した土地所有権の国庫への帰属に関する法律2条、5条1項、10条）。今まで以上に、土地を手放しやすくして、有効活用を目指すものといえます。

CIVIL LAW

12 用益物権

――他人の土地を「ちょっと通らせて」と言えるの？

◆使用権と収益権

制限物権は、大きく用益物権と担保物権に分けられることについては、お話ししたとおりですが（124頁参照）、このうち「**用益物権**」とは、他人が所有する土地を利用（使用・収益）する権利を内容とする物権です。理論上は、動産などの使用・収益を内容とする制限物権も成り立ち得るのですが、民法で規定されているものはすべて、土地の使用・収益を内容とするものとなっています。具体的には、地上権（民法265条）、永小作権《えいこさく》（民法270条）、地役権（民法280条）、入会権《いりあい》（民法263条、294条）です。

◆地上権とは？

まず、**地上権**とは、他人の土地に建物等の工作物を築造して所有する目的のため、または、竹木を植林して所有する目的のために、他人の土地を使用する権利です（民法265条）。理論上は、他人の土地の上に工作物を設置したり竹木を植えたりすると、不動産への付合が生じ、それらの所有権は土地の所有権に吸収されることになってしまうため（民法242条本文）、それを生じさせないために（同条ただし書の「権原」）、地上権は重要です。

なお、地上権は、土地に対する使用権であるという点で、土地の賃借権（民法601条）と類似します。両者は、それぞれ物権と債権に分類されますので、法的性質は大きく異なりますが、借地人・借家人を保護するための特別法である「**借地借家法**」においては、「建物の所有を目的とする地上権又は土地の賃借権」を一括して「**借地権**」と定義しています（借地借家法2条1号）。

◆永小作権とは？

永小作権とは、耕作または牧畜のために他人の土地を使用する物権です（民法270条）。稲や各種の野菜、桑、茶、果樹などのようにその栽植が耕作と見られるものは、地上権ではなく永小作権の目的となります。その法的性質は、地上権と類似していますが、譲渡性が設定行為によって制限され得ること（民法272条ただし書）や、対価（小作料）の支払いを要素としていることなどの面で、若干異なっています。

なお、終戦後の農地改革と自作農創設計画により、大部分の小作農が農地を取得して自作農に変わり、また、小作関係がある場合でもそのほとんどは賃貸借関係となっているのが現状です。そのため、永小作権の実際的な意味は薄く、現在ではほとんど活用もされておらず、もはや過去の制度といっても過言ではありません。

◆地役権とは？

地役権とは、設定行為で定められた目的に従い、自己の土地の便益のために他人の土地を利用する物権です（民法280条）。例えば、通行地役権、用水地役権、眺望地役権などがこれに該当します。便益を受ける土地を「**要役地**」、便益に供する土地を「**承役地**」といいます。

なお、民法は、他方で、隣接地相互間の利用を調整するため、所有権に関するルールの中で、**相隣関係**の規定を設けています（民法209〜238条）。隣接する土地の所有権同士が衝突する場合に、それを調整するために所有権の内容を制限したり拡張したりすることを内容としています。例えば、次頁の図表を例にとれば、袋地（他の土地に囲まれて公道に通じない土地）の所有者Aは、その土地を囲んでいる他の土地（B所有の土地）を、所有権の拡張として当然に通行することができます（民法210条）。これが、相隣関係から当然に発生する、所有権の拡張としての「**隣地通行権**」です。

これに対して地役権は、契約によって任意に設定される、所有権とは別の物権と位置づけられます。隣地通行権との対比で言えば、袋地でなくとも、CとDの間の「**通行地役権**」の設定契約のもと、Cの土地（要役地）の便益のため、Dの土地（承役地）を通行することが可能となるのです。

◎隣地通行権と通行地役権

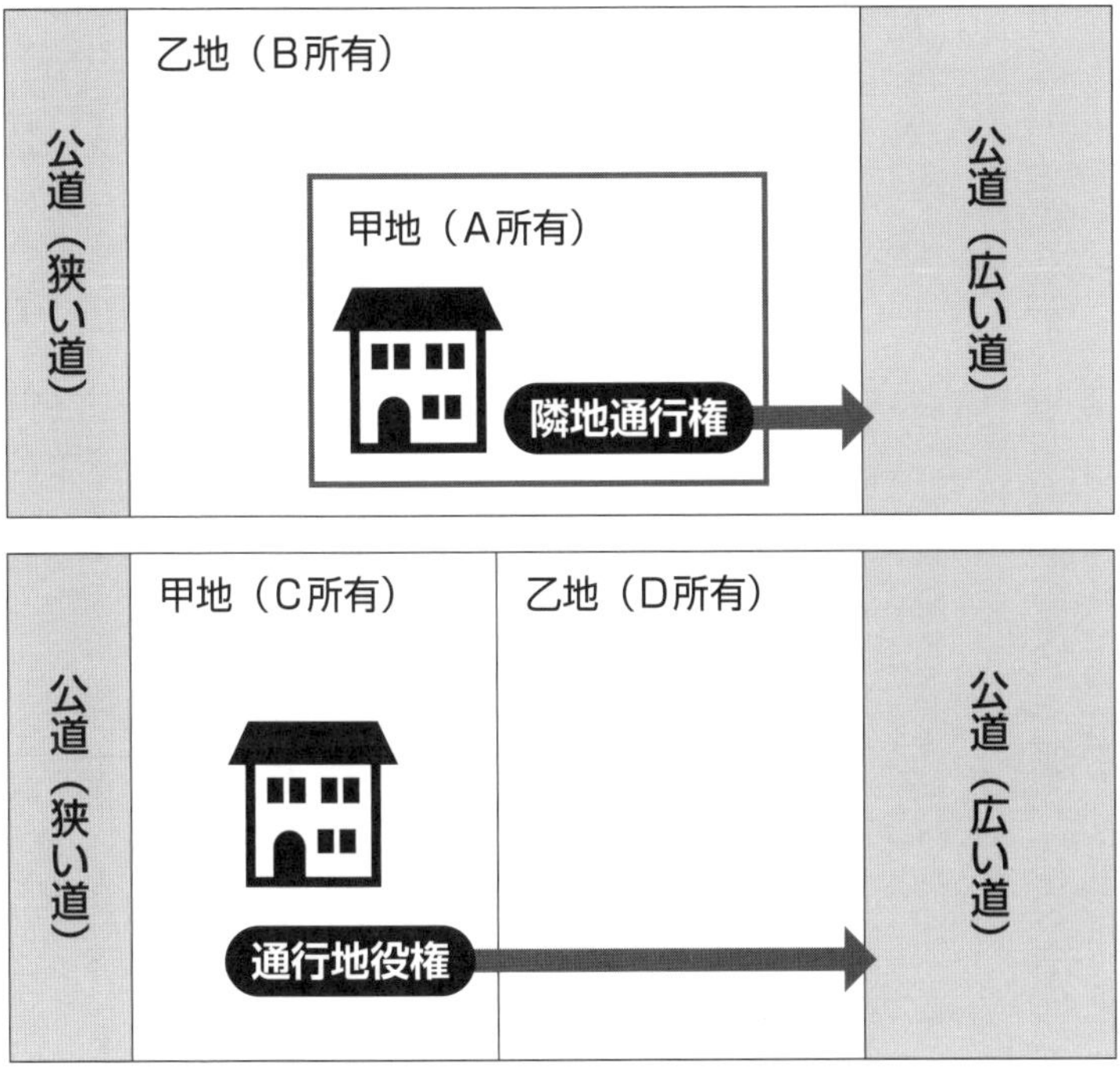

◇入会権とは？

入会権とは、ある村落に居住する住民が山林や河川などに入り会い、管理し収益する（木材の伐採、採《さい》草《そう》、漁労《ぎょろう》などを行なう）慣習上の権利です。封建時代においては、このような団体的用益権が重要な位置を占めていました。

しかし、近代的私所有権法の体系には、このような概念を中心的に組み込むことには無理があったため、民法は、これを入会権として承認して、2箇条（263条、294条）を設けつつ、それ以外は各地方の慣習に委ねることとしています。立法上も、団体的用益権は個人的所有の阻害要因ともなることから、農林業の近代化を推進する政策を実現させるために、1966年に「入会林野等に係る権利関係の近代化の助長に関する法律」が制定され、入会権を解体させる措置がとられました。

なお、近年でも、入会権を巡る訴訟があります。[30] 入会集落住民（入会権者）の生活様式が多様化し、また入会地の利用状況も変化し、それに伴って、入会権者自身の意識も必ずしも一様でなくなり、利害関係が相反するケースも少なくありません。入会地が現に利用されておらず、外部からその利用を求められた場合に、開発への反対や地域環境の保全を行なうか否かを巡って争われます。

30　たとえば、最判平成20年４月14日民集62巻５号９０９頁。なお、今日的な入会団体の性質につき、古積健三郎「入会権の変容について」法学新報１２２巻１＝２号（２０１５年）３４７頁参照。

CIVIL LAW

第4章

物権Ⅱ——担保物権

CIVIL LAW 1

担保物権の意義と内容

――債権者はどこまで平等なの？

◆ぬけがけは許されない

債務者が債務を履行しない場合には、債権者は、国家権力の力を借りて強制的に債務者に債務を履行させることができます（履行の強制。民法414条。331頁参照）。そして、履行の強制は、通常、民事執行法に規定されている「**強制執行**」という手続きに則って行なわれます。

例えば、売買代金や賃料が不払いであったり、借金の返済が滞ったりするような場面を考えてください。このような金銭債務の不履行に対して強制執行を行なう場合には、「**金銭執行**」という手続き（民事執行法43条以下）がとられます。およその流れは、〔財産の差押え〕→〔換価（競売）〕→〔満足（弁済金交付・配当）〕の3段階です。ちなみに、このような強制執行の対象となる債務者の財産のことを「**責任財産**」といいます。

では、例えば、AがBから100万円を借りた後、さらに、Cから200万円、Dから300万円借金をし、結局いずれも弁済できなくなってしまった場合はどうでしょうか。この場合

◎強制執行（金銭執行）のイメージ

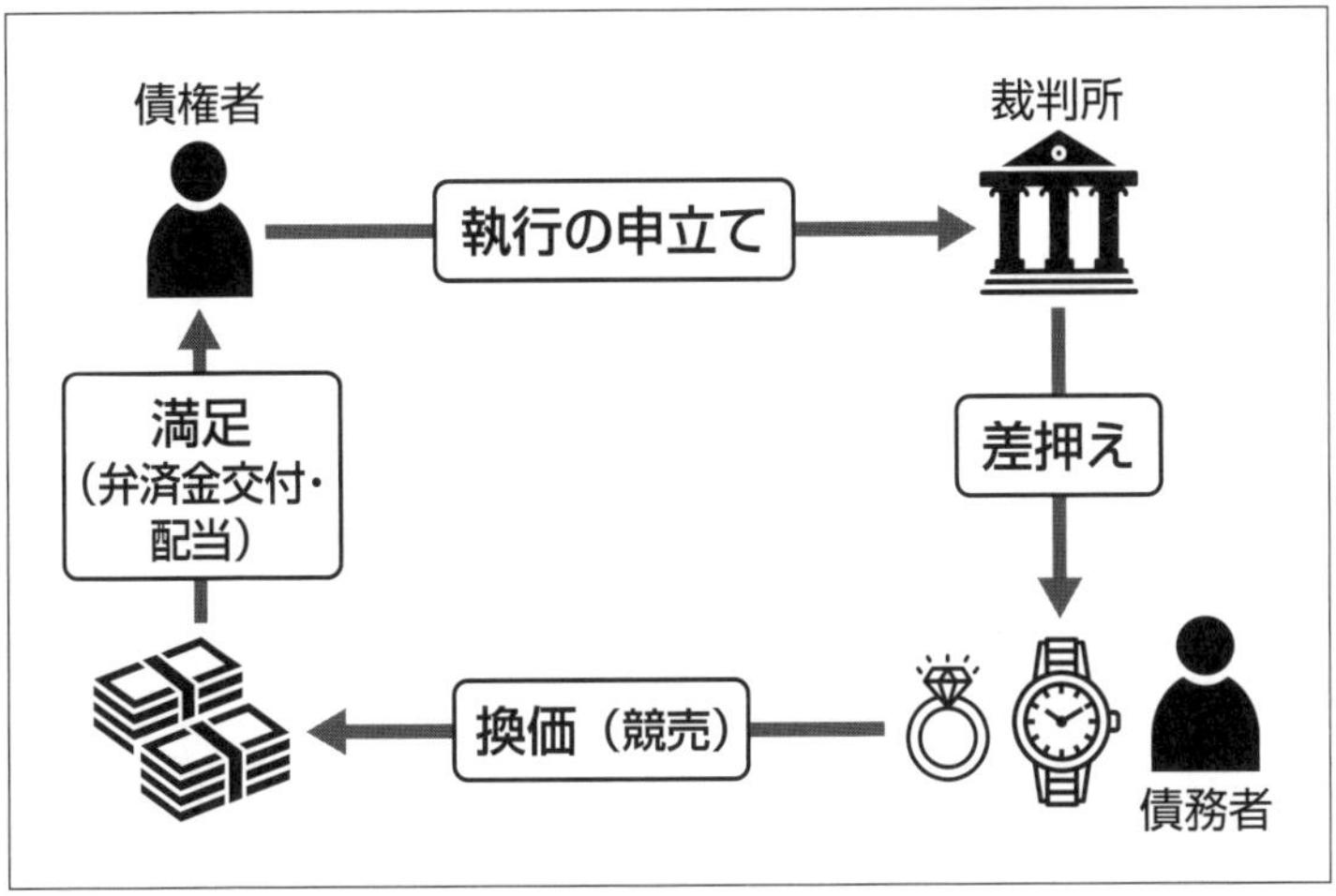

でも、Aの責任財産が十分にあれば、B・C・Dのいずれもが全額を回収できるので問題ない（Aが弁済しなくとも、強制執行手続によって、各債権者は全額の満足を得ることができる）のですが、責任財産が十分ではない場合（例えば、Aの残余財産が時価120万円の宝石しかないような場合）、各債権者がそれぞれどれだけ回収を図れるのでしょうか。

この場合における1つの考え方として、「**債権者平等**」があります。すなわち、各債権者は相互に優先することなく、自己の債権額に按分《あんぶん》比例した形で債務者の一般財産から平等に受け取るという考え方です。これに従えば、例えば、Aの残余財産120万円を清算する場合、B：C：D＝100：200：300であるので、Aの残余財産をB＝20万円、C＝40万円、D＝60万円というように按分することとなります。発生時期、弁済期、種別などによって債権の優劣を設けず、もし債務者の責任財産から債権者のすべてが満足を得られない場合には、回収不能のリスクを各債権者が平等の割合で負担するという発想です。

コラム

実質的倒産状態と平等主義

平等原則は、債務者の財産を全て清算する倒産局面（破産法などが適用される場面）では徹底されるべきでしょうが、その前段階（法的な倒産手続はとっていないけれども、実質的には倒産状態にあり、個別の強制執行などがなされている段階。すなわち、民事執行法などが適用される場面）で、複数の債権者の執行へのアクセス時期に先後《せんご》が生じた局面においても貫徹すべき考え方か否かは、立法論上、議論の分かれるところです。

日本の現行民事執行法は、「平等主義」（早く執行手続を行なった者も、その後に執行手続に参加した者も、平等に扱おうとする考え方）の建前を採っていると一応言うことができます（ただし、配当手続に参加できる資格が制限されていたり、配当要求の終期が比較的早くに締め切られるなど時間的にも制約が課されたりしているため、相当程度、平等主義は後退しています）。平等主義は、早い者勝ちとすること（われ勝ち的な回収行動）による混乱や、出遅れた債権者が回収できないリスクを負担しなければならない状況を回避すべきであるという価値観が背後にあります。

しかし他方では、「優先主義」（早く執行手続を行なった者を優先的に保護しようとする考え方）が、決して採用し得ない考え方というわけではありません。例えば、勤勉な債権者こそ保護されるのが公平であるという視点、破産手続に至っていない個別執行では優先主義で構わないという視点、執行手続が簡易・迅速にできるという視点、超過差押えを抑止できるので債務者保護にもつながるという視点などが挙げられます。

◆担保って何？

しかし、それではBとしては困った事態となります。自分がAに金銭を貸し付けたときには他に債権者がいなかったので、Aの責任財産で十分に回収を図ることができると考えていたところ、後に債権者（C・D）が出現したことにより、予期せず回収が困難となってしまうからです。これではBは安心してAに金銭を貸し付けることができません。そこで、このような局面でも自己の債権を保全・強化し得る方策が求められます。そのための手段が「**担保**」です。債権者は、将来回収しなければならない自己の債権がより確実に回収できるための手段をあらかじめ確保することによって、安心して取引関係を構築することができます。

担保は大きく、ⓐ**物的担保**と、ⓑ**人的担保**に分類することができます。このうち、ⓐ物的担保とは、例えば、債務者が自己の土地に抵当権を設定したり、自己所有の動産を質に入れたりする場合が、その典型例です。簡単に言えば、債務者または第三者（物上保証人）が所有する特定の物の価値を把握することによって、他の債権者よりも優先的に回収を図る制度です。これに対し、ⓑ人的担保とは、例えば、債務者の知人が債務者の保証人になるなど、担保を設定する者の資力・信用・人間性などに着目して、債務者の責任財産に設定者（保証人）の責任財産を加えて、そこから回収を図る制度です。

◆担保は被担保債権と運命共同体！

担保は、債権を担保するために存在するものですから、債権のないところには存在しないのが原則です。被担保債権が発生しないと担保（抵当権や保証債務など）も成立しませんし、被担保債権が消滅すれば担保も消滅します。このように被担保債権を離れて担保は存在し得ないという原則を「**附従性**《ふじゅうせい》」といいます。

もっとも附従性は、絶対的に厳格なものとはなっていません。継続的に発生する多数の債権を一定の限度額の範囲内で一括して担保するための、いわゆる「**根担保**《ねたんぽ》」（根抵当《ねていとう》や根保証《ねほしょう》など。212頁、364頁参照）も有効であり、この種の担保においては、附従性は後退します。例えば、一時的に全額の弁済がなされて借入金がゼロになったとしても、担保が附従性によって消滅せず、将来発生する債権のために存続するのです。

◎担保の分類

- 担保
  - 物的担保
    - **法定担保物権**
      - 留置権、先取特権
    - **約定担保物権**
      - 質権、抵当権
      - 譲渡担保権、所有権留保 など
  - 人的担保…… 保証、連帯債務 など

◆物的担保とは？

物的担保の中心は、民法上の「**担保物権**」（民法295条〜398条の22）です。具体的には、留置権、先取特権、質権、抵当権の4種類が規定されています。また、物的担保（担保物権）は、民法だけではなくさまざまな特別法や、成文法だけではなく慣習法も含め、多く種類のものが認められています。そして、物的担保を大きく分類すると、ⓐ法定担保物権と、ⓑ約定担保物権に分けることができます。

ⓐまず、**法定担保物権**とは、特定の要件のもとで法律上、当然に発生する担保物権です。具体的には、**留置権**（民法295条）と**先取特権**（民法303条）がこれに該当します。このうち、特定の債権（者）を優先させることが公平にかなう場合や、政策判断から特定の債権（者）を保護することが妥当である場合に、法律で債権者平等の原則の例外を設け、特定の債権者に優先的な債権回収を認めるというものが、先取特権

です。例えば、給与債権を有する労働者（民法３０６条２号）や、売買代金債権を有する動産の売買契約の売主（民法３１１条５号）には、優先的回収が認められています。

ⓑこれに対し、**約定担保物権**とは、債権の確実な回収を望む債権者と債務者（または第三者）との間で合意（担保権設定契約の締結）がなされることによって成立するものです。そもそも、法定担保だけでは、債権回収のために十条でない可能性があります。そこで、債権者が信用を供与するために、あらかじめ債務者と担保権を設定することを合意することによって、優先権を確保する道を定めています。具体的には、民法上で規定されている**質権**（民法３４２条）および**抵当権**（民法３６９条）のほか、慣習法上の権利として、**譲渡担保権**（２１４頁参照）や**所有権留保**（１３９頁参照）などが、その中心です。

CIVIL LAW

2

担保物権の性質と効力

——担保物権は債権回収にどれだけ役立つの？

◆まずは私から！——優先弁済的効力

ここでは、担保物権にはどのような効力があるのかを、総論的に説明しましょう。

まず、何と言っても、担保物権には一般的に「**優先弁済的効力**」があります。優先弁済的効力とは、債務者が債務を任意に履行しないときに、担保物権者である債権者は、被担保債権の範囲において、その担保物から他の債権者より優先的に弁済を受けることができるという効力です。優先弁済的効力は、担保物権の核心に位置づけられる効力といっても過言ではありません。では、どのような方法で優先弁済を実現するのでしょうか。

ⓐまず、担保権の実行としての「**競売《けいばい》手続**」（民事執行法180条以下）があります。すなわち、競売手続を通じて担保目的物を金銭に代えて、そこから被担保債権の範囲で優先的に回収を図る手続きです。債務名義が必要かどうかという違いはありますが、およそ強制執行手続と類似の手続きとなります。

抵当権のように抵当権者間に順位がある（第一順位、第二順位……というように）場合には、その順位で優先的な配当がなされるほか、異なる種類の担保物権を有する者の間（例えば、動産質権と動産売買先取特権のように）では、通常、法律で優先順位が定められています。

ⓑ他方、特に、担保目的物が不動産の場合は、競売手続に代えて「**担保不動産収益執行手続**」を行なうこともできます（民事執行法180条2号、188条、194条）。担保不動産収益執行とは、不動産自体を競売にかけるのではなく、不動産から生ずる収益を被担保債権の弁済に充てる方法による不動産担保権の実行です。

すなわち、担保権者が収益執行の手続きを申し立てると、裁判所により管理人が選任され、管理人が不動産の管理行為を行ない、それによって得られた収益を担保権者の有する被担保債権に充当するというものです。収益活動が行なわれることに価値があるような大型の賃貸物件などは、この手続きに馴染むといわれています。

◆裁判所の力を借りずに……

なお、民法で明文規定のある担保物権の実行は、民事執行法などに従って、裁判所の手続きを通じて行いますが、慣習法上で認められた担保物権である譲渡担保（214頁参照）や所有権留保（139頁参照）などの場合には、裁判所の手続きによらない「**私的実行**」となります。

そもそも、譲渡担保や所有権留保の場合は、担保権者（譲渡担保権者や留保所有権者）が所有権を有するのだとすると、特に実行手続を考える必要はないようにも思われますが、譲渡担保における「譲渡」や、所有権留保による「留保」は、あくまで債権の「担保」という目的のためになされているため、担保権者（譲渡担保権者や留保所有権者）が担保目的物を自由に利用・処分できるようになるためには、やはり、実行手続が必要となるのです。

なお、私的実行において、特に、担保目的物の価値が被担保債権を上回る場合、「**清算**」をしなければならないと解されています。[1]例えば、債務者Aの100万円の債務のために、時価3000万円の不動産に担保が設定されている場合、Aが債務を履行できない場合は実行を甘受しなければならないのですが、その場合でも、差額分（3000万円－100万円＝2900万円）を担保権者は清算しなければなりません。

なお、清算方法には、ⓐ目的物の価格を適切に評価したうえで担保権者自らが確定的に所有権を取得し、その差額を返還する「**帰属型清算方式**」と、ⓑ担保権者が目的物を第三者に売却等して、処分して得た金銭から被担保債権を控除して残余分を返還する「**処分型清算方式**」があります。

◆物上代位とは？

もう1つ、優先弁済的効力との関係で、「**物上代位**《ぶつじょうだいい》」についてお話をしておきましょう。こ

1　最判昭和46年3月25日民集25巻2号208頁

◎抵当権と物上代位の例

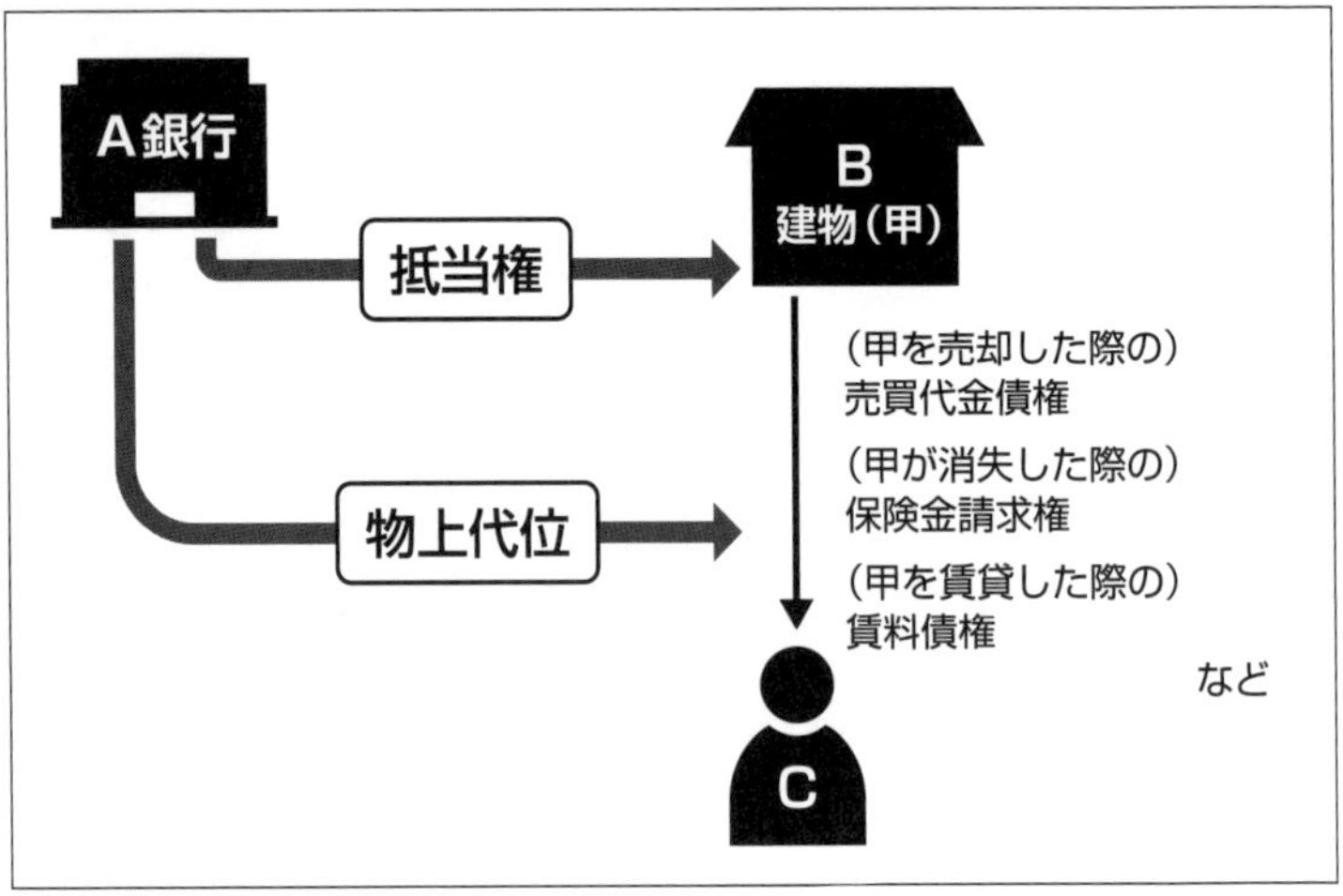

れは、担保物権の効力の及ぶ範囲に関連する問題でもありますし、また、先ほど説明した、担保権の実行としての担保不動産収益執行に関連する問題でもあります。

先ほどお話ししたとおり、担保権者（ただし、留置権者は除く。221頁参照）は、担保目的物の価値を把握しており、債務が履行されない場合には担保目的物から優先弁済を受け得ることをその本質としています。これは、先取特権、質権、抵当権だけではなく、明文規定のない、譲渡担保や所有権留保などの非典型担保も同様です。

そこで、そのことからさらに、担保目的物が、債務者の受け取るべき金銭その他の物に変形したり（代替物）、または、担保目的物から一定の物が派生して生じたりした（派生物）場合は、担保権者はその代替物・派生物に対しても、優先弁済的効力を主張し得るものとされています。これを担保物権の**物上代位性**といいます（民法304条、350条、372条）。

ⓐ例えば、冷蔵庫の製造業者A社が、家電量販店B社に冷蔵庫10台を販売し、合計100万円の代金債権（支払いは2か月後）を有したとしましょう。その場合、弁済期が到来する前に、B社が当該冷蔵庫を顧客Cに売却したらどうなるでしょうか。

A社は、代金債権の回収にあたり、自分が売った冷蔵庫に対して動産売買先取特権（民法321条）を有しますが、動産の先取特権の場合、B社がそれをCに売却してしまうと、追及効は遮断されてしまいます（民法333条）。すなわち、A社はCに対して、先取特権を行使できなくなるのです。しかしその代わり、B社はCに対して代金債権（これが、**代替物**です）を有しますので、A社は、その価値代替物である売買代金債権に対して、物上代位権を行使して、優先弁済を受けることができます。

ⓑまた、A銀行がBに400万円の融資を行なう際に、B所有の甲不動産に抵当権が設定されましたが、他方でBが、甲不動産をCに月15万円で賃貸したとしましょう。このような場合、A銀行は、甲不動産に加えて、甲から生じる賃料債権（これが、**派生物**です）に対しても、物上代位権を行使して、優先弁済を受けることができるのです。

そもそも、担保目的物の賃料などを被担保債権の弁済に充てる方法としては、物上代位以外にも担保不動産収益執行手続（194頁参照）が用意されていますが、両制度は併存し、どちらによることも可能です。[2]

◆留置的効力とは？

もう1つ、担保物権の中には、「**留置的効力**」が認められるものがあります。要は、担保物権者（債権者）が、「払ってくれるまでは、これは貴方に返しませんよ」と主張できるということです。目的物を担保権者が留置することによって、間接的に債務の履行（弁済）を促す機能があります。具体的には、留置権（民法295条）や質権（民法342条）のような占有担保において認められる効力です。

ただし、「留置できる」といっても、担保権者が留置物を使用したり収益をあげたりすることができるわけではありません。例外的に、不動産質（民法356条）にのみ、使用・収益権が認められているにすぎません。

ちなみに、なぜ、例外的に、不動産質権には使用・収益権も認めるのでしょうか。それは、もし担保権者が不動産を単に留置するだけで利用できないと、不動産がかえって老朽化してしまい、社会的にも不経済だからです。ただし、不動産質権者は、収益を得られる分、管理費用の支払いなどの負担を負う（民法357条）ほか、利息の請求も認められないものとし（民法358条）、バランスが図られています。

しかし、不動産質権者からすると、費用を負担しながら不動産の管理をしなければならず、しかも利息が取れないので、不都合な場合も少なくありません。そこで実際には、不動産に担保を設定する場合には、非占有担保である抵当権（民法３６９条）が主流であり、不動産質の活用は極めて限定されています。

2　例えば、賃料額がそれほどでもない小規模の不動産に対しては、より簡易に行ない得る物上代位のほうが適合的である可能性があります。なお、収益執行の開始後に物上代位を利用することはできず、また、物上代位に遅れて収益執行手続が開始された場合、開始決定以降は、物上代位は収益執行手続の中に吸収され、その手続きの中で順位に応じた配当を受けることになります。

CIVIL LAW

3

質権

――「質に入れる」とは、一体どういうこと？

◇質権とは？

読者のみなさんも街中を歩いていて、いわゆる「質屋さん」を見かけた（または利用した）ことがあるかもしれません。そのような意味で、「質」は、比較的馴染みがある人もいるでしょう。例えば、Ｂが金銭を用立てるために自己所有の腕時計や宝石を質屋Ａに入れると、質屋ＡはＢに対して質権を取得するわけです。質屋Ａは、腕時計や宝石を預かり、Ｂが借金を返済すれば、Ａは預かっていた物を返還しますが、もしＢが借金を返さない場合には、Ａは預かっていた物を処分して、そこから優先弁済を受けるわけです。

このように**質権**とは、担保の目的物の占有を質権者に移転し、質権者は弁済があるまでこの目的物を留置するとともに、弁済がない場合には、この目的物につき他の債権者に優先して弁済を受けることができる担保物権です（民法３４２条）。

質権の目的となる財産の範囲は、抵当権に比べて非常に広く、譲渡可能なものである限り、さまざまなものが対象となります。**動産**でも（民法３５２条）、**不動産**でも（民法３５６条）、

◎質権の概要

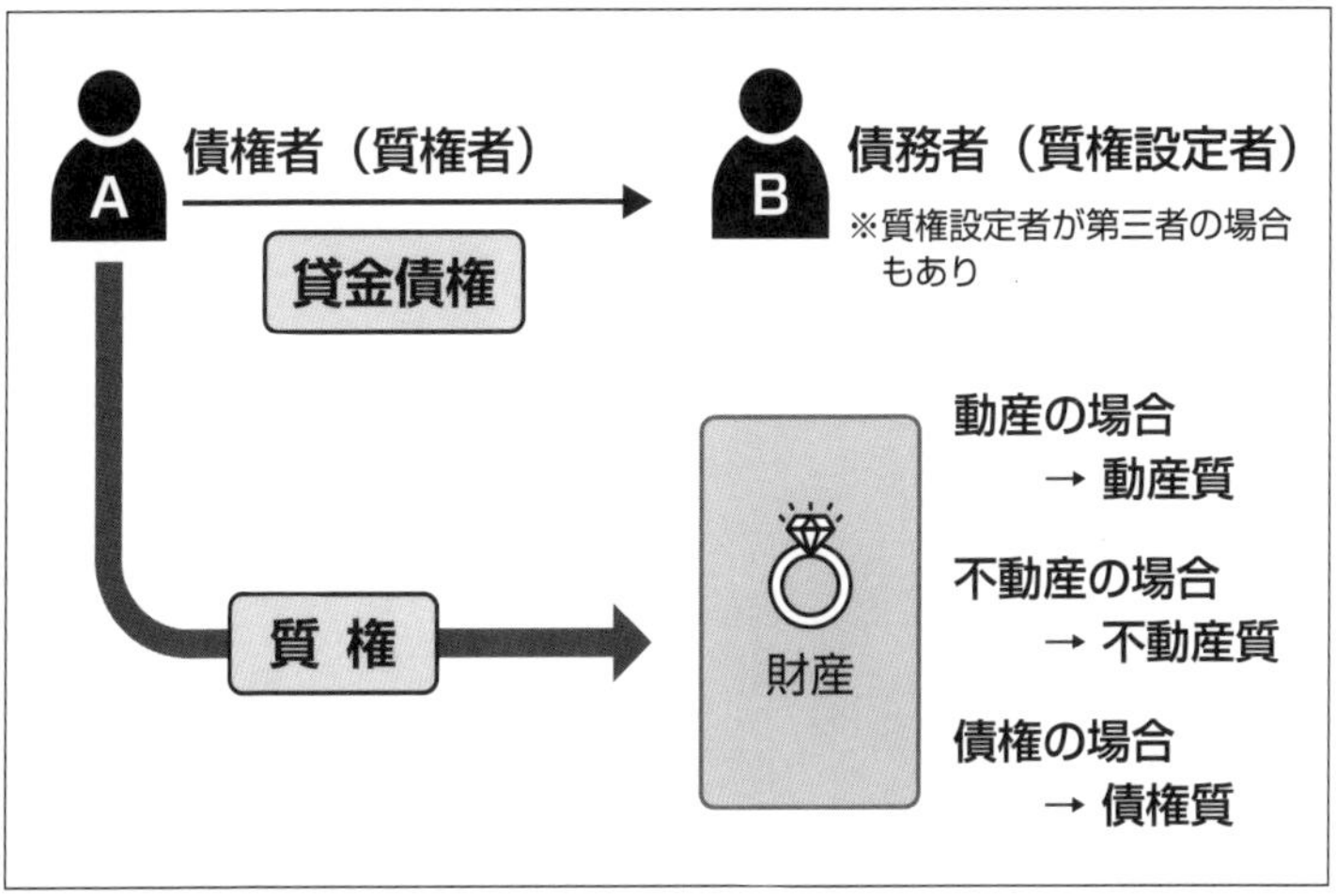

債権その他の財産権でも（民法362条）、質権の対象となり得るのです。また、債務者自身の物ではなく、第三者（物上保証人）が所有する物でも質権の対象となり得ます。

◆質権の成立要件と対抗要件

質権は、抵当権と同じく約定担保（192頁参照）ですが、抵当権とは異なり、「**占有担保**」です。質権がその効力を生じるためには、当事者の質権設定の合意の他に、目的物の**引渡し**が必要です（民法344条[3]）。しかも、その引渡しには、占有改定（146頁参照）による引渡しは含まれません（民法345条）。つまり、少なくとも質権設定者が所持し続ける状態であってはならないのです。質権設定者が実際に質物を所持し続けることは、質権の本質に反するからです。

では、質権の対抗要件はどのようになっているのでしょうか。これは、質物が何であるかによって異なります。まず、動産質の場合には、質権者が**継続して質物を占有すること**が対抗要件とされています（民法352条）。これに対して不動産質の場合は、**登記**が対抗要件とされています（民法177条）。また、債権質の場合には、第三債務者（＝質物である債権の債務者）にその質権の設定を**通知**し、または第三債務者が**承諾**することが対抗要件とされています（民法364条、467条）。

◆質権の実行

質権の実行も、民事執行法による、裁判所を介した担保権の実行手続によります。例えば、不動産質の場合には、抵当権と同様、裁判所に競売を申し立てて換価したうえで、そこから債権の回収を図ります。

なお、「動産質」を実行する際には、鑑定人の評価に従い、質物をもって直ちに弁済に充てることを裁判所に請求できます（民法354条）。また、「債権質」を実行する際には、被担保債権に相応する部分に限り、質権の目的である債権を直接取り立て、被担保債権に充当することができます（民法366条1項、2項）。いずれも、債権を容易に回収するための規定です。

◆実際、質権は有効に使われているの？

近年において質権は、以前に比べてその活用が限定的となっているといえます。例えば、動産質は、以前は、特に消費者が一般的に有している日用品（例えば、バッグ、指輪、時計など）を目的物として庶民金融の手段として利用されてきましたが、無担保で金銭を貸し付ける消費者金融の普及に伴い、活用度が減少しているといえます。また、企業所有の動産は、質権設定の結果として質権設定者の占有が奪われてしまうと、企業活動に支障を来たしてしまうことから、質物としては活用しづらい面を有しています。さらに、不動産質に目を転じても、質権設定者にとっては利用を奪われることに対する不利益がありますし、また、質権者にとっては質物管理の煩雑さがつきまとうため、一般的には抵当権が活用される傾向にあります（198頁も参照）。

他方、債権質については、物理的な占有が観念できない分、動産質や不動産質に見られるような不都合は生じないため、現在も有効に活用されている傾向にあります。例えば、建物に関する火災保険契約から生じる火災保険金請求権や、不動産賃貸借契約時に賃貸人に支払われた保証金の返還請求権などについて、債権質を設定する場合です。

3　ただし、電子記録債権については、質権設定記録が効力発生の要件とされています（電子記録債権法36条1項）。

CIVIL LAW

4

抵当権
――なぜ債権者は、抵当権を欲しがるの？

◆抵当権とは？

抵当権とは、債務者または第三者（物上保証人）が、占有を移さないまま債務の担保に供した不動産につき、抵当権者が、他の債権者に先立って自己の債権の弁済を受けることができる権利です（民法３６９条）。例えば、ＡがＢに貸し付けた５００万円を担保するために、Ａ・Ｂ間における契約のもとで、Ｂ所有の甲不動産に抵当権が設定された場合、それによって、その後に（正確には、抵当権設定登記後に）他の債権者が出現したとしても、抵当権を取得したＡは、Ｂが返済できない場合には甲不動産を処分して、そこから優先的に回収を図ることができるというものです。

抵当権は、抵当目的物の占有を抵当権設定者（債務者や物上保証人）のもとにとどめたまま設定する権利であり、抵当権設定者はその不動産を以前と同様に使用することができる点に特徴があります。いわゆる「**非占有担保**」です。すなわち、抵当権が設定されても、Ｂは、そのまま甲不動産を使用・収益し続けることができます。Ａが把握するのは、甲を使用・収益する

◎抵当権の概要

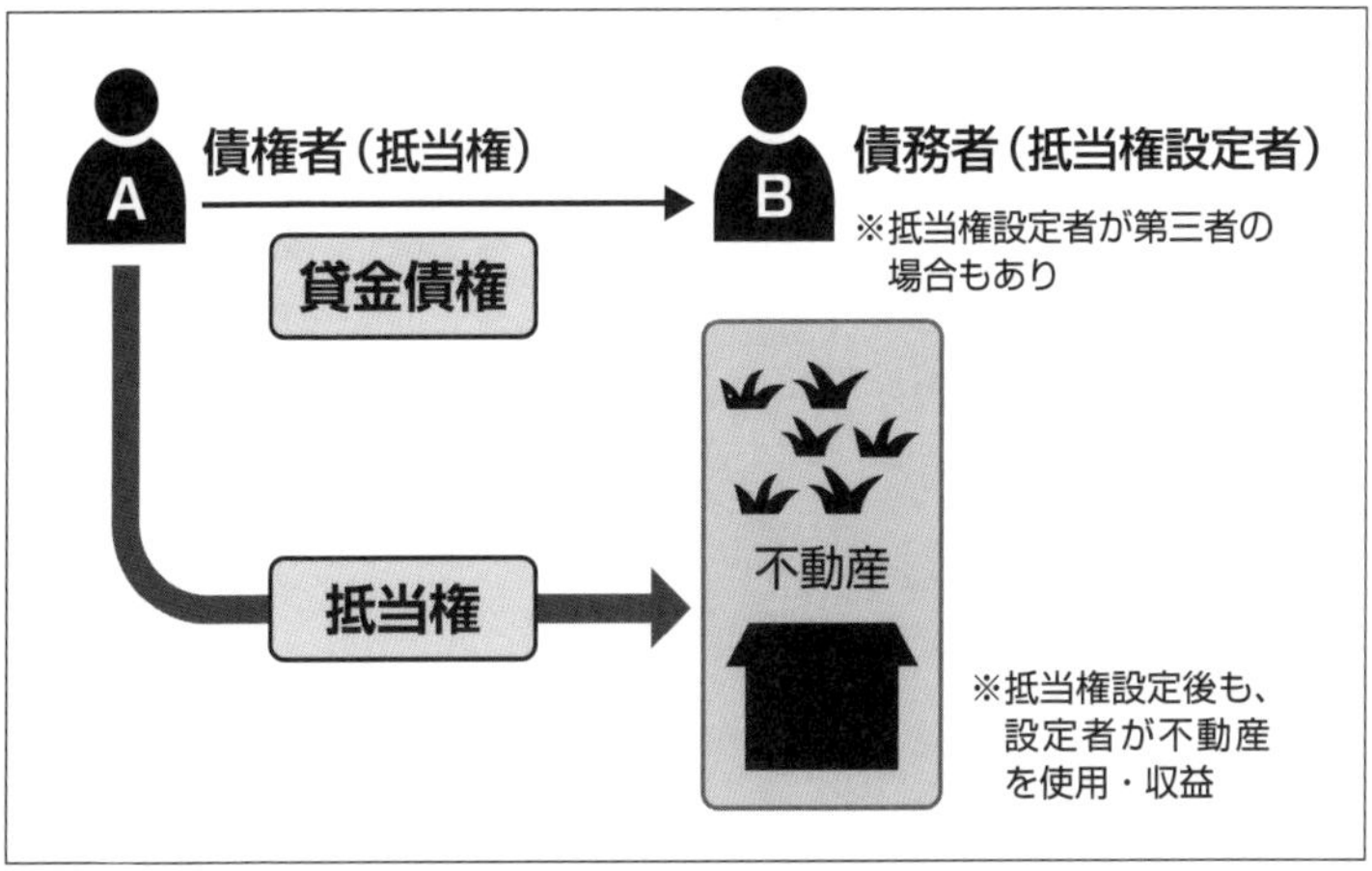

権利ではなく、その物が有する市場的な**価値**（Bが弁済しないときに甲不動産を処分してそこから優先的に弁済を受けることができる権利）のみです。

◆抵当権の対抗要件

では、Aが甲不動産に対して非占有担保である抵当権を有しているということを、第三者はどのようにして知ることができるのでしょうか。これについては、**登記**がその役割を果たします（民法177条）。裏を返せば、登記制度を採用していない物は、非占有担保である抵当権の公示をすることができず、抵当権の目的物には馴染みません。

なお、登記の流用の問題があります。例えば、AがBに対して金銭を貸し付けるにあたり抵当権設定契約がなされたけれども、Bが弁済後（したがって、本来であれば、附従性により抵当権も消滅します）、新たにAから同額を借り入れようとした場合、まだ抹消していなかった登記を流用することはできないのかという問題です。

これに関し、判例は、流用が「第三者の利益を害しないか否か」を基準に判断しています。すなわち、ⓐ旧抵当権の消滅前に第三者が既に存在していたり、旧抵当権消滅後、流用前の間に第三者が出現したりした場合には、第三者を保護するために、登記の流用を認めるべきではないのに対し[4]、ⓑ流用後に第三者が出現した場合には、その第三者は登記の欠缺《けんけつ》を主張する正当な利益を有しないものとして、登記の流用を認めています[5]。

◆抵当権の効力は、どこまで及ぶの？

抵当権の効力は、どの範囲まで及ぶのでしょうか。まず前提として、日本では建物は土地と別個の不動産として扱われるので、たとえ土地に抵当権が設定されたとしても、その上に存在する建物には抵当権の効力が及ばないことについては、争いはありません[6]。では、それ以外はどうでしょうか。これに関し、民法370条は、抵当権は、抵当不動産に「付加して一体となっている物」（**付加一体物**）に及ぶとしています。

問題は、この付加一体物の解釈です。まず、土地に植えられた樹木や、建物に取り付けられたシャッターなど、独立性を失っている「**付合物**」（民法242条。171頁参照）に抵当権の効力が及ぶことは、争いありません。では、独立性を保っている「従物」（民法87条。171頁参照）はどうでしょうか。土地に抵当権が設定されれば、土地上に置かれている庭石にも、抵当権の効力は及ぶのでしょうか。これに関して判例は、付加一体物とはその物の構成部分を指すため、従物はそこに含まれないことを前提としつつ、民法87条2項における「従物は主物の処分に従う」旨の規定によって、結果的に、**従物にも抵当権の効力が及ぶ**ものと解しています。[7]

なお、抵当権は、抵当権設定者に抵当目的物の使用・収益権をとどめておく権利ですから、抵当不動産から生ずる「果実」の収益権は抵当権設定者に留保されています。しかし、被担保債権の不履行後は、その後に生じた抵当不動産の**果実**にも及ぶものとされています（民法37

4　大判昭和8年11月7日民集12巻2691頁
5　最判昭和49年12月24日民集28巻10号2117頁
6　土地に設定された抵当権の効力は、その土地上の建物には及ばないわけですが、抵当権が設定された後に建物が築造された場合には、建物の所有者が抵当土地の占有権原を抵当権者に対抗できる形で有していない限り、抵当権者は抵当権の実行にあたって、その建物を土地とともに競売できるものとされています（民法389条）。これを一括競売といいます。この一括競売権は、あくまで抵当権者の権利であり義務ではありませんが、建物を土地と一括して競売することによって土地の換価金も増加すると考える場合に権利行使がなされます（なお、一括競売がなされた場合であっても、建物から優先弁済を受けることはできません）。
7　大判大正8年3月15日民録25輯473頁、最判昭和44年3月28日民集23巻3号699頁

1条)。債務者が債務不履行をしているわけですから、もはや収益権が与えられなくても仕方なく、むしろ抵当権者にそこからの回収を認めたものと位置づけられます。なお、ここでいう果実には、天然果実および法定果実のいずれも含まれます。

コラム

天然果実と法定果実

物の分類の中で、「元物《げんぶつ》」と「果実」という分類があります。元物とは、収益を生じさせるものをいい、果実とは、その収益のことを指します。

そして果実は大きく、「天然果実」と「法定果実」に分けられます。例えば、柿の木(元物)から取れる柿(果実)や、牛(元物)から採取される牛乳(果実)のように、物の用法に従って収取する産出物のことを天然果実といいます(民法88条1項)。これに対して、地代、家賃、利息などのように物の使用の対価として受けるべき金銭その他の物を法定果実といいます(同条2項)。

◆抵当権の付いた不動産を他人に貸せる?

抵当権設定以後でも実行以前の段階においては、使用・収益権を有している抵当権設定者は、目的物を自由に賃貸することができますが、もしその後に抵当権が実行された場合は、その賃借権は、それ以前に登記されている抵当権に対抗できません（133頁参照）。したがって、賃借人は、競落人に明け渡さなければならないこととなります。しかし、それまでその不動産を賃借していた者からすると、突然にその利用権限が奪われ、即時に明渡しを請求されると、生活へ大きな影響が出てしまいます。

そこで民法は、**明渡猶予制度**を規定しています（民法395条）。すなわち、抵当権者に対抗することができない賃貸借によって抵当権の目的たる建物の使用・収益をなす者は、買受人に対して、買受けのときから6か月を経過するまで、明渡しの猶予を求めることができるのです。なお、この猶予期間は法によって特別に認められたものであり、賃借権が存続して賃借人に占有権原があるわけではありません。したがって、占有者は賃料相当額を買受人に対して不当利得として支払わなければなりません。

なお、抵当権設定登記よりも時間的に遅れて賃貸借契約が締結された場合、賃借人は抵当権者に賃借権を対抗することができませんが、その賃貸借につき登記がなされ、かつ、その登記前に登記がなされたすべての抵当権者が**同意**をし、その**同意について登記**がなされたときは、賃借人は、当該抵当権者および競売における買受人に対して、賃借権を対抗することができます（民法387条）。特に、担保価値の評価が賃料収入に大きく依存している賃貸用オフィスビルのような物件は、抵当権実行後も賃借権を存続させておく途を開いておく必要があるので、この制度が活用される可能性があります。

◆抵当権が実行されて、土地と建物が別人に帰属したら……

日本では、土地と建物とは独立の不動産とされ独立の抵当権の対象となっています（69頁参照）。そこで、土地とその上に存する建物の双方を所有する者が、その一方のみに抵当権を設定し、それが実行されたときは、土地と建物の所有者が別人となります（共同抵当が設定されて別々に実行された場合も同様です）が、もともと建物には何ら利用権が設定されていないため、そのままでは建物の存立の基盤が失われてしまいます。しかしそれでは、社会的にも損失です。

そこで、抵当権実行後も土地上の建物を存続させ得るために、民法は、当然に地上権を成立させるものとしています。これが、「**法定地上権**」という制度です。

例えば、Bが自己の土地上に建物を有していたところ、建物について債権者Aのために抵当権を設定し、その後に抵当権が実行されてCが建物を競落して買い受けた場合、建物所有者となったCはB所有地に地上権を有することとなります（次ページ上図参照）。また、Bが土地について債権者Aのために抵当権を設定し、その後に抵当権が実行されてCが土地の買受人となった場合、建物所有者であるBは、当該土地に対する地上権を取得します（次ページ下図参照）。

◎法定地上権のイメージ

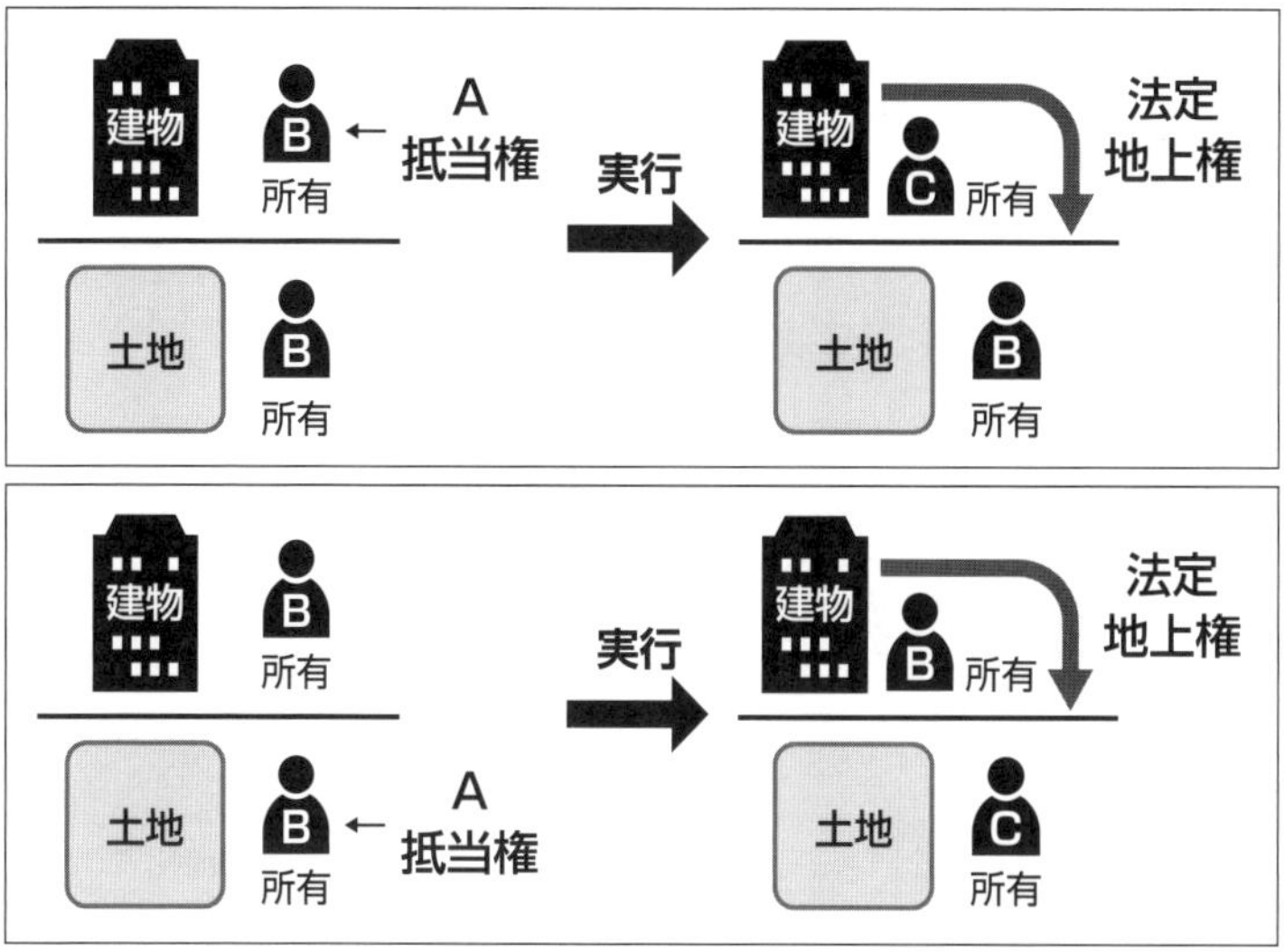

法定地上権が成立するための要件としては、ⓐ抵当権設定当時に土地の上に建物が存在すること、ⓑ抵当権設定当時に同一人が土地と建物の所有者であること、ⓒ土地・建物の一方または双方に抵当権が設定されること、ⓓ競売の結果、別々の所有者が土地・建物を所有するようになったこと、が挙げられます（民法388条）。

このうち、要件ⓐは、土地に抵当権が設定された後に建物が建築された場合でも法定地上権が成立するとすれば、地上権が成立しないことを前提として抵当権設定契約を締結した抵当権者が不測の損害を被るために認められたものです。

また、要件ⓑは、仮に抵当権設定当時に土地と建物が別の所有者であった場

◎根抵当のイメージ

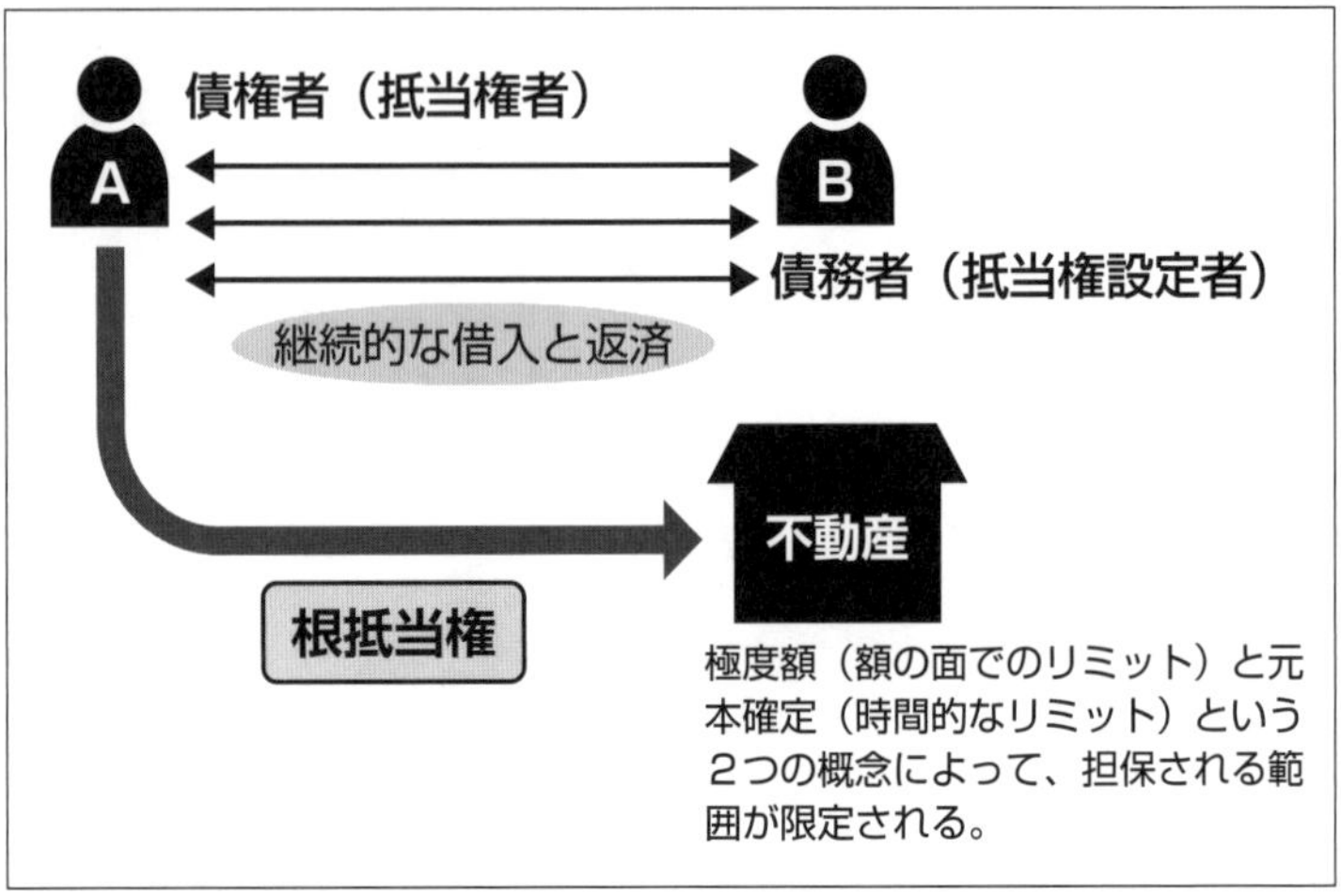

合、両者間には土地利用権（地上権や賃借権）が設定されているであろうから、法定地上権を認める必要がないと考えられることから求められる要件です。建物に抵当権が設定された場合には、当該利用権にも抵当権の効力が及びます（207頁参照）。また、土地に抵当権が設定された場合には、対抗要件を備えた土地利用権は抵当権者に対抗できることになります（134頁参照）。

◆継続的契約の中で使われる抵当権

例えばメーカーと卸商・小売商や、銀行とその取引先などの間では、継続的な契約関係の中で頻繁に債権・債務の発生・消滅が繰り返されています。そして、範囲の流動的なこのような債権を担保するために、それに合わせて抵当権の設定・抹消を繰り返すことは実務上煩雑であり、不可能です。

そこで民法は、将来にわたって継続的に発生する不特定の債権を一括して担保するために設定する抵当権として、**根抵当権**《ねていとうけん》を規定しています（民法398条の2～398条の22）。特に金融実務においては、根抵当は幅広く活用されており、取引上は普通抵当よりも根抵当が原則であるといえます。

CIVIL LAW 5

譲渡担保権

——「担保」のための「譲渡」とは？

◇譲渡担保権とは？

約定担保には、質権や抵当権など法律上で定めのあるもの（**典型担保**）のほか、法律に定められていない、取引慣行上発生した担保形態が存在し、特に近年、実際の取引において大きな役割を担っています。これは、売買契約などのプロセスを利用した変則的な担保形態であるため、**変則担保**といわれています。その代表例として、**譲渡担保権**があります。

例えば、自動車部品製造を営むBがAから200万円の融資を受けるために、自ら所有する機械器具（時価350万円）を担保に入れたいと考えたとしましょう。Bが機械器具（動産）を担保に入れたいと考える場合、民法上では、担保の種類として動産質権が予定されています。しかし、占有担保である質権の場合、当該目的物を質権者（A）に引き渡さなければならず（201頁参照）、質権設定後は目的物を設定者（B）が利用できなくなってしまいます。そこで、Bが目的物を使用し続けながら、目的物の所有権をBからAに移転するとともに、もしBがAに借金を弁済できた場合にはBがAから再び所有権を取り戻せるという約束をすることが考え

◎譲渡担保のイメージ

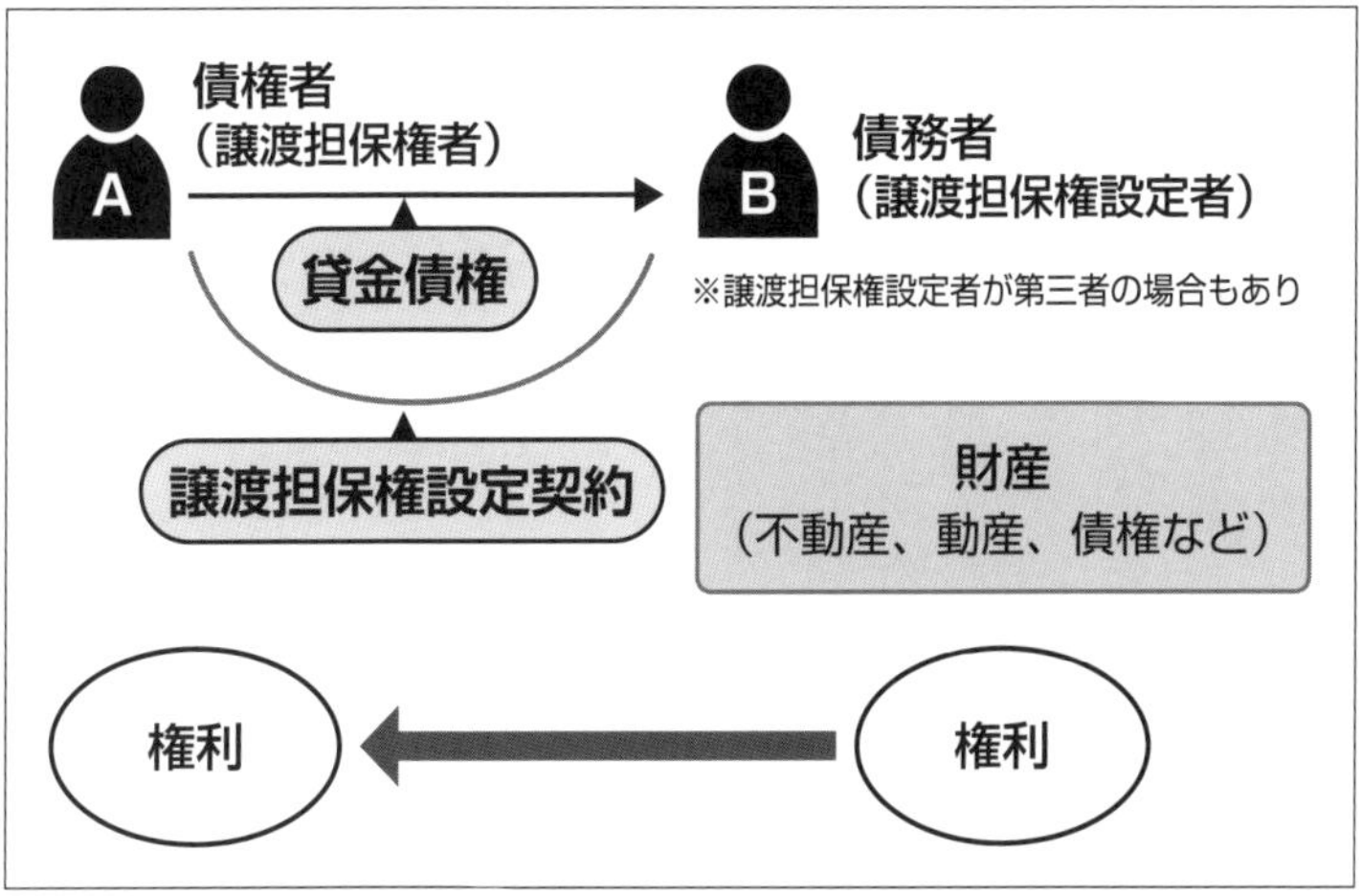

Bが完済したらBは所有権を取り戻せるが、
Bが返済できない場合には譲渡担保権が実行

られます。

このように、担保のために、債権者に権利をいったん移転し、債務が履行された場合には、それを再びもとの権利者に戻すという担保形態を、**譲渡担保**といいます。

譲渡担保は、民法上に全く規定がないにもかかわらず、取引実務上で幅広く活用されています。それは、先ほどお話ししたように、担保目的物を債権者に引き渡さずに担保権を設定できるという点に加え、財産的価値のある譲渡可能なものであればいかなるものもその目的とすることができる点、優先弁済を受けるための換価手続が比較的容易である（典型担保が民事執行法などの手続きに則って行なわれなければならないのに対し、譲渡担保の場合は私的な実行が可能である）点などにメリットがあるからです。

◆譲渡担保の現代的な活用

ところで、譲渡担保の用いられ方は、近年では多様です。

例えば、ある企業が銀行から融資を受けるために、自己の特定の倉庫内にある在庫商品を一括して譲渡担保の目的とする方法があります。これを、**集合動産譲渡担保**といいます。この場合、設定者は、譲渡担保設定後も、通常の営業の中で倉庫内の商品を自由に処分することができますが、反対に、商品をその倉庫に搬入したときには、自動的にその商品は担保の対象となります。判例[8]は、流通を予定している倉庫内の商品全部を1個の集合物として把握し、その上に1個の譲渡担保権が存在するという見方を前提にして（いわゆる集合物論）、このような担保も有効なものとしています。

また、例えば、賃料債権、診療報酬債権、売掛代金債権など、将来にわたって発生する可能性のある債権を含む債権群を一括して譲渡担保の目的とする方法もあります。債務不履行があるまでは、取立て権限は譲渡人（譲渡担保権設定者としての債務者）に留保されていますが、債務不履行があった場合には、あらかじめ債権の譲渡を受けている譲受人（譲渡担保権者としての債権者）が第三債務者（譲渡担保の対象となっている債権の債務者）に取立てをすることができるというものです。これを**集合債権譲渡担保**といいます。今、企業が有している資産を担保にするのではなく、むしろ、企業がこれから得る収益に着目した担保形態ということができます。

コラム　不文法

私たちの行動をコントロールするのは、法だけではありません。宗教的な教え、道徳的な視点、一般的なマナー、部活の伝統など、さまざまなものがあります。法的なルールがなくても、肉を食べない人たちもいますし、スーパーでの買い物の後にカートを置き場に戻す人が多いでしょうし、先輩や上司には敬語で話したりするわけです（たぶん）。このような社会的な規範が、どのように出来上がるのか自体、学問的にとても興味深いわけですが、長い時間をかけて社会に伝播・浸透し、自然と社会規範として形成されるものが多いのではないでしょうか。

これに対して、法は、立法府によって人為的に制定されて、強制力をもったルールとして私たちをコントロールするというのが一般的です。ただし、法とそれ以外の社会的規範

8　最判昭和62年11月10日民集41巻8号1559頁

の境界は、それほど明確なものではありません。例えば、ここで取り上げている譲渡担保の場合には、継続的な取引の中で徐々に形成され、法体系へと自然に組み込まれた例として挙げることができます。今まで（半ば意図的に）条文化されずに、今日に至っています。このように、条文となっていないにもかかわらず、法的拘束力を持つルールを、「不文法」といいます。

◆譲渡担保権の対抗要件

ところで、譲渡担保権はどのように公示するのでしょうか。譲渡担保権も物権である以上、公示の原則から、第三者に対して対抗し得るためには、公示をしなければなりません。これについて、もしⓐ不動産譲渡担保であれば、**不動産登記**（設定者から譲渡担保権者への所有権移転登記）が公示となります。ⓑまた、先ほどの事例のように動産譲渡担保であれば、**占有改定による引渡し**（民法183条）をすれば、それで第三者対抗要件は具備したことになります。ⓒさらに債権譲渡担保であれば、**通知・承諾**によって対抗要件を具備することが可能です（民法467条。なお、債務者以外の第三者に対抗するためには、通知・承諾が「確定日付のある証書」によって行なわなければなりません。同条2項）。

ところで、このような説明をしたとしても、公示が本当に十分に機能しているのか疑問に感じるかもしれません。特に、動産譲渡担保においては、占有改定による観念的な引渡しを行なっているだけでは（実際に、譲渡担保権者がその物を直接的に所持しているわけではないので）、第三者から見ると、譲渡担保権の存在がわかりづらいといえます。その結果として、目的物をいまだに所持している譲渡担保権設定者がそれを不当に第三者へ処分してしまった場合、第三者が即時取得（民法192条。160頁参照）をしてしまい、譲渡担保権者の利益は害されてしまうおそれが強いです。

また、集合債権譲渡担保はどうでしょうか。多数の債権を一括して譲渡する場合、その対抗要件を具備するために、各債務者に対して通知・承諾の手続きを行なわなければならず、また、二重譲受人・差押債権者・破産管財人などの第三者に対抗して債権者としての地位を確保するためには、個別に確定日付のある証書をもってする通知・承諾を経なければならないため、実務的にも煩雑・困難です。

そこで、「動産及び債権の譲渡の対抗要件に関する民法の特例等に関する法律」（動産・債権譲渡特例法）という法律が制定されています。この法律によれば、民法上の対抗要件に代えて、**登記**（動産譲渡登記ファイルへの登記（3条）や、債権譲渡登記ファイルへの登記（4条））をすることによって、第三者対抗要件となることを認めています。なお、この法律の適用があるのは、「法人」が有する動産や債権が譲渡担保の目的物になった場合に限定されています。

CIVIL LAW 6

法定担保物権

——当然に与えられる債権回収に有利な立場

◆留置権とは？

先ほど説明したとおり（191頁）、担保物権には約定担保物権の他に法定担保物権があります。ここでは、法定担保物権のうち、留置権からまず取り上げましょう。

例えば、Aが、故障したオートバイを修理してもらうために、そのオートバイをBに預けたのですが、Bが修理を終えて引き渡そうとしたところ、Aは修理代金を支払おうとしない場合、どうすればいいのでしょうか。

このような場合、オートバイの所有権はAにあるので、当然、BはAにオートバイを返還しなければならないのですが、BがAに対して修理代金を請求することができるにもかかわらず、修理代金が支払われないままオートバイを返還しなければならないのだとしたら、当事者間で不公平が生じてしまいます。

そこで民法は、オートバイを担保に入れるという約束が当事者間になかったとしても、法律上で当然に、Aが修理代金を払うまで、BはAにオートバイを返還しないと主張することができる権利を認めています。すなわち、他人の物の占有者は、その物に関して生じた債権を有するときは、その債権の弁済を受けるまで、その物を留置することができるのです（民法295条1項）。これが、**留置権**です。[9]

留置権は、前述した他の担保物権が本質的効力として有する優先弁済的効力を有さず、目的物の引渡請求に対してそれを拒絶し占有を継続する効力（**留置的効力**）をもってその本質とする点に特徴があります。[10]

◆留置権と同時履行の抗弁権は、何が違うの？

なお、「公平」の実現のために設けられた、留置権と似た制度として、**同時履行の抗弁権**（民

9　民法上の留置権（民事留置権）の場合、条文上、「その物に関して生じた債権」であることが要求されています。すなわち、物と債権との間に牽連性が要求されており、その牽連性があれば被担保債権の種類に限定はありません。これに対して、商法上で規定されている商事留置権（商法31条、521条、562条、574条、557条）は、要件の面で民事留置権と若干異なります。商法521条（商人間の留置権）では、「債務者所有の物」に限定されますが、牽連性は必要とされていません。継続的な取引関係を前提としている商人間においては、相手方（債務者）の所有物が自分の手元にあるのであれば、それを担保にすることへの期待が生じるからです。これに対し、商法562条（運送取扱人の留置権）、574条（運送人の留置権）、商法31条（代理商の留置権）、557条（問屋の留置権）においては、「債務者所有の物」という限定はありませんが、被担保債権の種類に限定が加えられています。

法533条）があります。

例えば、先ほどの例で、A・B間の契約は、報酬支払請求権と仕事の完成および目的物の引渡請求権が、対価関係にある契約です。そこで、Aから目的物の引渡しを求められたBは、「報酬支払債務を履行してくれるまでは、私も目的物の引渡債務を履行しない」と言えるわけです。これが、1つの契約から、対価的な均衡がある双方の債務の関連性（牽連性《けんれんせい》）に基づく、同時履行の抗弁権です。留置権と同時履行の抗弁権は、いずれも、ローマ法の「悪意の抗弁（exceptio doli）」に起源を有し、出自が共通しており、競合する場合も少なくありません。

では、両者には、どのような違いがあるのでしょうか。ⓐまず、留置権は物と債権との関連性を要求するものであり、必ずしも契約関係から生じる債権に限定されません。例えば、Aが飼っている犬がBの花壇を荒らした場合、その犬を捕まえた（＝占有している）Bは、Aに対して、損害賠償してくれるまでは、犬を返さないと言えるということです。ⓑまた、留置権は代担保提供による消滅請求が可能です（民法301条）が、同時履行の抗弁権は代わりを提供したからといって権利が消滅するものではありません。ⓒさらに、留置権は物権ですから第三者にも主張できますが、同時履行の抗弁権は当事者にしか主張できません。

◆先取特権とは？

先取特権とは、一定の種類の債権者を保護するため、その債権者が債務者の総財産または特定の財産から、他の債権者に優先して債権の弁済を受けることができるようにするために認められた担保物権です。例えば、医薬品販売を業《ぎょう》とするA社が、卸売業者Bに特定の薬品（50万円相当）を販売し、決済は2か月後と約束していたのですが、その間に、Bの業況が悪化した場合、どうでしょうか。Aは、特に約定担保を設定していなくとも、自らが売却した当該薬品に関する売掛債権の回収にあたり、Bの手元にある当該薬品を担保として、他の債権者より優

10　先ほど述べたとおり、本質論からすると、留置権には優先弁済的効力がないというのは間違いではないのです。しかし、言い訳するようなのですが、実質的に見ると、留置権にも一定程度の優先弁済的効力が認められているような結果となっていることがわかるのです。ⓐまず、民法自体が果実収取権について優先弁済的効力を認めています（民法２９７条）。ⓑまた、留置権者が自ら換価のための競売（形式的競売）を行なった場合、（他の債権者が形式的競売に配当加入できないと解するならば）換価したことによって発生する保管金引渡債務と自己の被担保債権を相殺することができます。ⓒさらに、他の債権者が行なう民事執行手続においても、㋐留置権者が不動産を留置している場合には、競売の買受人は、留置権の被担保債権を弁済する責めに任ずるので、債権が弁済されない限り留置権者は留置物を引き渡す必要がありません（いわゆる、引受主義が採用されています。民事執行法59条4項、１８８条）し、㋑動産を留置している場合には、他の一般債権者による競売手続があったとしても、留置権者は、目的物を執行官に提出することを拒否することにより強制執行手続を阻止することができます（民事執行法１２４条）し、動産担保権者による競売手続があったとしても、留置権者が任意に目的物を引き渡すか差押えを承諾しない限り開始しません（民事執行法１９０条、１９２条）。以上のことからすると、留置権者は、自らは優先弁済を受ける権利はないにしても、相当の防御力を有しており、それが結果として、優先弁済につながる可能性があります。

先的に回収を図ることができることとなっています（**動産売買先取特権**。民法311条5号、321条）。

先取特権として認められる趣旨は、各先取特権でさまざまですが（民法上では、15種類の先取特権が法定されています。なお、令和6年の改正により、「養育費債権」が新たに盛り込まれました。施行後は16種類になります）、大きくは次の3種類に分けられます。

第一に、優先して弁済を受けるのが**公平の原則**にかなうことから認められたものです。例えば、不動産の工事をする者が債務者の不動産に関してした工事の費用について、当該不動産を担保とする先取特権を有する（不動産工事の先取特権。民法325条2号、327条）という例が挙げられます。

第二に、弱者的立場にある者を保護するなど、一定の**社会政策的考慮**から認められたものがあります。例えば、会社の従業員は給料債権について、会社の財産を担保とする先取特権を有する（雇用関係の先取特権。民法306条2号、308条）という例が挙げられます。

第三に、優先弁済を受けることができるとするのが**当事者の意思であると推測**されるもの（すなわち、当事者の期待権保護）があります。例えば、旅館の宿泊客が負担する宿泊料については、その旅館は、宿泊客の手荷物を担保とする先取特権を有します（旅館宿泊の先取特権。民法311条2号、317条）。

◆先取特権制度の立法的課題

先取特権は、特に保護すべき債権を特定し、その債権に対して優先弁済権を付与する制度です。ただし、そのように特定債権の保護強化という政策的価値判断に基づくものであるが故に、今日の日本においてなお妥当性があるかは検討の余地があります。

例えば、先取特権によって保護されている債権の具体的な種類が、はたして今日においても保護に値するものなのかは検証されなければなりません。また、特別法を含めると多数の先取特権が存することになりますが、そうなるとそれだけ、先取特権者間の順位関係が複雑になり、すべての先取特権の順位付けを正当化するだけの合理的根拠が見出しにくくなるという課題が生じます。さらに、特に動産先取特権を中心として、公示手段がない先取特権でも、（公示の原則が根底を流れる物権として位置づけていることから）他の物権者に不測の脅威を与えてしまうという問題もあります。

コラム　動産売買先取特権

日本では、商慣習として「商品先渡し、代金後払い」が定着しています。そうすると、自ずと売掛債権が多数発生することとなります。では、売主は、どのように自らの売掛債権の回収を確実なものにしていくのでしょうか。

まず考えられるのが、留置権（民法295条）や同時履行の抗弁権（民法533条）ですが、商品先渡しである以上、それは望めません。また、買主と所有権留保の特約を合意すること（139頁参照）も考えられなくはありませんが、力の弱いメーカーは、そのような担保の合意を取り付けることが困難な場合も少なくありません。

そのような中で、動産売買先取特権（民法311条5号、321条）は、設定行為なく発生する法定担保物権であり、メーカーが売掛債権を回収するにあたって、頼みの綱というべきものといえます。ただし、現行法では、他の動産担保と比べると、効力が強いとはいえません。動産先取特権相互間でも、優先順位は第三順位にとどまります（民法330条1項3号）し、動産質（民法334条）や動産譲渡担保（民法333条）にも通常、劣後します。

CIVIL LAW

第5章

債権Ⅰ

――契約

CIVIL LAW 1

債権法の概要
——民法第3編は、何を規定しているの？

◆債権発生原因ごとのルール

次に、話を「物権」から「**債権**」に移しましょう。

まず、債権はどのようにして発生するのでしょうか。例えば、AがBに対して100万円の金銭債権を有している場合、その100万円はどのような原因で生じたものでしょうか。誰も何もしないのに突然発生するわけはなく、誰かと誰かの間に何らかの原因となる社会的接触があったからこそ、債権関係が発生するのです。例えば、売買契約を締結して売買代金支払請求権が発生したとか、誤振込みをして振込金の返還請求権が発生したとか、交通事故に遭って治療費等の損害賠償請求権が発生したとかいう具合です。

では、それを前提に、民法の第3編（399条〜724条の2）はどのように規定されているのかというと、左頁の図表のとおり、①まずは債権総則規定を置いた後、②契約、③事務管理、④不当利得、⑤不法行為の4つの**債権発生原因**に分けて、それぞれの各則を置いています。

◎民法第３編（債権）の構成

<table>
<tr><td rowspan="15">第3編 債権</td><td colspan="2">債権に共通のルール</td><td>① 債権総則（399条～）</td></tr>
<tr><td rowspan="13">契約</td><td>契約に共通のルール</td><td>②-1 契約総則（521条～）</td></tr>
<tr><td rowspan="3">財産移転型</td><td>②-2 贈与（549条～）</td></tr>
<tr><td>②-3 売買（555条～）</td></tr>
<tr><td>②-4 交換（586条）</td></tr>
<tr><td rowspan="3">財産利用型</td><td>②-5 消費貸借（587条～）</td></tr>
<tr><td>②-6 使用貸借（593条～）</td></tr>
<tr><td>②-7 賃貸借（601条～）</td></tr>
<tr><td rowspan="4">役務提供型</td><td>②-8 雇用（623条～）</td></tr>
<tr><td>②-9 請負（632条～）</td></tr>
<tr><td>②-10 委任（643条～）</td></tr>
<tr><td>②-11 寄託（657条～）</td></tr>
<tr><td rowspan="3">その他</td><td>②-12 組合（667条～）</td></tr>
<tr><td>②-13 終身定期金（689条～）</td></tr>
<tr><td>②-14 和解（695条～）</td></tr>
<tr><td colspan="2" rowspan="3">法定債権発生原因</td><td>③ 事務管理（697条～）</td></tr>
<tr><td>④ 不当利得（703条～）</td></tr>
<tr><td>⑤ 不法行為（709条～）</td></tr>
</table>

※①、②、③…は、第３編の各章の番号

◆契約という存在

まず、日本が資本主義社会である以上、債権の発生原因の典型的なものは、「**契約**」であることは疑いがありません。アダム・スミスが『国富論』の中で言うように、人間にはものを交換し合う性向がもともと備わっているのかどうかは置いておくとしても、人は、ずっと以前から社会を形成し、分業や協働のシステムを構築してきたことは紛れもない事実です。市民は、等しく、他者と自由に取引（契約）をすることが保障されています。そして、**合意**に基づいて契約が締結されれば、契約当事者に債権関係が発生することとなるのです。

ところで、現在の日本においては、人は自由な経済活動を行なうことができ、自己の最大限の利益を追求することができるような社会となっています。人は、契約の締結・内容・相手方・方式などを誰からも強制されず自由に決定することができ、国家も何ら干渉をすることはできません。これを「**契約自由の原則**」といいます。民法521条および522条2項は、それを明記しています。

◆「何でも自由！」というわけでは……

他方、いくら契約自由の原則が支配するとしても、個人意思の尊重は、決して無制限ではありません。さまざまな観点から、その締結や内容には制限が加えられる場合があります。

例えば、**契約締結の自由**に対する制限が考えられます。契約自由の原則に従えば、契約を締結するか否かは自由ということになりますが、契約の中には、正当な理由なく契約の締結を拒んではならない類型があります。例えば、一定の生活に必要な商品・役務（電気・ガス・水道・鉄道など）を提供する事業者は、消費者からの契約の申込みに対しては拒否をできないことなどがあります。

また、**契約内容の自由**に対する制限もあります。例えば、金銭を貸し付けるときには、利息制限法上で定められた利息内で貸し付けなければならず、制限超過利息分はすべて無効となります（利息制限法1条参照）。また、使用者が労働者を、労働基準法や労働契約法の基準を下回るような労働条件で雇うことは認められていません。

さらに、**契約の方式**についての強制もあります。契約当事者である消費者が妥当な判断をなし得るために、契約の一方の当事者である企業に、書面の交付や契約内容の開示を中心として、必要な情報を他方の当事者に提供することを義務付けるという規制があります。「金融サービスの提供及び利用環境の整備等に関する法律」（金融サービス提供法）によって金融商品販売業者などに課せられる商品の説明義務や、宅地建物取引業法によって宅建業者に課せられる重要事項の説明義務などがこれに該当します。

自由競争の**市場メカニズムの環境を整える**というタイプの規制があることも忘れてはなりません。「私的独占の禁止及び公正取引の確保に関する法律」（独占禁止法）を中心とする経済法によって規定されています。私的独占のほか、不当な取引制限や不公正な取引方法は認められていません。例えば、業者間での価格の申し合わせは、価格競争が行なわれているときに比べると価格が無意味に引き上げられ、その商品を必要としている者が大きな被害を受けることとなるため、禁止されています。

◆合意がなくても発生する債権関係

ところで債権は、すべて契約によって発生するわけではありません。契約の特徴は、契約当事者の「意思」を要素とし、その意思が合致して（＝合意により）債権関係が生じますが（234頁参照）、市民生活の中では、交通事故など予期しない出来事によって損失を受けたり、自分の関知しないところで根拠のない利益を得たりするなど、「意思」とは無関係に、財産関係に影響を与えることが起こり得るのです。

そのような状況を放置したのでは社会的正義に反すると感じられる場合には、その状況を是正することを法的に根拠づけなければなりません。

民法は、（意思を要素としない）特定の事実に基づく債権の発生原因（法定債権発生原因）として、①事務管理、②不当利得、③不法行為の3つを規定しています（不当利益と不法行為については、275頁以下参照）。

①**事務管理**（民法697条～702条）とは、義務がないのに他人の事務（ここでいう「事務」とは、人の生活に必要な一切の仕事のことを意味します。法律行為も事実行為も含む、非

常に広い概念です）を管理することです。そもそも、人は、自分の責任で自分の事務を処理すべきですが、他方では、われわれの社会生活が**相互扶助**のもとで成り立っている面も否定できず、完全に、他人の事務に干渉することを否定してしまっては、本人、ひいては社会的利益に反することになります。そこで、事務管理を合法的なものとして保護しつつ、事務管理者が本人のために支出した費用の請求を認めています。

②**不当利得**（民法703条～708条）とは、法律上の原因なしに他人の財産または労務によって利益を受け、そのために他人に損害を及ぼすことです。このような場合、損失者は、利得者に対して利得の返還を請求することができるものとされています。不当利得に基づく返還請求は、財産が他者に侵害された場合にその利得の返還を求める法的根拠となるほか、特定の取引関係が解消（無効・取消し・解除）された場合の原状回復の場面でも登場します。**公平の理念**に基づく制度です。

③**不法行為**（民法709条～724条の2）とは、（原則的に、加害者の故意または過失によって）他人の権利を侵害し、これによって損害を被らせる行為のことです。この場合、被害者は加害者に対して損害の賠償を請求することができます。**被害者を救済（補償）する**ための制度として位置づけられます。実際の訴訟においては、交通事故、公害、医療過誤、名誉毀損など、不法行為を法的根拠とした損害賠償請求事件はかなり多いといえます。

CIVIL LAW 2

契約の成立要件
――契約を成立させるのに必要なことは？

◆契約の成立要件としての「意思」

ここでは、「**契約の成立**」について説明をしましょう。当然のことながら、契約が成立しなければ、契約上の権利・義務（債権債務関係）は生じません。では、どのような要件が備われば契約が成立したといえるのでしょうか。日常生活に密着した取引においては、この点をあまり意識せずに通り過ぎることも多いのですが、一般的に言えば、契約は「**申込み**」と「**承諾**」という2つの意思が表示されて、当事者双方が合意に達することによって成立します（民法522条1項）。

まず、「申込み」とは、契約の内容を示してその締結を申し入れる意思表示のことです。申込みの誘引（例えば、広告チラシ）とは異なります。申込みの誘引は、相手方がそれに応じて意思表示してもそれだけでは契約は成立せず、誘引をした者が改めて承諾してはじめて契約が成立するものです。

これに対して、「承諾」とは、申込みに対して、契約を成立させることを目的としてなされ

◎契約の「申込み」と「承諾」

る意思表示のことです。その内容は、申込みの内容と一致していなければなりません。条件をつけたり変更を加えたりした承諾は、申込みの拒絶となるとともに、新たな申込みをしたものとみなされます（民法528条）。例えば、「5000円でこの時計を買わないか？」という申込みに対して、「3000円ならば買うよ」と言った場合には、5000円での時計の売買契約の申込みに対する拒絶であるとともに、3000円での時計の売買契約の申込みとなるのです。

なお、保証契約においては書面の作成が義務付けられ、書面によらない保証契約は無効となる（民法446条2項）というように、一定の方式を備える必要がある契約もあります（**要式契約**）。また、質権設定契約（民法344条）のように、物の引渡しなどの給付を必要とする契約もあります（**要物契約**）。ただしこれらは、あくまで例外的存在です。

◆契約は成立したの？

契約が成立するからこそ、その内容どおりの債権・債務が発生する（そして、その契約に当事者は拘束される）のだとすると、「契約が成立したのか否か」の判断は、とても重要なものとなります。[1] 比較的単純な契約を念頭に置いた場合、その成立時期がいつなのかを特定することはそれほど困難ではありませんが、実際にはそのような単純なものばかりでもありません。特に、両当事者の継続的な交渉の中で徐々に契約成立へと熟していくような場合、どの時点で意思の合致があったかを確定するのが容易でないこともあります。また、短時間のうちに契約締結に向けたやりとりが終結する場合であっても、当事者間で意思表示が複数回にわたって交互に行なわれる契約類型にあっては、そのうちのどれが申込みにあたり、どれが承諾にあたるか争いがある場合も考えられます。

例えば、自動販売機で物を買うという例をとっても、自動販売機の設置、お金を入れる（または、電子マネーをかざす）、商品を選択する、商品とおつりが出てくる（または、カード内の残金が表示される）などの諸場面につき、何を申込みと評価して、何を承諾と評価するのかは、簡単ではありません。ここでは、契約の要素の部分について合意に達しているかどうか、後戻りができないような明確な意思が外部に表示されているかどうかが、大きなポイントになるように思われるということだけを示しておきます。

◆契約書の役割と約款

ところで、取引実務では、取引額がある程度高額であったり、継続的な契約関係であったりすると、**契約書**が取り交わされる場合が少なくありません。では、契約書は、法的にどのような位置づけなのでしょうか。

契約書は、両者が合意に達したという証拠を残すためのもの（**証拠証券**）です。例えば、契約の相手から、「契約はまだ成立していないから、法的な義務は発生していない！」と言われたときに、契約書を見せて、ちゃんと契約が成立していることを証明するために、契約書は意味があります。先ほど説明したとおり、契約の成立のために重要なのは「合意」があったかどうかですので、必ずしも契約書という形式的なものが必須ではありません。

しかし、お互いのサインがある契約書の存在は、合意をしたことを強く推定させます。もし、契約書があるのに合意に至っていないということを主張するのであれば、例えば「契約書のサインは私の筆跡ではなく、この契約書は偽造だ！」というように、それを積極的に証明しなけ

1　契約が締結されていないことを前提として、契約交渉の相手方に法的責任を追及するための概念として、「予約」や「契約締結上の過失（またはそれに類する法理）」がありますが、本書では触れません。

ればなりません。

なお、現代社会においては、同一内容の取引を効率的な手法によって大量に行なうことが求められる場合が少なくありませんが、このような場合には、「**約款**《やっかん》」が広く用いられるようになっています。

約款とは、特に事業者（会社）が、顧客などの不特定多数の者と同じ契約をする際に用いる、定型的な契約条項のことを意味します。約款取引は、私たちの日常生活でも、例えば、預金契約、保険契約、旅行契約、宅配契約、会員契約など、さまざまな契約に用いられています。また、約款は、一般的に、事業者と消費者との間の取引に用いられる場合が多いですが、それに限定されず、事業者間の取引にも活用されています。

民法上、定型約款に署名等をした場合、定型約款の個別の条項についても合意をしたものとみなされます（民法548条の2第1項。いわゆる「**みなし合意**」）。契約当事者（特に、定型約款準備者の相手方）において、定型約款の内容を熟知したうえで締結に至っていないとしても、定型約款の社会的有用性に鑑み、「合意がなければ拘束されない」という原則を緩和して、合意をしたものとみなす規定が設けられているのです。

CIVIL LAW 3

契約に関するその他の要件

——約束しても、それが有効とは限らない？

さらに、契約に関連するいくつかの「要件」について説明しましょう。実はここでの内容は、既に随所で説明をしているのですが、再度、まとめておきたいと思います。

◇「成立した」と「有効である」の区別

まず、「**有効要件**」についてです。契約当事者の合意（申込みと承諾）があると契約は「成立」しますが、だからといって、それが直ちに拘束力のある完全に「有効」な契約であると評価されるわけではありません。申込みと承諾という「成立要件」とは別に、「有効要件」を充たす必要があります。大きくは、３つのものを挙げることができます。

第一に、**契約当事者の能力**に関する有効要件があります。特に、契約当事者の判断能力が十分にないような場合、その者の保護のために、契約の効力が無効となったり、取り消し得るものと扱われたりします（民法３条の2、５条、９条、13条、17条）。

第二に、**契約の内容や方法**に関する有効要件があります。契約は、いくら合意があったとしても、法律の精神にかなったものでなければなりません。したがって、当事者の特約によって

◎契約の無効原因・取消原因

無効原因	意思無能力（３条の２） 強行法規違反 公序良俗違反（90条） 心裡留保（93条１項ただし書） 通謀虚偽表示（94条１項）
取消原因	制限行為能力者の行為（５条、９条、13条、17条） 錯誤に基づく意思表示（95条１～３項） 詐欺による意思表示（96条１・２項） 強迫による意思表示（96条１項）

排除できない強行法規（75頁参照）に反する法律行為は、無効となります。また、強行法規に反するか否かとは別に、契約の内容が社会的妥当性を欠く場合、公の秩序または善良の風俗に反する契約として、無効となる場合があります（民法90条）。

第三に、契約の本質である**意思表示の正常性**に関する有効要件があります。契約を締結する段階で、正常な意思とは評価できないような場合（意思を欠いている場合や、瑕疵《かし》のある意思表示である場合）、やはり契約が無効となったり、取り消し得るものと扱われたりします。具体的には、心裡留保による意思表示で相手方が悪意または有過失であった場合（民法93条1項ただし書）、通謀虚偽表示（民法94条1項）、錯誤に基づく意思表示（民法95条1～3項）、詐欺・強迫による意思表示（民法96条1・2項）が挙げられます。

◆「有効である」と「効力が生じる」の区別

次に、「効力発生要件」についてです。既に、条件・期限についてはお話ししましたが（99頁参照）、特に、停止条件や停止期限付きの契約においては、契約が有効に成立したとしても、条件未成就・期限未到来のうちは、まだその効力が生じていないことになります。言い方を変えれば、**条件成就・期限到来**が、効力発生要件となります。

ここで、やや厄介なのは、効力発生要件が充たされたかどうかの判断が難しい場合もあるということです。よく挙げられる例が、「出世払い」です。出世払いとは、要は、出世したら支払うことを約束することですが、これは、どのような状態になったら要件を充たしたということになるのでしょうか。「出世」というのが、例えば、「成人になったら」という意味であれば確定期限になりそうですし、「昇格できるかできないかが確定したら」という意味であれば不確定期限になりそうですし、「会社で役員になったら」という意味であれば条件になります。これは、契約の解釈の問題に帰着します。[2]

また、もう1つ、少し細かいことですが注意して頂きたいのが、実務でよく登場する「**履行期限**（**履行期**）」という概念です。例えば、レンタカーを借りる際に、「返却は、○月○日の○

2　判例においては、出世払いを不確定期限と解したものがあります。大判明治43年10月31日民録16輯739頁、大判大正4年3月24日民録21輯439頁。

時まで」という約束をした場合、これが履行期限となります。履行期限は、停止期限のように契約の効力自体が停止しているわけではなく、効力は生じているものの履行が猶予されている状態にすぎません。民法135条1項は、「法律行為に始期を付したときは、その法律行為の履行は、期限が到来するまで、これを請求することができない」と規定していますが、これは、履行期限を前提とした規定です。実際には、停止期限か履行期限かは、微妙な判断となる場合が多いのですが、これも、契約の解釈の問題といえます。

コラム
契約の解釈

契約が成立したとしても、後に契約当事者間で契約内容を巡ってトラブルとなることがあります。一方当事者が「〇〇〇ということが約束されたはずだ！」というのに対し、他方当事者が、「いや、△△△という約束だったはずだ！」というように。このような場合には、成立した契約の内容を確定する作業が必要となります。これを一般的に、「契約の解釈」といいます。契約の解釈においては、何といっても、契約両当事者がした契約の意味を探求することが大切です（これを、狭義の意味での契約解釈といいます）。この場合、契約当事者が一致して有していた契約内容の共通の意味は何であるのかを検討し、それが確定できない場合には、締結された契約の内容の客観的意味（一般社会によってどのように理解されるか）を基準として確定します。

例えば、A・B間で、「Aが所有する不動産をBに3000万円で売却する」という契約が締結されたけれども、実はAは、甲・乙・丙の3つの不動産を所有していた場合、売買目的物はどうなるのでしょうか。ⓐもし、AもBも甲のつもりであれば、一般的な理解がどうであっても（乙や丙であっても）、目的物は甲となります。ⓑ他方、もし、Aは甲だと思い、Bは乙だと思っていたのだけれど、一般的にいって「Aが所有する不動産」「3000万円の価値がある不動産」といったら乙のことであると理解され得る場合には、Aの認識にかかわらず、売買契約の目的物は、乙となります（Aの錯誤（民法95条）として取り扱います）。ⓒでは、Aは甲だと思い、Bは乙だと思っていたのだけれど、一般的な理解では丙であるという場合はどうでしょうか？　この場合の扱いは見解が分かれますが、私は、このような場合はもはや、契約が成立していないと扱うべきではないかと考えます。

◆「行為する」と「効果が帰属する」の区別

もう1つ、「**効果帰属要件**」について触れておきましょう。代理制度（民法99条）では、行為主体と効果帰属主体が異なっていました（91頁参照）。すなわち、代理人Bと相手方Cとの間の契約の効果が、本人Aに帰属するのです。すなわち、契約の有効性とは別に、他人の行なった行為（契約）の効果を帰属させるための要件が、効果帰属要件です。

代理の場合における効果帰属要件として、具体的には、「**代理権の存在**」と「**顕名**」が挙げられます（民法99条）。すなわち、Aとの関係でBに代理権が存在することに加え、Bが「A代理人B」であることをCに示して契約をするからこそ、Bの行なった行為の効果がAに帰属するのです。それがない場合には、Aへの効果帰属は生じません。顕名がなければ、B自身の行為としてBに効果が帰属することとなり（民法100条本文）、また、代理権がなければ、無権代理として処理されます（本人が追認しない以上、本人に効果は帰属せず、無権代理人に対して無権代理人の責任が問われるだけとなります。民法117条）。

CIVIL LAW

4

典型契約
――契約には、どのような種類があるの？

◆典型的な契約とは？

では、次に、契約に関する具体的なルールに説明を移していきましょう。民法の第3編第2章に「契約」に関するルールが並んでいますが、何を規定しているのでしょうか。

そもそも、契約自由の原則ですから、契約の種類は限定的ではありませんし、また、契約内容も「このようにしなければならない」と拘束されないはずです。契約当事者が納得（合意）をしているのであれば、どのような内容でも自由なのです。そうであれば、ルールなど要らないと考えるかもしれません。しかし、契約について何もルールがないと、契約をしたいと思った人は、そのときに一から契約内容を話し合って決めなければならず、とても不便です。そこで民法は、契約に共通のルール（契約総則）の後、制定当初に特に社会的に重要と考えられた13種類の契約類型（いわゆる、**典型契約**）について、規定を置いています（230頁参照）。

その13種類とは、条文順に、贈与、売買、交換、消費貸借、使用貸借、賃貸借、雇用、請負、委任、寄託、組合、終身定期金、和解です。これを大きく4つに分類すると、「財産移転型契約」

「財産利用型契約」「役務提供型契約」「その他の契約」に分けることができます。

なお、契約自由が出発点ですので、ここで規定されているものの多くは、補充的な規定であることには留意する必要があります。すなわち、当事者が特約で民法の規定と異なる内容の合意をすることができるけれど、特約がない場合には民法の規定に従うこととなる、いわゆる「**任意法規**」（75頁参照）です。

◆財産を移転するタイプの契約

財産移転型契約とは、ある人が有している財産を他人へ移転することを目的とする契約類型のことです。典型契約として、3種類が規定されています。

①まず、対価を伴わず（＝無償で）財産を移転する契約が、**贈与契約**（民法549条）です。等価交換を基本とする日本の経済システムにおいては、有償契約が基本であり、無償契約である贈与は、市場では大きな機能を営んでいないかもしれませんが、例えば、生前または死亡時に、自分がお世話になった他者や法人に財産を寄附するなど、贈与の例も決して少なくありません。

②次に、対価を伴い、有償で財産を移転するのが**売買契約**（民法555条）です。売買の場合、対価は、金銭の支払いとなります。私たちの生活の中で、もっとも身近な契約といえます。例えば、デパートやスーパー等の小売業者は衣料・食料等を販売しますし、本屋は書籍を、電

器屋は電気製品を、不動産業者は土地や建物を販売するなど、売買契約の例を挙げればきりがありません。

③さらに、**交換契約**（民法586条）という契約があります。これは、対価を伴う契約として、売買契約と類似性がありますが、その対価が、金銭の支払い以外の場合です。例えば、A・B間で、お互い所有している土地を交換する場合が挙げられます。

◆財産を利用するタイプの契約

財産利用型契約とは、ある人が有している財産を他人に利用させることを目的とする契約類型のことです。簡単に言えば、「貸す」「借りる」という契約です。典型契約として、3種類が規定されています。

①まず、**消費貸借契約**（民法587条）があります。この契約の特徴は、借りた物を「消費」してしまってよいという点にあります。借主は、借りた物をそのまま返すのではなく、種類、品質および数量の同じ物を返還するのです。最も重要・頻繁に行なわれている消費貸借契約の例は、金融取引の一種として位置づけられる、金銭消費貸借契約といえます。金融機関が中小企業や消費者に対して行なう融資などが、その典型です。

②次に、**使用貸借契約**（民法593条）があります。この契約は、贈与契約と同様、無償契約である点に特徴があります。簡単に言えば、「タダで借りる」契約です。そのため、血縁関

係など、特殊な関係において成り立つ契約といえます。

③さらに、**賃貸借契約**（民法601条）があります。この契約は、使用貸借契約とは異なり、賃料の支払いが本質となっている、有償契約です。私たちの日常生活の中で、賃貸借契約は無数に存在しています。レンタカー、レンタサイクル、貸衣装、貸金庫、賃貸不動産など、さまざまな例が挙げられます。

コラム

無償契約

1つの契約から、対価的関係のある2つの債権関係が生じる契約を有償契約というのに対し、対価関係が存在せず一方的な債権関係のみが生じる契約を無償契約といいます。立法的には、「対価的な関係のない約束は、契約とはいえない（＝法的な拘束力を認めない）」とすることも十分にあり得ますが、日本民法においては、無償契約にも法的拘束力を認めています。ただし、有償契約と全く同様の法理というわけではありません。

例えば、契約の成立の局面で、拘束力が弱められる場合があります。端的に表れるのが贈与契約です。書面によらない贈与は一定時期までならば契約成立後も自由に解除することができると規定されています（民法550条）。無償かつ書面によらないのだから、意思が合致したとしても、強い法的拘束力を認めるべきではないという価値観があります。

また、契約上の責任においても、有償契約よりも軽い場合があります。贈与契約や使用貸借契約の目的物に不具合があった場合でも、贈与者・使用貸主は、原則的に、責任を負わない方向の規定となっています（民法551条1項、595条1項）。また、無償寄託契約における受寄者の保管責任については、善良なる管理者の注意（民法400条）ではなく、自己の財産におけるのと同一の注意をもって保管すればたりるものとされています（民法659条）。

◆役務を提供するタイプの契約

役務提供型契約とは、広い意味での「役務」の提供を目的とする契約類型のことです。典型契約として、4種類が規定されています。

①条文の順番とは異なりますが、役務提供型契約は、**委任契約**（民法643条）を中心に置いて考えると理解しやすいかもしれません。この契約は、法律行為をすることを他人に依頼することを内容としています。同時に、「法律行為でない事務の委託」にも委任の規定が準用されます（**準委任契約**。民法656条）ので、誤解をおそれず言えば、誰かに何かをお願いすることの多くは、委任（または、準委任）の要素を含んでいます。

②それを出発点として、**雇用契約**（民法623条）は、委任と同様に役務を提供する契約で

すが、委任契約には、受任者に相当の裁量権があるのに対し、雇用契約は、使用者の指揮・監督のもとで労務に従事することが内容となっています。いわば、主従関係がある役務提供型契約です。

③さらに、**請負契約**（民法632条）という契約があります。これは、「仕事を完成すること」、そしてその対価として報酬が支払われることに特徴があります。別の言い方をすれば、仕事が完成しない以上、対価としての報酬を支払う義務は生まれません。例えば、建物の建築等の工事は、注文者と建設業者との間の請負契約を締結したうえで行なわれます。

④最後に、**寄託《きたく》契約**（民法657条）という契約もあります。これも、委任の一種と言ってよいと思われますが、委任事務の内容が、「物を保管すること」である場合の特別な規定と位置づけられます。身近な例だと、ホテルのクロークに手荷物を預けるようなものが挙げられます。

◆その他の契約

上記のどれにも属さないその他の契約として、3種類の契約があります。

①**組合契約**（民法667条）とは、数人が金銭や労働力などを出し合って、共同の事業を営むことを約束する契約であり、いわば、団体を作る契約です。その団体に法人格（権利能力）はありませんので、法人とは異なります（法人については60頁参照。また、組合の財産につい

ては、167頁参照)。

②また、**終身定期金契約**（民法689条）とは、「自己、相手方又は第三者の死亡に至るまで、定期に金銭その他の物を相手方又は第三者に給付すること」を内容とする契約です。ただし、この契約は、日本ではあまり利用されていないといわれています。

③最後に、**和解契約**（民法695条）とは、お互い譲歩をし合ったうえで、紛争をやめることを約束する契約です。一般用語では、「**示談**」がこれに近い存在です。

CIVIL LAW 5

売買契約 ――買った商品に欠陥があったらどうする？

◆売買契約とは？

売買契約とは、当事者の一方が相手方にある財産権を移転することを約し、相手方がその代金を支払うことを約することによって成立する契約です（民法555条）。私たちの日常生活に最も身近なものですから、そのルールの重要性は言わずもがなですが、さらに売買契約の規定は、売買契約以外の有償契約にも準用される（民法559条）ので、有償契約のモデルとなる規定としても、重要性があります。

売買契約が成立すると、売主は、売買の目的物である**財産権を買主に完全に移転する義務**を負います（民法555条）。そして、この義務を履行するために、より具体的に、売買目的物を買主に引き渡す義務、引渡しが完了するまで目的物を保管する義務、対抗要件を買主が取得できるよう協力する義務などが発生します。また、法律上で一定の要件を備えなければ完全な権利者とならない場合には、それを備える義務も発生します。例えば、農地売買における農業委員会・都道府県知事への許可申請の協力義務などです。

他方、買主は、**売買代金を支払う義務**を負います（民法555条）。代金の支払時期については、契約の中で定められる場合が多いでしょうが、特約のない場合には目的物の引渡しと同じ時期と推定されています（民法573条）。また、引渡場所について、売買の目的物の引渡しと同時に代金を支払うべきときは、その引渡しの場所において支払うものとされています（民法574条）。

なお、買主に「目的物を受領する義務」があるかどうか（受領は義務か、それとも権利にすぎないか）、解釈論上で問題となりますが、判例は、基本的には受領は権利にすぎない（義務ではない）と位置づけつつも、信義則を根拠に一定の場合に受領義務を認めています[3]。買主に受領義務が認められるにもかかわらず買主が受領をしない場合には、売主は、債務不履行責任（契約解除や損害賠償請求）を買主に追及することができることになります。

◆契約不適合責任

例えば、A・B間で陶器の売買契約が締結されたものの、買主Aに引き渡された陶器にひびが入っていた場合はどうなるでしょうか。この場合、買主Aは売主Bに対して、ひびの入っていない陶器の引渡しを求めることができるはずです。しかしそれは、その陶器が大量生産され

3　最判昭和46年12月16日民集25巻9号1472頁

て市場に同じ物が出回っている場合（このような物を「**種類物**」といいます）は可能ですが、これに対し、有名な陶芸家が作成した世の中に1つしかない特定の陶器（このような物を「**特定物**」といいます）である場合、たとえ、それにひびが入っていたとしても、代わりの物を引き渡すことは不可能です。では、法的にどのように扱えばいいのでしょうか。

以前（平成29年の民法改正前）、学説上では、売主Bは、ひびが入っていてもその陶器を現状で引き渡せば、債務を履行したことになる（その陶器は特定物であるため、不特定物と異なり、瑕疵ある物の引渡しであっても、債務の本旨に従った履行をしたことになる）ことを前提とする考え方も有力に主張されていました。

しかし民法改正の際、その考え方は採用されないことが明らかとなりました。現在では、特定物の売主も、不特定物と同様、「種類、品質、数量に関して契約の内容に適合した物」を引き渡す義務があることを前提として、その義務を果たさない場合には、買主は売主に対して、債務不履行責任として、ⓐ**追完請求**（民法562条）、ⓑ**代金減額請求**（民法563条）、ⓒ**損害賠償・契約解除**（民法564条→415条・541条・542条）を求めることができるものとしています。すなわち、先ほどの例で言えば、Aは、ひび割れの修補を請求したり、それができなくても代金の減額を求めたりできます。また、ひびが入った陶器では契約をした目的を達成できなければ、契約の解除を求められますし、また、場合によっては損害賠償を求めることもできるのです。これを「**契約不適合責任**」といいます。

なお、いくつか、補足をしておきます。第一に、「契約の内容に適合した物」かどうかは、契約当事者がどのようなことを合意したのか（契約で、何が保証されているのか）によって主観的に決まります。例えば、客観的に見れば品質に問題がなくても、契約当事者でより高品質の物の売買を合意していたのであれば、それは、不適合ということになります。

第二に、不適合責任のうち、追完請求と代金減額請求の位置づけは、追完請求が第一次的な責任であり、**代金減額請求は、追完請求が困難な場合に限定**されるということです（民法563条参照）。追完請求は、「目的物の修補」「代替物の引渡し」「不足分の引渡し」が具体的内容となっていますが、いずれにしても、合意した内容が実現可能であれば、できる限り、金銭的解決ではなく、債権の内容の実現を義務付けるというのが、日本の民法の基本的考え方です。

第三に、契約不適合責任は、「引き渡された目的物」に不適合がある場合であり、そもそも引き渡されないような場合には、契約不適合責任としての追完請求・代金減額請求の条文ではなく、履行請求（民法414条）の条文などを用いて処理することになります。ただし、いずれも債務不履行責任であることに違いはありません。

◆販売信用

ところで、売買契約と関連して、信用取引がなされる場合があります（**販売信用**）。すなわち、販売業者が商品・権利・役務を販売する際に、購入者の負う代金の支払いについて（販売業者自ら、または販売業者以外の第三者によって）信用が供与される形態です。簡単な言い方をすれば、売買契約締結時に現金を持っていなくても、買主の支払能力を信用して、支払いを後日にしてもらえる仕組みです。以前は、家電製品や自動車などの耐久消費財を中心になされた取引形態ですが、今日においては、小売業全般に普及しており、我々の生活にとって欠かせないインフラとなっています。

その形態として、割賦《かっぷ》販売やローン提携販売などもありますが、最も典型的な例は、クレジット・カードに代表される「**信用購入あっせん**」です。読者のみなさんも、クレジット・カードの仕組みについてはご存じだと思いますが、念のためその仕組みを簡単に確認しておきましょう。なぜ、クレジット・カードを呈示するだけで、お店は、私たちに商品やサービスを提供してくれるのかと言えば、カードを発行しているカード会社と商品を販売するお店との間で、「加盟店契約」という契約が締結されているからです。カード会社がお店（加盟店）に対して、「うちの発行するカードを持っているお客さんが来て、カードを呈示したら、現金の支払いがなくても売ってくれて大丈夫ですよ。後ですぐに、うち（カード会社）が立て替え払いをします」ということをお店に対して約束しているのです。

他方で、利用者（カード所持者）とカード会社では、「カード利用契約（立替払契約）」が結ばれています。ですから、私たちが実際にカードを使ってお店で商品を購入したら、すぐに立て替え払いがなされて、後でカード会社が、立替払金に手数料を上乗せした額を、私たちに請

◎クレジット・カード（販売信用取引）の仕組み

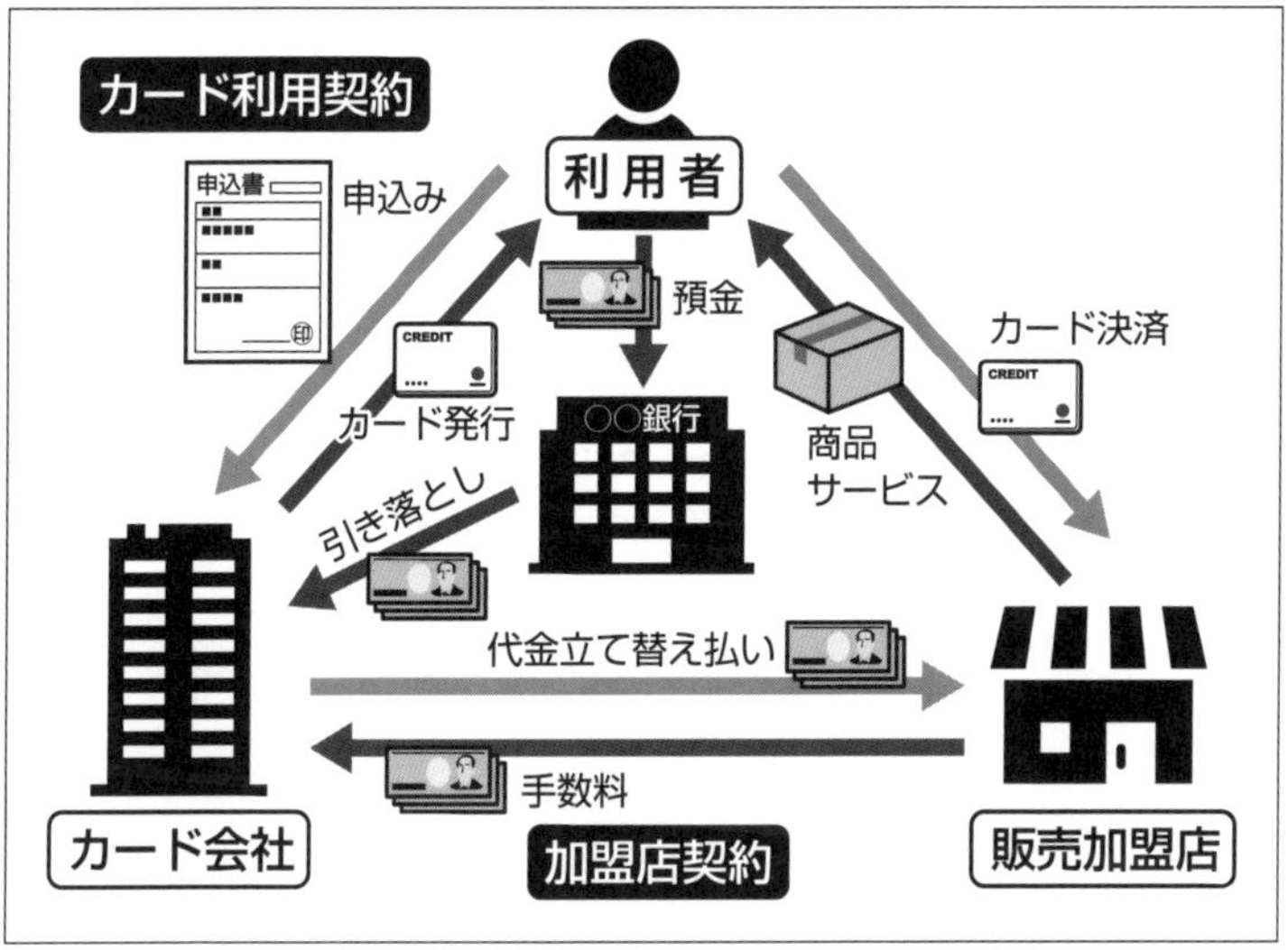

求するという仕組みになっています。
ちなみに、売買契約（利用者と販売店の契約）と立替払契約（利用者とカード会社の契約）は、法律上は別個の契約です。したがって、商品が送られてこなかったり、商品に瑕疵があるなど、販売業者に対するクレームは、販売業者と買主の関係で処理すべきことであり、カード会社との契約関係に何ら影響を及ぼすものではないとも考えられます。しかし他方では、消費者にとって、販売業者やその取扱商品の優良性を確認することは困難である場合も少なくないのに対し、カード会社にとっては、提携している販売業者の信用調査や商品等を確認することは、さほど困難ではない（むしろ、販売業者を監督できる立場にある）場合も少

なくありません。また、販売業者の債務が履行されない場合には代金の支払いを拒み得ると消費者が期待することにも一定の合理性があるといえます。

そこで、割賦販売法は、消費者保護の視点から、販売契約の不成立・無効・取消し、商品の瑕疵、引渡義務の不履行など、販売契約上、販売業者に対して代金の支払いを拒み得る一定の事由があった場合には、カード会社からの支払請求に対して、対抗することができる旨の規定（いわゆる、**抗弁権の接続規定**）を置いています。

CIVIL LAW 6

賃貸借契約
――私たちの周りのいろいろなレンタル業

◆賃貸借契約とは？

賃貸借契約とは、当事者の一方が相手方にある物の使用および収益をさせることを約し、相手方がこれに対してその賃料を支払うことおよび引渡しを受けた物を契約が終了したときに返還することを約する契約です（民法601条）。現在の日本には、市場にさまざまなレンタル業が存在しています。それだけ身近な契約の一種といえます。

不動産賃貸借契約などにおいては、一定の金銭の授受がある場合が少なくありません。このうち、「**権利金**」は、その目的が、営業権や営業上の対価として支払われるもの、賃料の一部の前払いという意味を有するもの、賃借権設定の対価として支払われるものなどさまざまですが、いずれにおいても通常、金銭の返還が想定されていません。

これに対して、「**敷金**」は、いかなる名目によるかを問わず、賃料債務その他の賃貸借に基づいて生ずる賃借人の賃貸人に対する金銭の給付を目的とする債務を担保する目的で、賃借人が賃貸人に交付する金銭です（民法622条の2第1項）。ですから、契約が終了して賃借人が明け渡すまでに、賃借人に債務不履行等がなければ返還されることが予定されているものです。通常の使用によって生ずる賃借物の劣化等は、敷金ではカバーされません。

◆賃貸人の義務・賃借人に賃借物を使用・収益させる義務

賃貸人は、**賃借人に賃借物を使用・収益させる義務**を負います（民法601条）。「使用・収益させるために目的物を引渡す義務」だけでなく、「契約存続の間、目的物を賃借人が使用・収益するのに適した状態に置く義務」も負うことになります。特に後者は、無償である使用貸借契約（民法593条以下）における貸主の義務とは異なり、より積極的な行為が要求されます。具体的には、賃借物について修繕義務を負う（民法606条1項）のとともに、賃借人の支出した必要費・有益費の償還義務を負います（民法608条）。

これに対して、賃借人は、**賃料支払義務**を負います（民法601条）。また、賃借人は、契約または目的物の性質によって定まった用法に従って使用・収益をなす義務を負います（民法616条、594条1項。増改築禁止特約、ペット類の飼育禁止特約、営利行為の禁止特約など）。さらに、賃貸借契約が終了すれば、賃借人は賃貸人に目的物を返還しなければならず（民法601条）、その際に目的物に付属させた物がある場合には、それが収去可能であれば、賃貸人からの請求に応じて目的物を収去して原状に復する義務を負います（民法622条、599条1項）。なお、賃借人は、賃借権の無断譲渡や賃借物の無断転貸をしてはいけません。譲渡・

転貸には賃貸人の承諾が必要であり、無断譲渡・無断転貸があった場合には解除原因となります（民法612条）。

◇賃貸借契約は「信頼関係」を基礎にしている

例えば、A所有の建物をBに賃貸しましたが、その後、Bが離婚に伴う財産分与として、入居当初から同居していた妻Cに、Aに無断で当該建物賃借権を譲渡した場合、Aは当該賃貸借契約を解除することができるのでしょうか。

確かに、少なくとも形式的には、BからCへの無断譲渡があるので、解除原因は存在するわけです（民法612条）。しかし、従来、判例は、賃借人が賃貸人に無断で譲渡・転貸していたとしても、**背信的行為と認めるに足りない特段の事情**がある場合には、賃貸人の解除権は発生しないとしてきました。[4] すなわち、賃貸借契約は、賃貸人と賃借人の間の「信頼関係」に基づく契約であるので、債務不履行をしたか否かというよりも、その債務不履行が信頼関係を破壊するものか否かに力点を置き、信頼関係を破壊しない以上は、解除を制限する法理を確立し

4　具体的には、賃借人に実質的な変更がないような場合（最判昭和38年10月15日民集17巻9号1202頁、最判昭和39年11月19日民集18巻9号1900頁）や、親族関係である場合（最判昭和40年6月18日民集19巻4号976頁、最判昭和40年9月21日民集19巻6号1550頁、最判昭和44年4月24日民集23巻4号855頁）などが挙げられます。

たのです。また、賃料延滞、用法遵守義務違反、その他の義務違反を理由とする解除においても、同様の法理が採用されました。[5]このような法理を、「**信頼関係破壊の法理**」と呼んでいます。

なお、信頼関係破壊の法理が、多面的に用いられていることには留意する必要があります。すなわち、解除権を制限する場面に限らず、例えば、賃借人の義務違反を理由に賃貸人が解除をする場合に、義務違反の程度が著しく「信頼関係が破壊された」と認められる事情がある場合には、無催告で解除をすることが認められています。[6]

◆賃貸目的物の侵害

例えば、A所有の土地をBに賃貸したのですが、賃貸借契約締結後まもなく、当該土地をCが不法に占拠した場合、どのように処理されるでしょうか。もちろん、土地の所有者であるAがCに対して所有権に基づく明渡請求権（127頁参照）を行使することは可能ですが、そのような主張をAがしない場合、賃借人Bは、Cに対して何か主張できないでしょうか。

そもそも賃借権は債権であり、債権は相対的権利である以上、物権のように第三者に対して主張はできないようにも思われます。しかし民法は、不動産賃借権の場合は例外的に、対抗要件（民法605条、借地借家法10条、31条、その他の法令の規定による賃貸借の対抗要件）を備えている場合には、賃借権に基づいて妨害の停止の請求等をすることができると規定しています（605条の4）。[7]

◆賃貸人の地位の移転

一般的に、契約上の地位を移転させる場合、原契約の当事者であり契約上の地位の譲渡人（A）、原契約当事者の相手方（B）、契約上の地位の譲受人（C）の三面契約によってできることは当然としても、さらに、A・C間の合意によっても移転は可能です。ただし、その場合には、契約の相手方（B）がその譲渡を承諾することが必要です（民法539条の2）。これは、契約上の地位の中には債務も含まれるため、契約の相手方は強い利害関係を有するからです。

しかし、賃貸不動産の譲渡に伴う賃貸人たる地位の移転については、別に規定が設けられています。

ⓐまず、賃借人（B）が賃借権の対抗要件を備えていれば、賃貸不動産の譲渡とともに、不動産賃貸人の地位も当然に譲渡人（A）から譲受人（C）に移転するものとされています（民法605条の2第1項）。「当然に」移転するので、賃借人（B）の承諾は不要です。

ⓑ他方、賃借人（B）が賃借権の対抗要件を備えていなかった場合はどうでしょうか。当該

5　最判昭和41年4月21日民集20巻4号720頁、最判昭和39年7月28日民集18巻6号1220頁

6　最判昭和27年4月25日民集6巻4号451頁

7　なお、本条の適用の他にも、占有訴権（民法197条。129頁参照）の行使の可能性があります。また、判例によれば、賃借人（B）が賃貸人（A）に対して有する賃借権を被保全権利として、所有者（A）が有する物権的請求権を代位行使（民法423条）することも認めています（大判昭和4年12月16日民集8巻944頁）。

◎契約上の地位の移転

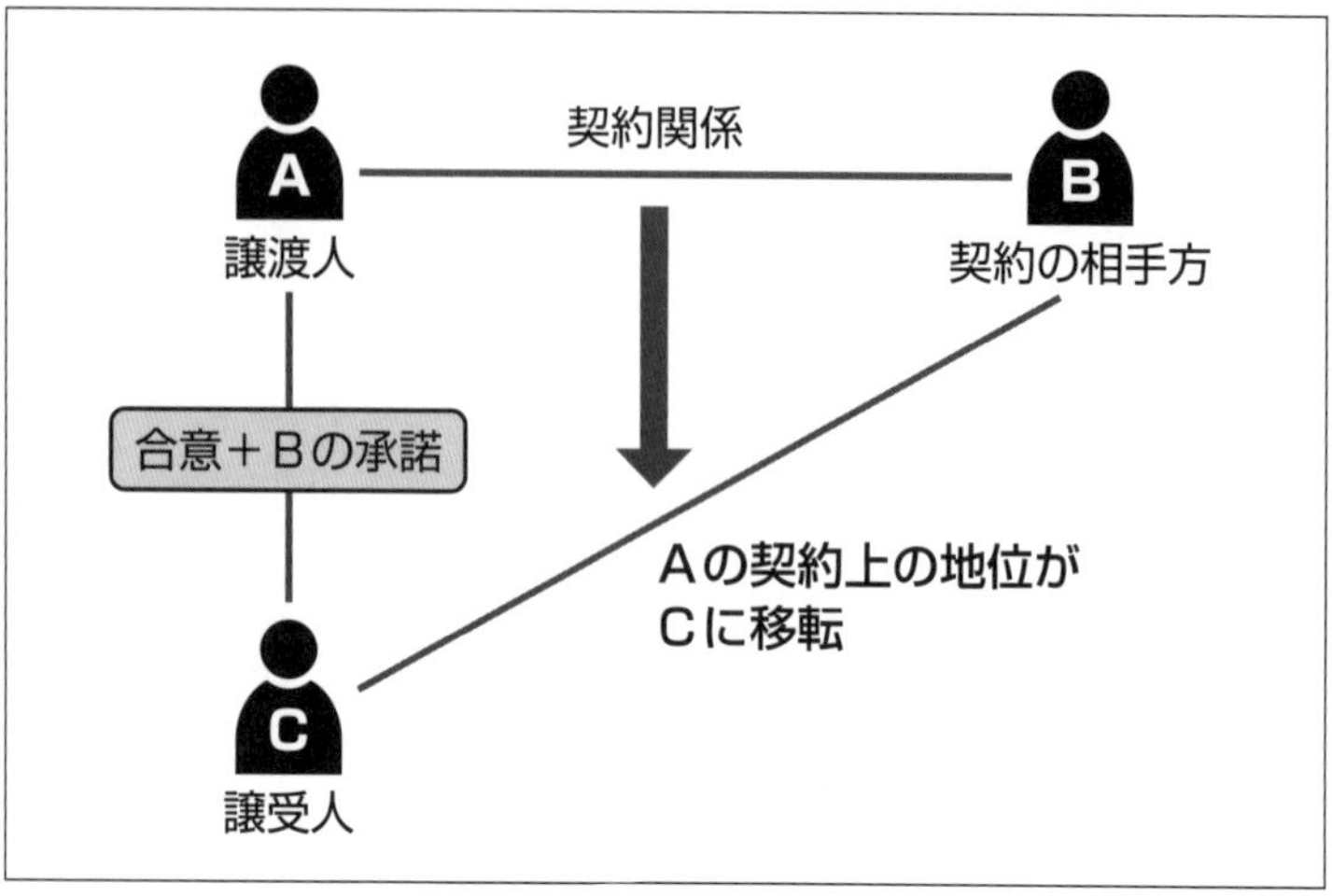

不動産の譲受人（C）は、賃借人（B）に対して明渡しを求めることもできますが（13頁参照）、賃貸人である不動産の譲渡人（A）が譲受人（C）と合意することによって、賃貸人の地位を移転させることもできます。そしてこの場合、賃貸人の地位の移転が有効となるために、賃借人（B）の承諾を得る必要はありません（民法605条の3）。

なお、ⓐでもⓑでも、賃貸人たる地位の移転は、賃貸物である不動産について所有権の移転登記をしなければ、賃借人に対抗することができません（民法605条の2第3項）。すなわち、CがBに賃料を請求するには、移転登記が必要だということです。賃借人を（賃料の）二重弁済等から保護するためです。

CIVIL LAW

7

不動産賃借人保護
――ハウジング・プアってどういうこと？

◆借地借家法

歴史的に見ると、賃貸借契約の中でも、特に不動産賃貸借契約においては、賃借人の地位が賃貸人に比べて大変弱く、契約自由の原則の名のもとに、賃借人に不当な契約が結ばれていたという事実を見て取ることができます。例えば、土地賃借人の建てた建物が存する土地を、土地賃貸人が第三者に譲渡する「**地震売買**（建物の基礎となっている土地がグラグラと揺さぶられてしまうという意味）」ことが頻繁に行なわれ、土地賃借人としては、土地を明け渡すか地代の値上げに了承するほかないという事態が生じて社会問題となりました。

このような中、資本主義社会・市場経済を強化すること、さらには不動産賃借人を保護することなどの要請に対応するため、不動産賃貸借に関する特別法が制定されるに至りました。代表的なものとしては、日露戦争後の住宅難の時期に制定された「建物保護ニ関スル法律（建物保護法）」や、第一次世界大戦後の住宅難の時期に制定された「借地法」および「借家法」が挙げられます。

ところが、それらの立法により賃借権の保護が強く図られた結果、その反動として、不動産所有者の貸し控えによる優良賃貸物件の供給不足や、賃借権自体の価格高騰が進んでしまいました。また、存続保障が強くなくとも安価で不動産を借りたいという社会的ニーズに応えられないという弱さも露呈しました。

そこで、平成3年に改めて、借地・借家の安定的な供給を図りつつ、より多様な借地・借家関係を創造することを目的として、建物保護法・借地法・借家法の3法を大幅修正しつつ一本化する形で、新たに「**借地借家法**」が生まれました。

◆賃借人保護の具体的内容

借地借家法の詳細な内容は割愛せざるを得ませんが、象徴的な2つの規定を紹介します。

第一に、**借地権**[8]**の存続期間**についてです。借地権は、長期間の存続保障を必要とします。借地人が建物を建築したにもかかわらず賃貸借契約が終了してしまっては、当該建物の存立基盤が失われてしまうからです。そこで借地借家法では、借地権の安定化を図るため、借地権の存続期間を最短で30年としており（借地借家法3条）、更新後の最短期間も定めています（同法4条）。

また、法定更新の制度により更新をしやすくする（同法5条）ほか、借地権設定者が更新に異議を述べた場合にも、それが認められるためには、「**正当の事由**」が必要であるものとされています（同法6条）。借地だけではなく借家の場合も、正当事由に関する規定があり（同法28条）、総じて、借地権・借家権が存続しやすいものとなっています。

第二に、**対抗要件**についてです。民法によれば、不動産の賃貸借は、その旨を登記することによって、それ以後、その不動産について物権を取得した者に対しても効力を主張することができるものとしています（民法605条）。賃借権は債権であるから原則として排他性が認められませんが、それでは不動産賃借人の地位は弱いものとなってしまうところ、特に不動産賃借人の権利保護を図ったものが本条といえます。しかし、起草者の意図に反して、本条による賃借人保護は必ずしも有効に機能していません[9]。

そこで借地借家法では、さらなる借地権・借家権保護を図っています。

ⓐまず、借地権は、借地権登記がなされていなくとも、土地の上に**借地権者が登記されている建物を所有する**場合には、第三者に対抗することができるものとしています（借地借家法10

8　借地借家法では、建物所有目的の地上権と土地の賃借権を合わせて、「借地権」と定義しています（借地借家法2条1号）。181頁も参照。

9　判例によれば、賃貸借契約においては、売買契約と異なり、賃貸人は賃借人に対して登記申請に協力する義務がないとされています（大判大正10年7月11日民録27輯1378頁）。また、仮に賃借権の登記をする旨の特約がある場合でも、不動産の引渡しを受けて既に使用収益している賃借人は、登記義務が履行されていないことを理由に賃料の支払いを拒絶することはできないともされています（最判昭和43年11月28日民集22巻12号2833頁）。

条）。これは、土地の所有権に利害関係を有する者は、借地上に借地権者名義の建物がある場合、その名義人が土地利用権も有しているということを推知することができるため、不測の損害を被ることはないと考えられるためです[10]。

ⓑまた、借家権は、借家権登記がなくても、建物の**引渡し**があったときは、その後その建物について物権を取得した者に対抗することができるものとしています（借地借家法31条）。建物の占有が移転していることによって、借家権の公示が果たされているとみることができるからです。

◆ハウジング・プア

現在、格差社会となっており、社会の中で「貧困」が増えているといわれています。そして、貧困と居住は、強い相関関係があります。いわゆる、**ハウジング・プア**という社会問題です。居住が定まらないと貧困から抜け出せませんし、またそのことが、貧困を増大させることにもなります。

日本では、居住空間の確保について、持ち家重視の住宅政策を、ずっととり続けてきました。持ち家比率が相当に高まった高度経済成長後も、景気対策などのために、住宅購入に対するインセンティブを与える政策をとったのです。他方、賃貸借に対する支援は、相対的に手薄であったと評価できます。例えば、「公営住宅」という、住宅に困窮する低所得者に対して、安価な家賃で住宅を賃貸するために設けられた制度がありますが、決して十分な数が確保されているわけではありません。

近年、「住む権利」というものが、アイデンティティ、人格形成、人間的価値の形成にかかわる憲法上の基本的人権として、国家が保障すべきであるという考え方があるのは注目に値します。いわゆる**「居住福祉」**的な発想です。たしかに、居住を失うリスクが誰にでも内在するものであり、かつ、居住空間の確保というものが、われわれが生きていくうえで必要不可欠なものであるとすれば、今まで以上に社会全体で支える仕組みを構築していくという発想も、十分にあり得る選択肢です。

---

10 したがって、ここでいう建物登記とは、権利に関する登記に限られず、表示に関する登記も含まれると解されています。

CIVIL LAW

8

雇用・請負・委任の関係

——どこまでが「労働者」とされるの？

◇雇用契約とは？

雇用契約とは、一方が相手方に対して労務に服することを約し、相手方がこれに報酬を支払うことを約する契約です（民法６２３条）。

雇用契約が成立すると、労働者は、使用者の指揮・命令に従って労務を提供する義務を負います。また、付随的義務として、守秘義務や競業避止義務などもあります。他方、使用者は、報酬支払義務を負います。この報酬の性質は、労働者が労働に従事したことに対する対価として認められるものであり、請負契約のように、仕事の完成（結果の実現）は求められていません。また、使用者は、労働者の生命・健康・身体が害されることのないよう安全に配慮する義務（**安全配慮義務**）を負っています（労働契約法５条）。

なお、近代市民法によれば、雇用契約も対等な当事者間が自由な意思決定に基づいて行なう契約ですが、現実の資本主義社会では、労働者は資本に対して従属的な地位に立ちますので、その意味で契約自由の原則は貫徹されない場合がほとんどです。そこで労働条件の最低基準を確保したり、労働者の自主的な団結活動を適法化したりするなど、労働者保護のための特別法が、数多く立法化されています（労働基準法、労働契約法、労働組合法などの労働関係諸法）し、学問上も、「**労働法**」という個別の分野が確立しています。

◇労働法を潜脱する動き

使用者と労働者の間に主従（指揮命令）関係がある雇用契約には、多くの場合、労働基準法や労働契約法などの適用があり、労働者が保護されることになります。しかし近年、実態は雇用契約と何ら変わらないにもかかわらず、委任契約や請負契約という形をとって、労働法の適用を潜脱しようとする動きがあり、問題となっています。

また、「**労働者派遣**」と「**業務委託**」を混同した用いられ方がされていることも問題視されています。業務委託には、大きくは、業務を完成させて成果物を納める請負契約型と、業務遂行を目的とする委任契約・準委任契約型がありますが、いずれにしても業務委託の場合、労働者への指揮命令権は受託会社が持ち、委託元企業に指揮命令権はありません。委託元企業が指揮命令をしたい場合には、労働者派遣の形をとらなければなりません。本来締結すべき労働者派遣契約を締結せずに労働者派遣を行なった場合、「労働者派遣事業の適正な運営の確保及び派遣労働者の保護等に関する法律」（労働者派遣法）などに抵触するおそれがあります。

◆請負契約とは？

請負契約とは、当事者の一方がある仕事の完成を約し、相手方がその仕事の結果に対してその当事者に報酬を与えることを約する契約です（民法632条）。例としては、建設工事請負契約や運送契約などが挙げられます。なお、請負契約の領域には、民法の規定のほか、約款（民間連合協定工事請負契約約款、公共工事標準請負契約約款、標準引越運送約款、標準鉄道利用運送約款など）や特別法（建設業法、道路運送法、鉄道事業法など）の重要性が大きい契約類型も多く存在します。

請負契約が成立すると、注文者は、**報酬支払義務**を負います。労務とは別に**労務の結果（＝仕事の完成）と報酬が対価関係にある**のが請負の特徴です。報酬債権自体は契約成立時に発生すると解するのが判例ですが[11]、後払い（仕事の完成が先履行）が原則であり、目的物の引渡しを要する場合には、そのときと同時に報酬を支払うこととなっています（民法633条）。

他方、請負人は、**仕事を完成する義務**を負います。ただし、仕事の性質や特約によって請負人自らが仕事をしなければならない場合を除き、下請契約の締結は自由です。請負の目的は仕事の完成ですから、必ずしも請負人自らが労務を提供する必要はありません[12]。

◆委任契約とは？

委任契約とは、他人に法律行為をなすことを委託する契約です（民法法643条）。また、先ほど（249頁参照）も触れましたが、法律行為でない事務を委託する場合を「**準委任**」といい、これにも委任の規定が準用されます（民法656条）。したがって、さまざまな事務の処理（例えば、商品の買付けの委託、為替取引、医療契約、不動産管理委託、託児所利用（保育委託）契約などさまざまなもの）が委任契約のルールに服することとなります。

なお、民法上は、委任は無償が原則となっていますが、特約で有償とすることも認められています（民法648条、648条の2参照）し、商人がその営業の範囲内において他人のために行為をしたときは、原則有償です（商法512条）。委任が有償である場合、委任者に、報酬支払義務が生じます（民法648条、648条の2）。また、有償・無償を問わず、委任事務処理費用を支払う義務があります（民法649条、650条）。

他方、受任者の中心的義務は、契約で定められた**委任事務を処理すること**（**委任事務処理義務**）ですが、民法は、受任者は委任の本旨に従い善良な管理者の注意をもって委任事務を処理

11　大判明治44年2月21日民録17輯62頁、大判昭和5年10月28日民集9巻1055頁

12　なお、完成した（＝工程を終えた）仕事に契約上の不適合があれば、請負人は、契約不適合責任を負います。また、欠陥住宅問題などに対応するための特別法として、「住宅の品質確保の促進等に関する法律」（住宅品質確保促進法）があります。同法によれば、住宅を新築する建築工事の請負契約の請負人は、注文者に引き渡したときから10年間、住宅のうち構造耐力上主要な部分または雨水の浸入を防止する部分として政令で定めるものの瑕疵について責任を負い、さらに、新築住宅の売買契約においても同様とする旨を定めています（法94条、95条）。

しなければならないと規定しています（民法644条）。これを、「**善管注意義務**」といいます。ここでいう注意義務は、その職業や社会的地位などから通常要求される程度の注意であり、客観的に注意義務の程度が決まります。また、報告義務（民法645条）や受取物の引渡義務（民法646条）なども受任者の義務です。

コラム

請負契約の内容の多様性

請負契約は、大きく、ⓐ仕事の完成が物に向けられている類型（例えば、建物の建築、造園、物品運送など）と、ⓑ労務そのものが目的とされる類型（例えば、講演、通訳、鑑定、マッサージなど）に分類することができます。

ⓐに属する請負契約は、労務の結果が物の完成として表れるため、「労務」と「仕事の完成」を区別することが容易ですが、その分、売買契約と距離が近くなります（例えば、オーダー・メイドのスーツを購入する契約は、売買でしょうか？　請負でしょうか？）。

他方、ⓑに属する請負契約においては、「労務」と「仕事の完成」を明確に区別することが難しくなり、特に委任（準委任）契約と距離が近くなります（例えば、エステティック・サロンでマッサージを受ける契約は、（準）委任でしょうか？　請負でしょうか？）。

このように、性質決定は、決して容易ではありません。

CIVIL LAW

第6章

債権Ⅱ

——法定債権発生原因

CIVIL LAW

1

不当利得

――「タダでいい思い」は許されるの?

◆不当利得の成立要件

不当利得に関するルールは、単純化すれば、「公平」の実現のための制度です。ありていに言うと、「私の財産でいい思いをして、ズルいでしょ」と感じられる場面で、その歪みを整えるために用いられます。いろいろな箇所で登場します。

条文上、不当利得の成立要件(民法703条参照)は極めて抽象的で、ⓐ利得者と損失者がいること、ⓑ損失と利得の間に因果関係があること、ⓒ利得者が利得をする法律上の原因がないこと、の3つとなっています。

ⓐまず、一方が、他人の財産または労務によって「**利得**」を受け、他方が、そのために「**損失**」を被る関係が必要です。ただし、厳密にどちらも必要な場合ばかりではなく(例えば、遊休地に違法駐車があった場合、土地所有者に損失はありませんが、違法駐車をした者に利得があります)、利得と損失を厳格に分離する必要性は大きくありません。

ⓑ次に、「**因果関係**」ですが、近年の多数説は、後で説明するように、社会通念上の因果関

係があればよいとして、これを広く認める傾向にあります。また、実質的には、この要件は、二当事者間の不当利得では争われる場面はほとんどなく、三当事者が登場する場面において問題となるにすぎません。

ⓒさらに、「**法律上の原因がない**」という要件ですが、これは、抽象的に言えば、形式的な財産的価値の移動をその当事者間において実質的に正当なものとするだけの法的根拠がないということです。具体的には、例えば、残債務があると思って支払った場合、誤振込みをしてしまった場合、無権限者が他人の土地を使用して収益を得た場合、他人の自動車を自分の自動車だと思い込んでその故障を修繕した場合などが挙げられます。

◆そのお金は、あいつが私から騙し取ったものだ！

例えば、Aが所有する金銭をBが騙し取り、それを自己の債権者であるCに弁済した場合、AはCに対して不当利得を主張することができるでしょうか。これが、いわゆる**騙取《へんしゅ》金銭弁済**の問題です。何が問題なのかというと、Aは、お金を騙し取ったBに対して「お金を返せ」とは言えるのですが、Bは既にCへ弁済しているので、無資力の可能性があるのです。そこでさらに、Cに対して、「Bが私（A）から騙し取らなければ、あなた（C）に弁済できなかったはずだから、あなたが受領したものは不当利得だ」と言えるかという問題です。

これについて判例[1]は、「Bが騙取又は横領した金銭をそのままCの利益に使用しようと、あ

◎騙取金銭弁済の例

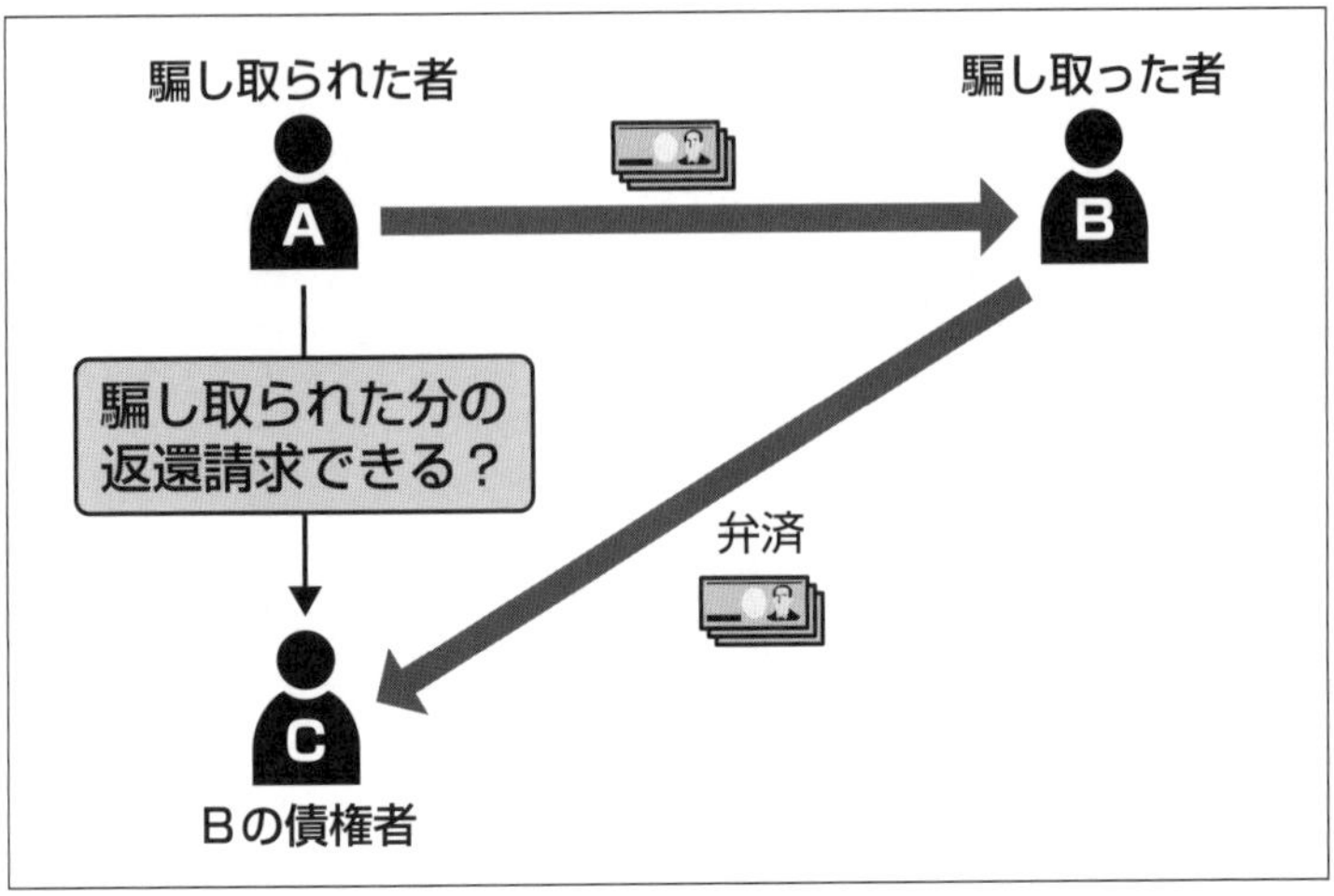

るいはこれを自己の金銭と混同させ又は両替し、あるいは銀行に預け入れ、あるいはその一部を他の目的のため費消した後その費消した分を別途工面した金銭によって補填《ほてん》する等してから、Cのために使用しようと、**社会通念上**Aの金銭でCの利益をはかったと認められるだけの連結がある場合には、なお不当利得の成立に必要な因果関係があるものと解すべき（である）」としたうえで、「CがBから右の金銭を受領するにつき**悪意又は重大な過失**がある場合には、Cの右金銭の取得は、被騙取者又は被横領者たるAに対する関係においては、法律上の原因がなく、不当利得となるものと解するのが相当である」としています。

　つまり、Aの金銭がなければCへの弁済は果たされなかったという関係があれば因果関係が認められ、また、CがBから弁済を受けた金銭が騙取金であることについてCに悪意または重過失がある場合には、「法律上の原因」がないことになり、結果として不当利得が認められるというのです。

◆注文者が払っていない分はあなたが払って！

もう1つ、三者間の不当利得の例を挙げておきましょう。例えば、Cが所有する建物をBに賃貸したところ、Bがその建物の修繕をAに請け負わせ、Aが工事を完成して建物をBに引き渡したのですが、Bが請負代金未払いのまま無資力となったとしましょう。この場合、Aは、Bの未払い報酬分を、賃貸借契約が解除され建物の返還を受けたCに対して請求すること（このようなAの権利を「**転用物訴権**」といいます）ができるかという問題があります。たしかにCは、Aの工事によって修繕されて価値の高まった建物を所有することになっているわけですから、不当利得が成立するような気もします。

これに関して、判例[2]は、「建物の所有者Cが法律上の原因なくして右修繕工事に要した財産及び労務の提供に相当する利益を受けたとき」に限り、AからCへの不当利得に基づく返還請

1　最判昭和49年9月26日民集28巻6号1243頁
2　最判平成7年9月19日民集49巻8号2805頁

◎転用物訴権の例

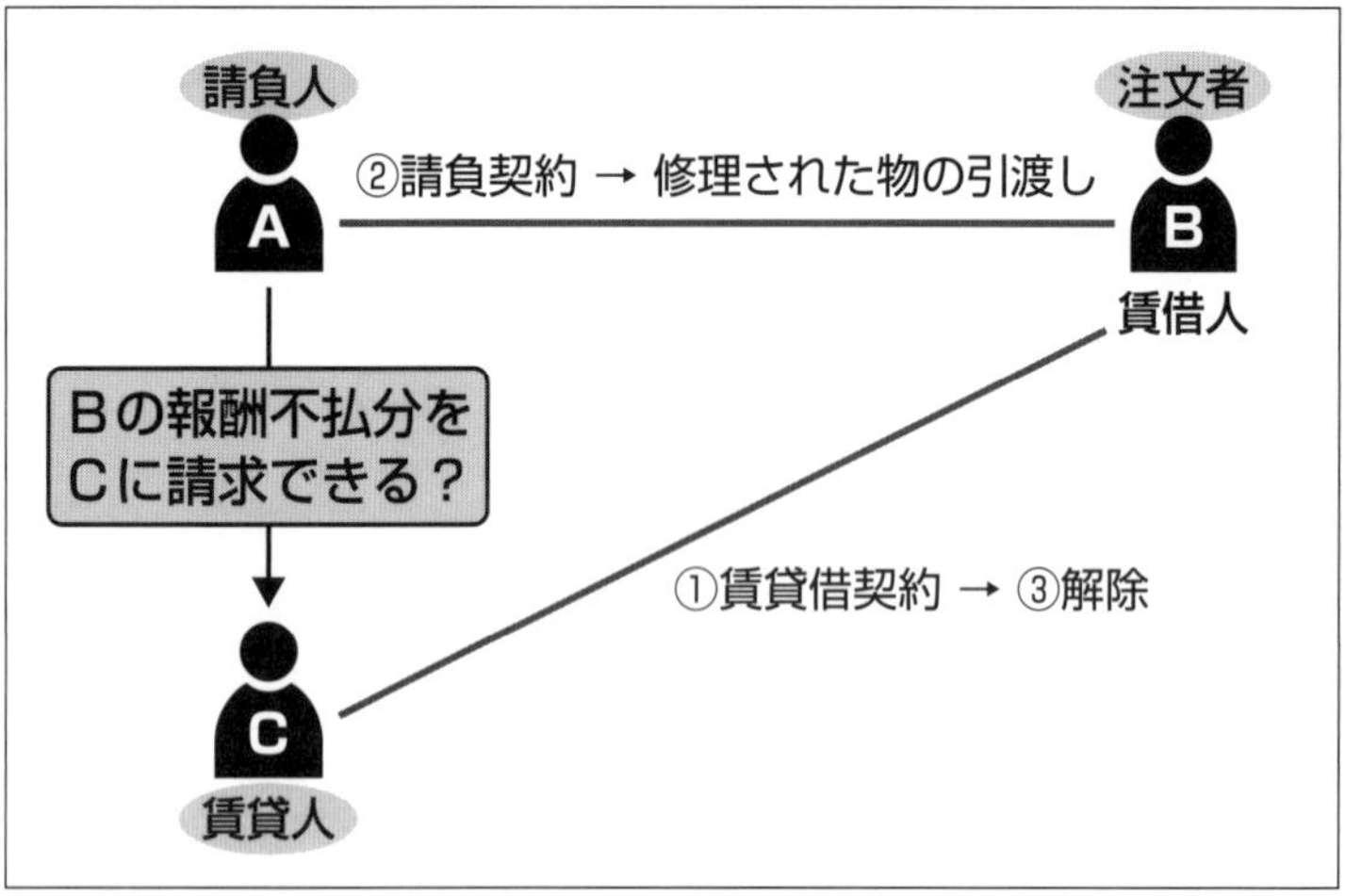

求ができるものとしています。その理由は、「CがBとの間の賃貸借契約において何らかの形で右利益に相応する出捐《しゅつえん》ないし負担をしたときは、Cの受けた右利益は法律上の原因に基づくものというべきであり、AがCに対して右利益につき不当利得としてその返還を請求することができるとするのは、Cに二重の負担を強いる結果となるからである」としています。

つまり、こういうことです。ⓐまず、Bが建物を修繕した際に、修繕費用負担がCにあるような場合（民法608条参照）には、そもそもCには利得がありませんので、不当利得は成立しません。ⓑまた、（BC間の特約によって）Cがそのような修繕費用負担を負っていない場合でも、CとBの賃貸借契約において、修繕費用をBが負担するかわりに賃料を低額にする合意があるような場合には、Ｃの利得は有償ということになりますので、やはり不当利得は成立しません。ⓒそのうえで、不当利得が成立するのは、修繕費用はＢの負担となっているうえ、賃料も低額となっていないなど、ＢがＣの利得保有に対する反対債権を有さず、さらにＣの利得保有がＣ・Ｂの関係からみて無償と認められる場合に限定されるとしています。

なお学説上は、Ａ・Ｂ間の請負契約における報酬未払いリスクはＡが負うべきであり、Ｃが無償の利得を得ているからといって、そのリスクをＣに転嫁すべきではないとして、ⓒの場合も含めて不当利得の成立を認めるべきではないという考え方（転用物訴権否定説）も有力です。

◇不当利得の効果

不当利得が成立すると、利得者は損失者に対して利得を返還する義務を負います。そもそも、原物がある場合には、物権的請求権（所有権に基づく返還請求権。127頁参照）などによって、その物自体の返還を求めることになりますが、[3] 原物の返還が叶わない場合には、それに相応する価値（金銭）で返還することになります。[4] なお、返還義務の範囲は、利得者が善意の場

3　その場合、不当利得に基づく返還請求権と物権的請求権は競合関係となりますが、後者が規範としての優先性を持つと解するのが、近年の有力説です。

合（民法703条）と悪意の場合（民法704条）で、その取扱いが異なります。

善意の利得者は、現に利益の存する程度（これを「**現存利益**」といいます）で返還すれば足りるものとされています（民法703条）。ただし、利得した金銭を使ってしまった場合でも、これを生活費等に充てたときは、それだけ自分の金銭を出費せずに済んでいるので、利得は現存することとなります（いわゆる「**出費の節約**」）。なお、受益者の利得は、現存するものと推定され、利得返還請求権者（損失者）が現存利益の存在を立証しなくてもよく、むしろ利得者が、現存利益の存しないことを立証しなければならないものと解されています。[5]

これに対し、**悪意の利得者**は、受けた利益に利息を付し、なお損害があるときはその賠償をする必要があります（民法704条）。この場合、悪意の受益者は、利得返還の請求を受けることを知っていながらなおかつ利得しているので、責任（返還・賠償）の範囲を拡張しており、実質的に、不法行為責任（285頁参照）に近い内容となっています。

◆実は単純ではない不当利得法理

さて最後に、大切なことを付け加えておきたいと思います。今まで説明してきた不当利得という制度は、冒頭にも触れたとおり、いろいろなところに登場します。そして実は、登場する場面ごとに、少しルールが異なるのです。

例えば、A・B間で売買契約が締結され、商品の引渡しや代金の支払いがなされた後に、契約の無効・取消し・解除が主張された場合はどうでしょうか。この場合（いわゆる、契約の巻き戻しの場面）は、法律上の原因が遡及的になかったことになりますので、既に受領している物は不当利得として返還の対象になります。ただしこの場合の返還の範囲は、原則的に「**原状回復**」となります（民法121条の2第1項、545条1項本文）。善意の利得者だからといって現存利益に限定されるわけではありません。また、同時履行の抗弁権（民法533条、221頁参照）や危険負担（民法536条。335頁参照）など、契約法理の類推適用も考えられます。

これに対して、A・B間に契約関係がない場合は、別の法理となります。例えば、Aの所有する物をBが占有し利用していたところ、Aがその返還を求めた場合はどうでしょうか。この場合、占有者Bが善意である場合には、使用利益や果実などを返還する必要はありません（民

4　例えば、Aが所有する代替性のある物をBがCに売却してしまったところ、AがBに対して不当利得に基づく返還請求をする場合、その物をいくらとして評価すればいいのでしょうか。例えば、BがCに売却する際には、100万円であったものの、その後にその物の市場価格が150万円に高騰したり、60万円に下落した場合、BはAに対していくらを支払うことになるのでしょうか。これに関して判例（最判平成19年3月8日民集61巻2号479頁）は、売却後の価格の高騰・下落を反映すると公平が実現できないことを理由に、原則として、「売却代金相当額の金員」を返還する義務があるものとしています。

5　最判平成3年11月19日民集45巻8号1209頁

法189条）。また、もしBが費用（必要費・有益費）を支出していた場合には、費用償還請求をすることができます（民法196条）。

このように、同じ不当利得でも、場面によって返還の範囲も異なりますし、用いる条文も異なります。不当利得のモデルの条文として民法703条および704条があるのですが、実は、これらの条文が用いられる場面は、不当利得の場面全体を考えると、意外と少ないといっても過言ではありません。

CIVIL LAW

2

不法行為の要件

――なぜ、医療過誤は難しいといわれるの？

◆日本の民事訴訟で一番用いられる条文

「故意又は過失によって他人の権利又は法律上保護される利益を侵害した者は、これによって生じた損害を賠償する責任を負う」――これが、民法709条に規定されている、基本的な不法行為責任の条文です。この条文を一読するだけで容易に想像できますが、この条文は極めて抽象的で、その分、活用範囲は極めて広いものとなっています。日本の民事訴訟において、一番用いられている条文だともいわれています。交通事故、傷害、公害、医療過誤、名誉毀損など、さまざまな損害賠償事件において、この条文が法的根拠となっています。

そして、民法709条による不法行為が成立するための要件をまとめれば、ⓐ加害者の故意または過失による加害行為であること（故意・過失）、ⓑ被害者の権利または法的保護に値する利益が違法に侵害されること（違法性）、ⓒ被害者に損害が発生したこと（損害の発生）、ⓓ加害行為によって損害が発生したこと（因果関係）という4つとなります（34頁の図も参照）。でも、この要件は、あまりにも抽象的すぎて、これだけではわかりづらい部分がありますよね。

そこで以下では、この要件について、少し詳しく見ていきましょう。

◆加害者の「故意」または「過失」による加害行為

民法709条の要件でまず押さえなければならない特徴は、「**過失責任主義**」（29頁も参照）を採用しているという点です。すなわち、加害者に「故意」または「過失」が認められた場合に、はじめて、不法行為が成立するというものです。そもそも、近代以前は、原因責任主義（行為と損害との間に原因関係があれば、その原因者が賠償義務を負うという考え方）が有力でしたが、民法典編纂の際に、過失責任主義を採用することとなりました。

経済学上で、「外部性（externality）」という概念があります。ある経済主体の活動が他の経済主体の意思決定や効用に影響を与えることです。そして、私たちの活動には、外部性が含まれている行為が多数存在します。例えば、工場から有害な液体を排出したり、お祭りで騒音を出したり、喫煙をして煙を出したり、風邪をひいて友人にうつしたり……。無人島に1人で生きているわけではないため、外部性を伴うものがほとんどと言っていいかもしれません。それを前提として、不法行為責任の基礎にある過失責任主義は、外部性のある行為に対する法の規制を一定程度にとどめることを意味します。故意または過失がなければ、外部性のある行為でも責任を負う必要がないものとして、資本主義経済における市民の自由な活動を最大限に保障しているのです。

この条文で登場する「**故意**」とは、結果の発生（または発生可能性）を認識しながら、それを認容してあえて加害行為をする心理状態であるといわれています。加害者の主観面に関する要件であり、簡単な言葉を使えば、「わざと」加害行為をするという意味です。

これに対し、「**過失**」については、以前は、故意とならぶ主観的要件として位置づけられていましたが、特に1960年以降に不法行為訴訟が増加する中、より客観的に理解されるようになりました（これを「**過失の客観化**」といいます）。すなわち、具体的な裁判において過失が認定される際には、ⓐ当該訴訟の具体的事実関係における加害者の行なった具体的行為の特定（事実認定）が行なわれ、ⓑ次に、そのような事実関係において結果ないし損害の発生を回避するためにとるべき行為の特定（注意義務の確定）が行なわれ、ⓒそのうえで、ⓐとⓑとの間に食い違いがあれば過失を認定するというようなプロセスがとられることが、強く意識されるようになりました。そして、過失とは、「（予見可能性を前提とした）損害の発生を回避すべき義務（注意義務）に違反すること」との理解が一般的となりました。

例えば、Aが農作物を作っていたところ、その近隣のB社から排出された亜塩酸ガスおよび硫酸ガスの大気汚染により、Aの農作物が大被害を受けた場合、直ちにBに不法行為責任が認められるわけではなく、Bの「過失」が認定されなければなりません。そしてそのためには、Bが、「（損害が生じることについて予見可能性があることを前提に）損害を予防するために事業の性質に従って相当なる設備を施す義務」があるにもかかわらず、実際にはそれを怠ったということが認定される必要があります[6]。

なお、過失の有無は、行為時を基準として判断し、かつ、加害者自身を基準とするのではなく、加害者が属する職業・地位・立場等にふさわしい一般通常人または合理人を基準に判断します（**抽象的過失**）。

◆権利または法的保護に値する利益の侵害

他者に対する加害行為があれば、何でも不法行為が成立するわけではなく、不法行為が成立するためには、その加害行為によって、他者の「権利」または「法律上保護される利益」が違法に侵害されたことが要求されます（２９０頁のコラム参照）。

なお、この要件を充たすか否かを判断する場合には、被侵害利益の性質・内容・重大性、侵害行為の態様・程度・悪質性、回避のための社会的コストなどを総合的に衡量します。

例えば、不動産会社Ｂが、景観のよい道路に沿って高層マンションを建築する計画を立てたのに対し、近隣住民のＡが、良好な景観を害されたとして、建築行為の差止めおよび損害賠償を請求した場合、それは認められるでしょうか。

このような事例において、判例[7]は、「**景観利益**」が法律上保護に値するものであることを前提としつつも、「ある行為が景観利益に対する違法な侵害に当たるといえるためには、少なくとも、その侵害行為が刑罰法規や行政法規の規制に違反するものであったり、公序良俗違反や権利の濫用に該当するものであるなど、侵害行為の態様や程度の面において社会的に容認された行為としての相当性を欠くことが求められる」として、結論的に原告の主張を認めませんでした。侵害された利益の大きさと、加害者の行為の悪質性などを比較検討したうえで不法行為責任の有無の判断をしていることがうかがえます。

◆被害者に損害が発生したこと

さらに、不法行為責任が認められるためには、「損害」の発生が必要です。そもそも、この不法行為責任の制度が果たす最も重要な機能は、「**被害者への補償**」にあります。特に日本においては、その色彩が強いといえます。諸外国の中には、不法行為責任に、加害者への懲罰的な意味を含ませる国もあります（いわゆる、懲罰的損害賠償）が、日本ではそのような考え方は採っておらず、懲罰は公法（刑事法）の世界で行なうという棲み分けがなされています。[8] そこで、被害者に「損害」が発生しているのか（そして、どれくらいの損害が発生しているのか）が、重要となります。

6　大判大正5年12月22日民録22輯2474頁
7　最判平成18年3月30日民集60巻3号948頁
8　例えば、最判平成9年7月11日民集51巻6号2573頁

損害は、大きく、ⓐ財産的損害、ⓑ精神的損害に分類されます。

ⓐ**財産的損害**とは、被害者が受けた財産的・経済的に不利益な変化であり、その中には、被害者の所有物が滅失・毀損したり、被害者自身の生命・身体が害されたりすることによって、被害者に現存した財産的利益が減少したことによる損害（積極的損害）と、被害者が傷害を受けたために労働できなかったためその間の給料がもらえなかった場合など、本来なら得られるはずであった利益を失った損害（消極的損害）の両者が含まれます。

ⓑ他方、**精神的損害**とは、精神的・情緒的安定が失われたことによる損害であり、いわゆる「**慰謝料**」がこれに該当します。

コラム

「権利侵害」から「違法性」へ

立法当初、不法行為が成立するために、「権利が侵害される」という要件が必要であると理解されていました。これは、「権利の侵害」というものを要件とすることによって、社会生活上の種々のトラブルにおいて不法行為が成立する場面を限定しようとしたものです。しかし、それを厳密に貫くと、法的に権利として確立しているもののみが保護されることとなってしまい、まだ権利といえるだけのものでない利益を侵害しても不法行為にはならないことになってしまうため、実際上は法律の保護に値する利益であるにもかかわらず、その侵害行為に対して救済を得られないという、不当な結果が導かれてしまいます。

そこで、解釈論上、権利概念の拡張・緩和に目が向けられることとなりました。判例（大判大正14年11月28日民集4巻670頁）において、「侵害ノ対象ハ、或ハ夫ノ所有権、地上権、債権、無体財産権、名誉権等、所謂一ノ具体的権利ナルコトアルベク、或ハ此ト同一程度ノ厳密ナル意味ニ於テハ未ダ目スルニ権利ヲ以テスベカラザルモ、而モ法律上保護セラルル一ノ利益ナルコトアルベク……吾人ノ法律観念上其ノ侵害ニ対シ不法行為ニ基ク救済ヲ与フルコトヲ必要トス」とし、「法律上保護される利益」でも不法行為の対象となることが示されました。

さらに学説上では、このような動きを受けて、そもそも権利侵害というのは違法行為の徴表であり、権利侵害そのものがなければ不法行為が成立しないというほど本質的要件をなすものではなく、むしろ本質的要件としては、加害行為への違法性が求められるべきであると解する見解が登場し、一般的に支持を得るに至りました。そのうえで、平成16年の民法改正では、民法709条の条文が「権利又は法律上保護される利益」の侵害という文言に改められて、現在に至っています。

◆因果関係

不法行為責任を問い得るためには、さらに、損害の発生が加害行為に「よって」生じたものでなければなりません。すなわち、加害行為と損害の間に「**因果関係**」が存在することが要件となります。

では、因果関係があると認められるためには、どの程度まで証明されなければならないのでしょうか。これについて判例[9]は、「訴訟上の因果関係の立証は、一点の疑義も許されない自然科学的証明ではなく、経験則に照らして全証拠を総合検討し、特定の事実が特定の結果発生を招来した関係を是認しうる**高度の蓋然性**《がいぜんせい》を証明することであり、その判定は、通常人が疑を差し挟まない程度に真実性の確信を持ち得るものであることを必要とし、かつ、それで足りる」としています。

なお、ときとして、因果関係の証明が困難な場合が考えられます。証明責任（36頁参照）は原告（被害者）側が負っていますので、原告自ら立証できなければ、敗訴となってしまうのです。

例えば、公害訴訟では、原告（被害者）の健康被害が本当にその公害によるものであることを証明できるのかが、大きな問題となります。また、医療訴訟でも、重症患者ほど、医療過誤があっても因果関係が認めにくい構造になっています。医療過誤がなかったら治癒したのか、わからないからです。例えば、次のような事実認定がされた場合はどうでしょうか？

①Aが体調を崩し、B病院に運び込まれ、C医師が診察をした。
②C医師の不適切な治療行為によって、Aは間もなく死亡した。
③C医師が適切な治療を講じていれば救命できた可能性は20％程度である。

このような場合、適切な治療がなされていれば救命できたと「高度の蓋然性」をもって証明できていない（適切な治療がなされてもなされなくても、死亡した可能性が高い）ため、病院側の責任が問いにくいわけです。しかし判例[10]は、次のように述べています（判決文一部抜粋）。

疾病のため死亡した患者の診療に当たった医師の医療行為が、その過失により、当時の医療水準にかなったものでなかった場合において、右医療行為と患者の死亡との間の因果関係の存在は証明されないけれども、医療水準にかなった医療が行われていたならば患者がその死亡の時点においてなお生存していた相当程度の可能性の存在が証明されるときは、医師は、患者に対し、不法行為による損害を賠償する責任を負うものと解するのが相当で

9　最判昭和50年10月24日民集29巻9号1417頁
10　最判平成12年9月22日民集54巻7号2574頁

ある。けだし、生命を維持することは人にとって最も基本的な利益であって、右の可能性は法によって保護されるべき利益であり、医師が過失により医療水準にかなった医療を行わないことによって患者の法益が侵害されたものということができるからである。

実は、この判決の読み方自体、いろいろな見解があるのですが、「医療過誤」と「患者の死亡」との間に因果関係が認められなくても、「医療過誤」と「生存していた相当程度の可能性」との間に因果関係が証明されるのであれば、病院側の責任を認めてよいと判断した判決と読めます。因果関係が認めにくい事件でも、このように工夫をすることで、賠償責任を肯定する裁判事例があるのです（ただし、損害の内容が異なりますので、患者死亡との因果関係が認められる場合と比べて賠償額は少額に抑えられることになります）。

◆「私は悪くない」と言えるのはどんなとき？

最後に、**不法行為阻却事由**について触れておきます。基本的に、これまで説明した4つの要件が充たされれば不法行為責任が認められるのですが、例外的に、被告（加害者）側が次のような事由を主張・立証すれば、不法行為が成立しない可能性があります。

まず、未成年者が他人に損害を加えた場合において、法律上の責任を弁識するのに足りる知能を有していなかったときには賠償責任を負いません（712条）。また、精神障害等によって心神喪失である間に損害を加えた者も、同様に、賠償責任を負いません（713条本文）。いわゆる「**責任能力**」を定めたものであり、社会的弱者保護のための政策的規定であると捉えることができます。

また、**正当防衛**（720条1項。例えば、突然、凶器を持って襲い掛かってきた者に対して反撃を加えるなど）や、**緊急避難**（720条2項。例えば、突然、他人所有の飼い犬が襲い掛かってきた場合にその犬を殺傷するなど）の局面でも、不法行為は成立しません。

さらに通説は、被害者の承諾（ただし、公序良俗に反しない場合のみ）、正当行為（正当業務行為やスポーツ等によって他者に損害を与える場合など）においても不法行為は成立しないと解しています。

CIVIL LAW

3

特殊な不法行為責任

——なぜ、会社は従業員の尻ぬぐいをする必要があるの？

◆民法709条の枠にハマらない不法行為責任

ひとまず、民法709条における一般的な不法行為について取り上げましたが、それとは別に民法の中には、いくつかの特殊な不法行為責任についての規定があります。すなわち、**責任無能力者の法的監督義務者の責任**（714条）、**使用者責任**（715条）、**土地工作物責任**（717条）、**動物占有者・管理者責任**（718条）、**共同不法行為**（719条）です。

これらの条文の位置づけには、学説上、諸説があり、断言するのは難しいですが、私としては、ⓐ他者の行なった不法行為について、特定の立場にある者に責任を負わせるものとして民法714条、715条があり、ⓑ特定の物から危険が発生する場合、そこから生ずる結果について危険の除去を行なわなかった占有者・所有者に責任を負わせるものとして民法717条、718条があり、ⓒ最後に、共同して不法行為を行なった各人に対して全額についての連帯責任を認めるものが民法719条であると理解するのがよいのだろうと考えています。

いずれにしても、これらの不法行為類型は、何らかの側面から民法709条を修正しているという点で共通性を有しています。ここでは、民法714条と715条についてのみ、もう少し詳しく触れておきましょう。

◆責任者、出てこい！

責任無能力者（自己の行為の責任を弁識するに足りる知能を備えていない者）が加害行為を行なっても、不法行為責任に問えません（民法712条、713条。294頁参照）が、その場合、被害者救済はどうすればよいのでしょうか。民法714条は、「その責任無能力者を監督する法定の義務を負う者」（**法定監督義務者**）に対して、不法行為責任を課しています。これは、責任無能力者が負うべき責任の「**代位責任**」と位置づけることができます。

ところで、ここでいう法定監督義務者には、どのような者が含まれるのでしょうか。特に、成年の責任無能力者の法定監督義務者については議論があり、近時では極めて限定的に解されています。認知症高齢者が列車事故を起こして死亡したため、鉄道会社が遺族に対して、列車遅延などによって生じた賠償責任を追及した事件で、最高裁は、配偶者は民法714条の法定監督義務者には該当しないとして、配偶者の責任を否定しました。[11] 日本が超高齢化社会となり、認知症等の高齢者に起因する責任をその家族だけに押し付けるのではなく、社会全体でそれを

11　最判平成28年3月1日民集70巻3号681頁

吸収しようとする動きを垣間見ることができます。

◆法定監督義務者に準じる者？

ただし、この判決では、ケースによっては遺族に対して責任を追及できる可能性を残していることには留意すべきです。最高裁は、次のようにも判示しています（判決文一部抜粋）。

> 法定の監督義務者に該当しない者であっても、責任無能力者との身分関係や日常生活における接触状況に照らし、第三者に対する加害行為の防止に向けてその者が当該責任無能力者の監督を現に行いその態様が単なる事実上の監督を超えているなどその監督義務を引き受けたとみるべき特段の事情が認められる場合には、衡平の見地から法定の監督義務を負う者と同視してその者に対し民法714条に基づく損害賠償責任を問うことができるとするのが相当であり、このような者については、法定の監督義務者に準ずべき者として、同条1項が類推適用されると解すべきである。

どのような場合に「法定の監督義務者に準ずべき者」に該当するのか検討材料が残るとともに、家族が介護に力を入れれば入れるほど、不法行為責任が課されやすくなる枠組みともとれるため、今後の裁判所の判断が注目されます。さらには、監督義務者・準監督義務者の責任が否定された場合における被害者の救済はどのように図るのかという問題も残ります。さまざまな社会的インフラを踏まえた総合的な検討が必要です。

◆企業の「逃げ得」は許されない

もう1つ、**使用者責任**について触れておきましょう。民法715条1項本文によると、「ある事業のために他人を使用する者は、被用者がその事業の執行について第三者に加えた損害を賠償する責任を負う」と規定しています。簡単に言えば、労働者が不法行為をした場合、会社も連帯して責任を負うというものです。特に、使用者は被用者が行なう事業活動により事業範囲を拡大してより大きな利益をあげているのであるから、それによる損失も負担すべきであるという発想（**報償責任**の原理）が、本条の立法趣旨の中心に置かれています。

本条の成立要件として、ⓐ被用者が不法行為の一般的成立要件を備えていることに加え、ⓑ使用者と被用者の間に「使用」関係があること、そして、ⓒ被用者による加害が「事業の執行について」なされたことが求められています。

このうち、**「使用」関係**とは、必ずしも雇用契約や委任契約など契約関係に基づくものである必要があるわけではなく、使用者と被用者との間に「実質的な指揮・監督関係」が存在すればよいと解されています。[12]また、「**事業の執行について**」なされたことは、被用者の職務上の行為そのものには属しなくとも、その行為の外形上、あたかも被用者の職務の範囲内の行為に属するとみられる場合（例えば、従業員が顧客に架空商品を売りつけた場合や、終業後ではあるものの職場で開催された強制参加の懇親会でセクシュアル・ハラスメントがなされた場合など）には、「事業の執行について」に含まれるものと解されています。[13]

◆企業にとって厳しい責任

なお、条文上は、使用者は従業員の選任およびその事業の監督について相当の注意を行なっていたこと、または相当の注意をなしても損害が生じたということを立証すれば、使用者は免責されることとなっています（民法715条1項ただし書）が、実際には**この免責が認められるケースはほとんどなく**、使用者は事実上、無過失責任（次頁参照）に近い責任を負うといえます。

使用者責任が認められると、被用者と並んで使用者も、被害者に対して不法行為責任を負うことになります。両者の関係は、連帯責任です。なお、使用者が賠償した場合には、被用者に対して**求償**をすることができます（715条3項）。責任の原因を作ったのは被用者であるから当然と言えば当然かもしれません。ただし、企業が被用者を活用して莫大な経済的利益を収めているという点を勘案して、求償の範囲は、信義則上、一定程度に制限されるべきであると解されています。[14]

CIVIL LAW 4

不法行為責任の特別法

――「より厳しい責任」のあれこれ

◇無過失責任主義の台頭

既に説明したとおり、過失責任主義（286頁参照）には、私たちの活動の自由を保障しているという側面があります。しかしこれは同時に、一定の不都合をもたらすことも考えられます。なぜならば、被害者が加害者の過失を証明できなければ、加害者は責任を負う必要がなく、すべて被害者の自己責任として処理されてしまうからです。特に、危険を潜在的に含有しているものが溢《あふ》れている今日の社会においては、ときとして、外部性が深刻な結果を招くことも考えられます。

12 大判昭和11年11月13日民集15巻2011頁、最判昭和56年11月27日民集35巻8号1271頁、最判昭和41年7月21日民集20巻6号1235頁など。

13 最判昭和32年7月16日民集11巻7号1254頁、最判昭和40年11月30日民集19巻8号2049頁など。

14 最判昭和51年7月8日民集30巻7号689頁

過失責任主義を超えて、より積極的に、被害者の救済や、将来の不法行為の抑止が必要となる場面も少なくありません。そこで、過失を要件とせず（＝被害者が証明を要することなしに）加害者に対して賠償責任を課し得る、「**無過失責任**」が台頭することになります。

日本において無過失責任導入のきっかけは、諸外国と同様、労働災害の分野です。明治44年に制定された工場法（昭和22年の労働基準法制定によって廃止）15条では、工場主に重たい責任が課されました。また、昭和36年には、原子力損害賠償法が制定されますが、その中でも、原子力事業者の無過失責任が明記されています（同法3条1項本文）。さらに、公害被害者を救済する分野にも、無過失責任が登場します。特に、いわゆる四大公害事件が社会的に注目される状況において、昭和43年に制定された大気汚染防止法や、昭和45年に制定された水質汚濁防止法でも、工場から排出される有害物質による健康被害に対する無過失責任が盛り込まれました（大気汚染防止法25条、水質汚濁防止法19条）。近年においては、これら以外にも、さまざまな分野で無過失責任の立法例が見られます。

◆事故を起こした代償

さらに、今挙げたもののほかに、無過失責任の立法例を2つ挙げて、少し深掘りしておきましょう。まずは、「**自動車損害賠償保障法**」についてです。この法律の中では、自動車事故を起こしてしまった人の民事責任についての規定があります。[15] 同法3条を見ると、「自己のために自動車を運行の用に供する者は、その運行によって他人の生命又は身体を害したときは、これによって生じた損害を賠償する責に任ずる」となっています。

注目してもらいたいのは、民法709条と異なり、「故意または過失によって」という文言が条文にないことです。これは、被害者が加害者の故意・過失を証明しなくても、加害者の責任を問えることを意味します。実は、この条文は、この後にただし書きが続き、加害者自身が、自分には落ち度がなかったことを証明できれば免責される旨が規定されています。しかし、「被害者が加害者の過失を証明する」という発想から、「加害者自身が、自分に過失がないことを証明する」という発想に転換し、しかも、過失がないことの認定が厳しいこともあり、**実質的に無過失責任**が加害者に課されているといっても過言でありません。

◆そもそも、「運行供用者」って誰?

ところで、自動車損害賠償保障法3条における責任主体は、「自己のために自動車を運行の用に供する者」です（一般的に「**運行供用者**」といわれています）。では、どのような者が運行供用者に該当するのでしょうか?　判例は、「自動車の使用についての支配権を有し、かつ、

15　ちなみに、刑事上・行政上の責任については、「自動車の運転により人を死傷させる行為等の処罰に関する法律」や「道路交通法」などに規定があり、それに従って処罰されます。

その使用により享受する利益が自己に帰属する者」と解しています。[16] ポイントは、運転手に限らず、より広い概念だということです。では、このような広い範囲で重たい責任を課すことの正当性根拠はどこにあるのでしょうか。それは、以下の点です。

まず、車という危険物の運行をコントロールできる立場にある人は、その運行によって生じた損害についての責任を負担すべきだという考え方です。いわゆる「**危険責任**」的な考え方です。また、車の運行によって利益を得ている人は、その運行によって生じた損害についての責任も負うべきだという考え方もあります。いわゆる「**報償責任**」的な考え方です。このような危険責任と報償責任という考え方は、自動車の場合だけではなく、さまざまな場面で無過失責任の根拠となっています。

なお、実際には、いろいろな場面で運行供用者と言えるかどうかが争われています。例えば、会社の従業員が、会社の車を運転して通勤していたときに事故を起こした場合、会社は運行供用者でしょうか？　車を知人に貸していたところ、その知人が事故を起こした場合、自分は運行供用者でしょうか？　鍵をつけっぱなしにしていたため車を盗まれてしまい、その犯人が事故を起こした場合、自分は運行供用者でしょうか？　割賦販売（所有権留保特約）で自動車を購入したが、ローン完済前に自動車事故を起こした場合、ディーラー（信用供与者）は運行供用者でしょうか？　ここでは個別の裁判例を紹介しませんが、前述の趣旨を踏まえて各自で考えてみていただければと思います。

◆ストーブが発火！　責任は誰に？

無過失責任のもう1つの例として、「**製造物責任法**」についても触れておきましょう。私たちは、日々、いろいろな商品やサービスを購入して生活をしていますが、製造業者（作る人）と販売業者（売る人）が別である場合も少なくありません。例えば、電化製品を考えた場合、メーカーである「ソニー」と、家電量販店である「コジマ」は別の存在です。では、購入した商品が不良品で、それによって事故が起きた場合、誰が責任をとるのでしょうか。

まず、買主は、販売業者（売買契約の売主）に対してクレームを言うことが考えられます。なるほど確かに、買った商品に不具合があるのなら、販売業者に何とかしてもらうというのが筋かもしれません。しかし、もしかしたら販売業者は、「うちは、仕入れた商品を売っているだけなので、最終的にはメーカーの責任です」と言うかもしれません。なるほど、売主に原因がないのだとすると、製造業者に責任を追及することも考えられます。

ただし、問題がなくはありません。まず、購入者と製造業者は、直接的に契約でつながっていません。そこで、契約上の責任を問うことはできません。ただしその場合であっても、民法709条に基づいて不法行為責任を問うことは可能です。しかし、さらに問題が生じます。民法709条で責任を追及するためには、購入者は、製造業者の「故意」または「過失」を証明

16　最判昭和43年9月24日集民92号369頁など。

◎製造物責任法のイメージ

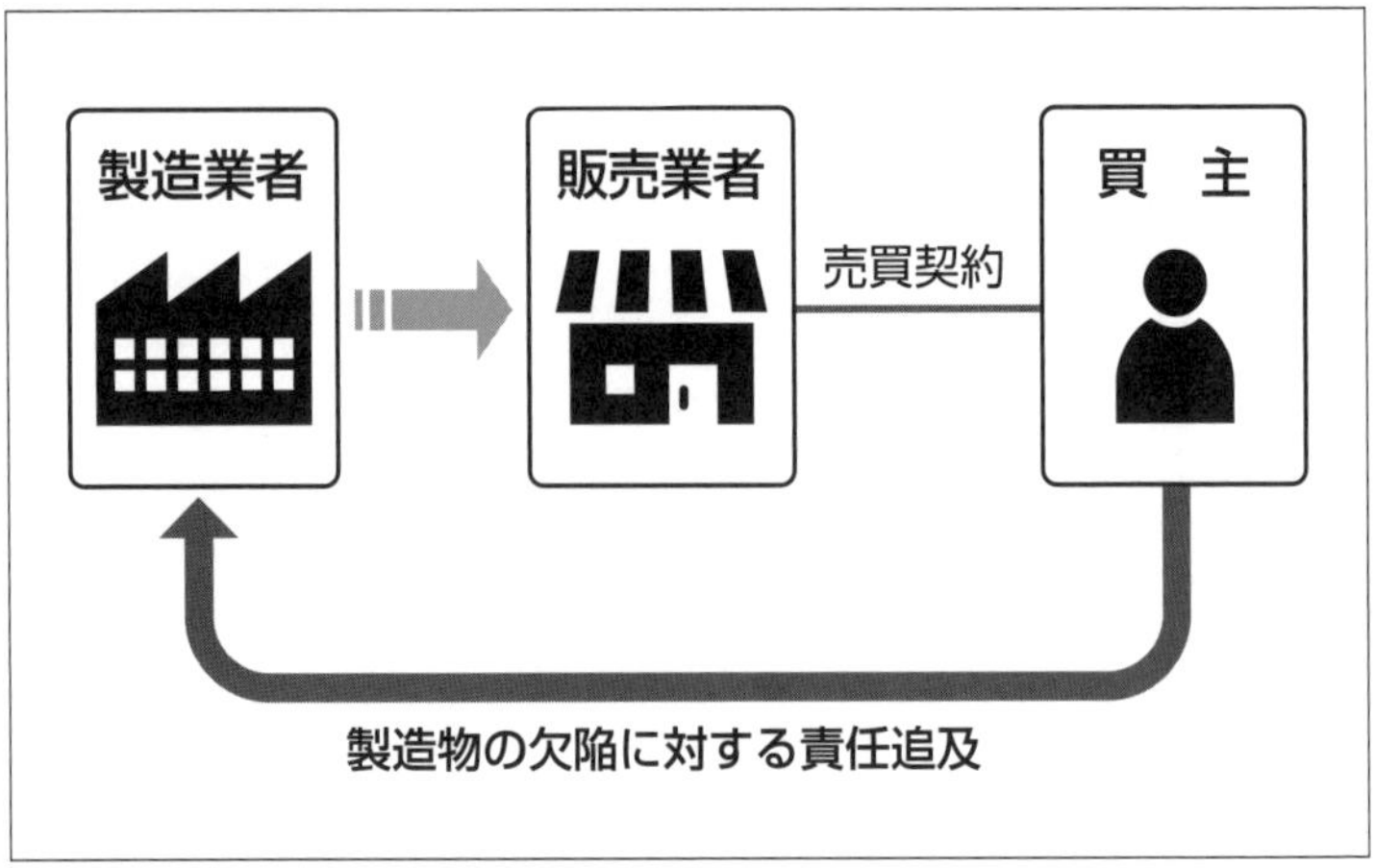

しなければならないわけですが、果たして、それは可能なのでしょうか。くれぐれも、民法709条は、原告（被害者）側で、被告（加害者）側の注意義務違反を立証しなければならないということを忘れてはなりません。

そこで購入者を保護するために、「製造物責任法」が制定されています。同法3条本文によると、製造業者等は、引き渡した製造物の「欠陥」によって他人の生命、身体または財産が侵害されたときは、これによって生じた損害を賠償する責めに任ずる旨が規定されています。この条文は、要は、購入者は、製造業者等の「過失」を立証しなくとも、「欠陥」の存在の立証さえできれば、製造業者に対して損害の賠償を請求することができるというものです[17]。

ちなみに、ここでいう「製造物」とは、「製造又は加工された動産」と定義されています

（製造物責任法2条1項）。ですから、電化製品、洋服、文房具、おもちゃなど、さまざまなものが対象になります。食べ物でも、お弁当など、加工されていれば製造物です。適用範囲が広いといえるでしょう。

なぜ、それほど重たい責任を製造業者に課すのでしょうか。ここでも、「**危険責任**」的な考え方で説明をすることができます。すなわち、製造業者しか、欠陥のない商品を作ることをコントロールできませんし、製造業者に重たい責任を課すことで、製造業者に注意させて、私たちの生活の安全を図っているのです。

◆自動運転の車で事故が起きた場合は？

ところで、近年、自動車の自動運転技術が飛躍的な進歩を遂げています。自動運転とは、ドライバーの代わりに、自動車に内蔵されているシステムが認知・判断・運転操作などを行なうことです。自動運転のレベルは、およそ5つに分けられるようですが、レベル5になると、システムが常にすべての運転操作を自動でしてくれるようです。では、自動運転の車が事故を起

17　製造業者によって製品保証がなされる場合がありますが、それは、製造業者が自主的に行なっているものであり、製造物責任法とは別物です。保証の有無や期間などにかかわらず、製造物責任法の要件を充たす場合には、損害賠償を請求することは可能です。

こした場合、どのようになるのでしょうか？

ドライバーが、その車および運転を「支配」している限り、自動車損害賠償保障法（302頁参照）に基づき、運行供用者としての責任を負わせることは可能です。しかし、運転の自動化が進めば進むほど、「支配」から遠ざかります。そうすると、むしろ、システムトラブルなどに基づく事故の責任などは、製造物責任法（305頁参照）に基づき、製造業者に負わせる方向性になるようにも考えられます。もしかしたら、今までの責任分配とは、少し異なってくるかもしれません。いずれにしても、現時点ではルールが確定しておらず、近未来に向けた法的な検討課題ということになります。

ただし大切なのは、法学の役割には、このような未来の社会に向けたルールの考究も含まれているということです。

CIVIL LAW

5

不法行為の効果
――損害賠償はどこまで認められるの？

◇不法行為責任のとり方は？

不法行為が成立すると、被害者は加害者に対して、財産的損害および精神的損害の賠償を請求することができます（民法709条）。そして、ここでの「賠償」は、損害を金銭に評価して行なう**金銭賠償**が原則となっています（722条1項）。すなわち、現実に生じた損害を一定のルールに従って「金○○円」と評価することになるのです。

金銭的評価をするにあたっては、裁判実務では、損害項目の積上げ方式というものが採用されています。例えば、生命侵害があった場合、積極的財産的損害（治療費、葬儀費、墓碑建設費など）、消極的財産的損害（いわゆる「逸失利益」。死者本人について年間収入額を認定し、そこから生活費を控除し、それに就労可能年齢を乗じた額（純逸失利益）から中間利息を控除した額）、精神的損害としての慰謝料（賠償額は、裁判官の裁量）が積み上げられることとなります。

また、金銭賠償以外に、特に不法行為の内容が名誉毀損であった場合、裁判所は、**名誉回復**

処分を命ずることもできます（民法723条）。名誉の毀損は、その性質上、必ずしも金銭賠償に馴染むとはいえず、仮に巨額の賠償を認めても被害者の名誉が回復されたことにはならないからです。それよりも、名誉を回復するための措置を命じることのほうが、より本質的です。名誉回復処分として頻繁に用いられているのは、謝罪広告を新聞や雑誌等の情報媒体に掲載するという方法です。[18]

さらに、条文上は存在しませんが、「**差止め**」の可能性も考えられます。差止めとは、他人が違法・不当な行為をしている、または行なうおそれがある場合に、その行為を停止させる法的手続きのことです。差止めは、損害賠償とは異なり、損害が生じる前に行為を停止させる、いわば「事前規制」的な要素を含んでいるため、不法行為の一般的効果として認めることはできません。しかし、相隣（日照妨害・近隣騒音・営業妨害等）、公害（航空機騒音、水質汚濁等）、出版物（プライバシー侵害等）など、問題となる具体的ケースごとに、特に被侵害利益が重大である場合に総合衡量のもとで、差止めが認められる場合もあります。[19]

◆いくらくらい賠償するの？

次に、賠償の範囲について触れておきましょう。裁判上で金銭賠償を認定するにあたり、金銭的な評価をしなければなりませんが、その際には、個別の損害を金銭的に評価したものを積み上げていきます。ただし、原告側で加害行為と損害との間の因果関係も証明しなければなりませんので、賠償額が少額に抑えられる場合も少なくありません。

例えば、ネット上でBがAを誹謗中傷して、Aの名誉が毀損されたとしましょう。[20] この場合、AがBに対して損害賠償請求をするわけですが、その額は、どれくらいになるのでしょうか。

---

18 謝罪広告が強制執行の対象となることが、良心の自由に反しないか問題となりますが、判例は、単に事態の真相を告白し、陳謝の意を表明するに止まる程度のものであれば、良心の自由を侵害しないとしています。最判昭和31年7月4日民集10巻7号785頁。

19 例えば、出版差止めが認められた事例として、最判昭和61年6月11日民集40巻4号872頁。

20 名誉毀損が不法行為に該当するか否かは、「表現の自由」と「名誉の保護」という2つの対立する権利・利益の調整の問題です。この分野での判例準則は、まず、表現内容が、「意見や論評」か、それとも「事実の摘示」かによって区別しています。例えば、「あの映画は、面白くない！」というのは、意見・論評です。そして、これは、合理的であるかどうかを問わず、人身攻撃のように逸脱したものでない限り、責任に問われることはありません。これに対して、「あいつには、過去に補導歴がある」といった類は、事実の摘示です。事実の摘示の公表によって社会的評価が下がれば、名誉毀損となる可能性があります。ただし、事実の摘示であっても、不法行為にならない場合があります。特に、その事実に「公共性」があり、また、「公益目的」からなされた摘示であれば、それが「真実」である限り、責任を問われません。例えば、公的な存在である政治家が、特定の会社に口利きをしたという記事は、それが真実である限り、国民の知る権利とつながり、表現の自由・報道の自由が保障され、名誉毀損にはならないと考えられます。また、摘示した事実が「真実」だと証明できなかったとしても、適示した事実が真実であると信じたことについて過失がないときには、責任は問われません。信頼できるところから情報を入手し、合理的な注意をもって調査・検討した結果、報道したと認められれば、責任を免れることができます。

この場合、たとえ誹謗中傷自体が認められたとしても、誹謗中傷と財産的損害との因果関係の証明は、決して容易ではありません。「この誹謗中傷がなければ、お店はあと○○万円程度の売り上げがあったはずだ」とか、「この誹謗中傷がなければ、私は病気にならず、○○万円の治療費がかからなかったはずだ」とかを証明できればよいのですが、なかなか難しいものがあります。これに対して、**精神的損害**（いわゆる、**慰謝料**）は、裁判官の裁量に基づいて決められるものですので、金額の証明をする必要はありません。

ところで、賠償されるべき損害の範囲が確定したとしても、その全額を加害者に賠償させることが公平の理念に合致しない場合、その賠償額が減額される場合があります。その中心となるのが、「**過失相殺**」です（民法722条2項）。すなわち、裁判所は、損害賠償額を定めるにあたり、被害者にも過失があったときは、これを考慮して賠償額を減額することができるものとされています。

◆過失相殺の適用場面の拡張

民法722条2項の文言上は、過失相殺が認められるための要件として、「被害者」に「過失」のあることが求められています。しかし、実際の裁判実務では、この条項を柔軟に解釈して、損害賠償額の調整原理として広く活用しています。

例えば、子ども同士（A・B）のけんかによって、Bが怪我をした場合、BがAの両親に対して監督責任（民法714条1項。297頁参照）を追及したのに対し、Aの両親は、Bにも過失があるとして過失相殺を主張した場合、それは認められるでしょうか。これに関し、判例[21]は、民法722条2項は不法行為者に積極的に損害賠償責任を負わせる問題ではなく、単に、不法行為者が責任を負うべき損害賠償額の算定について公平の見地から被害者の不注意をどのように斟酌するかの問題に過ぎないので、同条項における「過失」は709条の「過失」とは異なり、したがって、被害者が責任能力を有することを要せず、**事理弁識能力**があれば足りると解しています。「事理弁識能力」とは、簡単に言えば、物事の分別です。すなわち、先ほどの例で、Bが責任能力がないような年齢であったとしても、物事の分別がつくような年齢（例えば、9歳くらい）であれば、Aが負う賠償額の減額のためにBの不注意を評価の対象にできるということです。

ところで、この判例を支持する限り、過失相殺をするためには被害者の事理弁識能力が必要となります。すると、A（2歳）が、母親と買い物に出かけたところ、母親が目を離したすきに道路へ飛び出し、Bの運転する自動車にはねられた場合、Aには事理弁識能力がないので、過失相殺は認められないのでしょうか。この場合、母親の不注意を損害賠償額に反映することはできるのでしょうか。これに関し、判例[22]は、722条2項が損害の公平な分担という公平の

21　最判昭和39年6月24日民集18巻5号854頁

理念に基づくものであると位置づけたうえで、被害者に対する監督者である父母などのように、被害者と身分上ないしは生活上一体をなすと認められる関係にあるような者を「**被害者側**」として、過失相殺を認めています。被害者本人に過失が問えなくとも、被害者「側」に過失が認められれば、賠償額は減額され得るのです。

さらに、近年においては、**被害者の素因**（病気や障害を被りやすい素質、既往症、持病等）が加害行為と相まって損害を拡大させた場合において、損害賠償額の決定にこれを反映させるという方向にあります。例えば、自動車事故に遭って後遺症が残ってしまった被害者が、補償交渉がうまくいかず、さらには、被害者の意向に沿った復職がかなえられなかったことなどが起因して、災害神経症状態となり、その後うつ病となり、結局、事故から4年あまり経過した時点で自殺してしまったという事件において、裁判所が、事故と自殺との間の因果関係を認めつつ、心因的素因を斟酌して、損害賠償額を大幅に減額した例などが挙げられます。[23]

22　最判昭和42年6月27日民集21巻6号1507頁
23　最判平成5年9月9日判時1477号42頁。また、素因減責が争われた事例として、最判昭和63年4月21日民集42巻4号243頁、最判平成4年6月25日民集46巻4号400頁。最判平成8年10月29日民集50巻9号2474頁なども参照。

CIVIL LAW

第7章

債権Ⅲ

――債権総論

CIVIL LAW 1

弁済

――債務者以外が弁済しても有効なの？

◆債権者に満足を与える

既に説明したように、さまざまな原因のもとで、債権関係が発生します（228頁参照）。債権が発生すれば、債権者は、債務者に債務の履行を請求し、そして、相手方がなした債務の履行を受領する権利を有することとなります。例えば、不動産の売買契約が成立すると、買主は、売主に対して売買代金支払債務を負う代わりに、売主から所有権を移転してもらう権利を有することになります（売主の権利・義務はその反対です）。そして、通常の取引であれば、売主・買主のそれぞれが自ら負っている債務を履行し、相手方がそれを受領することによって、無事に終了します。

このように、債務の本旨に従った履行がなされることを、「**弁済**」といいます。民法上で弁済は、金銭の支払いだけでなく、目的物の引渡し、役務の提供などを含む、債権の内容を実現させること全般を意味します。民法は、473条以下では、債権の消滅原因の1つとして、弁済に関する規定を用意しています。ここでは、いくつかの弁済に関する重要な制度のみを紹介しましょう。

◆第三者が弁済をする?

まずは、「誰が」弁済するのか、について説明しましょう。「弁済するのは、当然、債務者でしょ?」と思われる読者もいるかもしれません。それはそのとおりなのですが、ここでのポイントは、民法は**債務者以外の「第三者」の弁済**も認めている、という点です。「第三者」が弁済するというと少し違和感があるかもしれませんが、例えば、AがBから1500万円の融資を受け、それを担保するためにCが自己所有の不動産に抵当権を設定した場合（このようなCを「**物上保証人**」といいます）、Aが返済を遅滞したためBがCに対して抵当権の実行を主張したところ、Cは仕方なくAに代わってBへ弁済した、という場面は十分に想定できるわけです。これが、第三者弁済の典型例といえます。

なお、民法474条1項は、「債務の弁済は、第三者もすることができる」との原則を簡潔に述べていますが、その後に、第三者弁済が認められない場合も規定しています（同条2～4項）。それについては、条文をよく読んでもらいたいのですが、その中で、「**弁済をするについて正当な利益を有する者**」という概念が登場します。これは、大雑把に言えば、ⓐ弁済をしないことによって自己の財産が強制執行等にかけられるおそれがある場合（物上保証人、抵当不動産の第三取得者など）や、ⓑ弁済をしないことによって自己が得られるはずの利益を喪失す

◎「弁済による代位」のイメージ

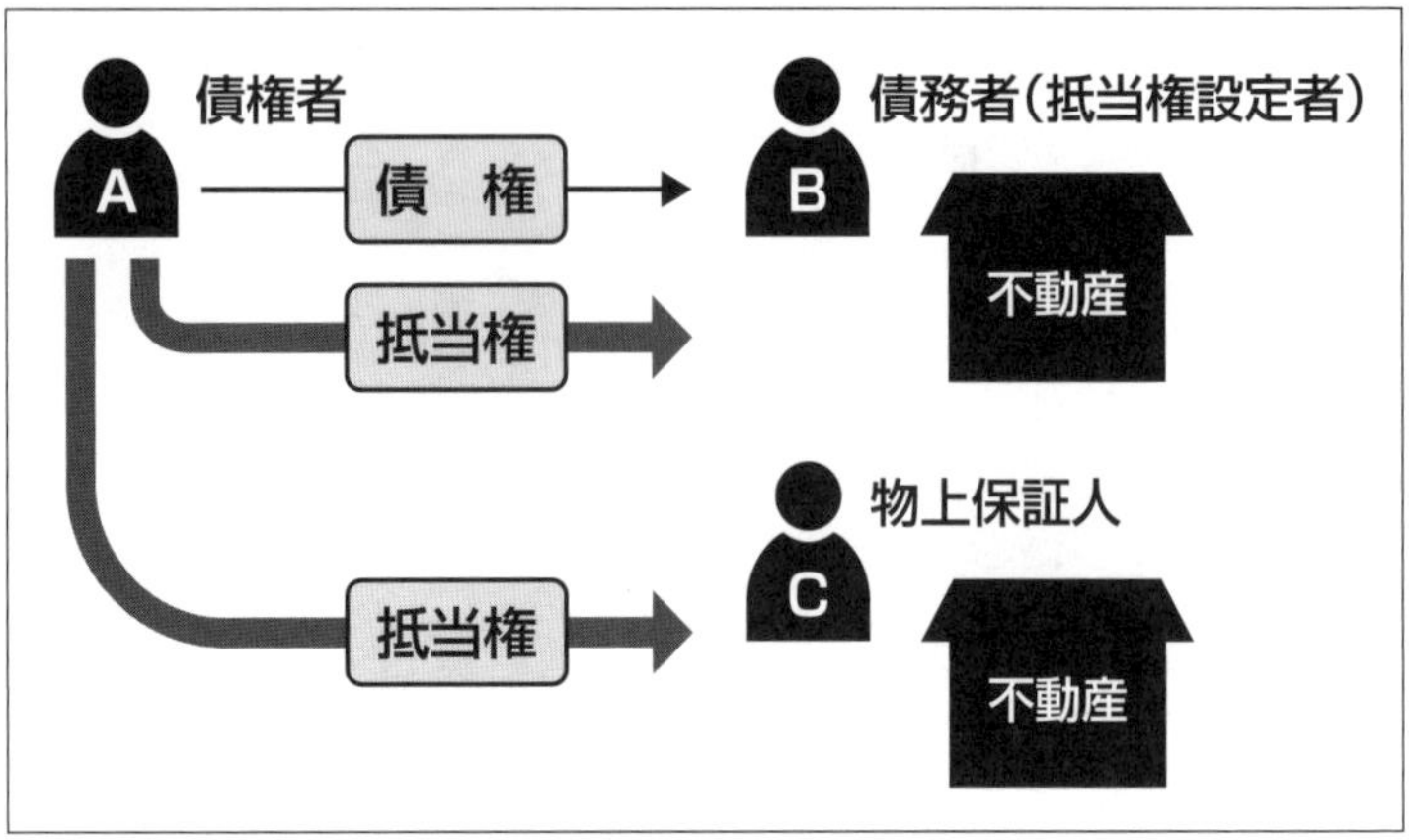

CがAに第三者弁済をすることによって、
AのBに対する債権ならびに抵当権がCに移転

るおそれがある場合（後順位抵当権者など）を指します。このような正当な利益がない者は、基本的に、債務者や債権者の意思に反して第三者弁済ができないものとなっています。

なお、第三者弁済であっても、有効な弁済であれば、債権者が有していた債権は消滅することになります。ただし、弁済をした第三者は債務者に対して「**求償権**」を持つ場合が多く、その際には弁済者（第三者）が、債権者がそれまで有していた権利（原債権や担保権など）を行使することができることになっています。これを、「**弁済による代位**」といいます（民法４９９条以下）。弁済者の求償権を確保するための制度です。そのような意味で、債権の消滅は相対的なものにとどまります。

◆債権者でない人に弁済した場合

次に、「誰に」弁済をするのか、について触れておきましょう。もちろん、弁済は、債権者に対して行ないます。[1] いくら債務者が債務の内容どおり履行したとしても、弁済受領権限のない者への弁済は、原則として無効です。債権者は依然として債務者に対して債務の履行を請求することができ、弁済者は、受領者に対して不当利得に基づく返還請求（民法703条、704条）や不法行為に基づく損害賠償請求（民法709条）を主張し得るにすぎません。

しかし、この原則を貫くと、常に弁済者が二重弁済の危険にさらされることとなってしまいます。たしかに、弁済者は受領者に対して不当利得や不法行為を主張することはできますが、その受領者が行方不明であったり無資力であったりする場合のリスクを負担しなければなりません。そこで民法は、例外的に、弁済受領権限を有しない者への弁済であったとしても、**弁済受領権限があるという外観を信頼した（＝善意・無過失の）弁済者を保護**する規定を置いています（民法478条）。

本条にいう「受領権者……以外の者であって取引上の社会通念に照らして受領権者としての外観を有するもの」には、債権者になりすました者だけではなく、債権者の詐称代理人なども含まれると解されています。また、判例によれば、特に金融取引の事例において、「弁済」と

1　例外的に、債権者でも弁済受領権限がない場合もあります。民法481条参照。

いう一般的な用語の意味を超えて広く解し、民法478条を類推適用することによって、弁済者保護を拡張してきました。[2]

◆後はあなたが協力してくれれば……

債務者が弁済をするにあたり、自らの行為のみで完了し得る場合もあります（例えば、不作為債務など）が、多くの場合、弁済を実現するためには債権者の何らかの協力（関与）が必要となります。例えば、AがBに対して100万円の金銭債権を有している場合、Bが100万円をAに支払いたくとも、Aがそれを受領してくれなければ、弁済は実現しません。

そこで、債務者側としては、自分は弁済のために必要なことをすべて行ない、後は債権者が受領すればよいという状態を作り出したのならば、その後は債務不履行の責任を負わないようにする、という制度が必要となります。それが、「**弁済の提供**」です（民法492条、493条）。[3]

では、実際に、「弁済の提供」がなされたと言い得るためには、具体的に、どのような行為が必要なのでしょうか。

ⓐ原則的に、「現実にしなければならない」ものとされています（民法493条本文。いわゆる「**現実の提供**」）。現実の提供とは、債務の本旨に従って、債務者としてその事情でなし得る限りのことをし、債権者の協力がないために履行を完了できない（＝債権者が求めれば直ちに受領できる）という程度まで完了することをいいます。[4] 例えば、借金の返還債務を負ってい

る場合には、債務者は、お金を準備して債権者の住所に持参しなければならず、単に準備していただけでは現実の提供をしたことにはなりません。

ⓑこれに対し、債権者があらかじめ受領拒絶をするとき、または、履行に債権者の協力が必要なときには、債務者は、弁済の準備をしたことを通知してその受領の催告をする（いわゆる**「口頭の提供」**）だけで十分であるとされています（民法４９３条ただし書）[5]。例えば、先ほどの貸金債務の例で言えば、債権者からあらかじめ受領を拒絶されているような場合には、実際にお金を持って債権者の住所に行く必要はなく、弁済の準備をして債権者にそれを口頭で伝えるだけで十分です。ちなみに、なぜ口頭の提供だけでよいのか（また、なぜ口頭の提供は必要なのか）というと、債権者が意を翻して受領することも考えられるため、念のため口頭の提供

2　例えば、預金担保貸付や保険契約者貸付など、厳密な意味では「弁済」ではなく「信用供与」とも言い得る事例にも、本条の類推適用が認められています。最判昭和48年3月27日民集27巻2号376頁、最判昭和63年10月13日判時1295号57頁、最判平成9年4月24日民集51巻4号1991頁など参照。

3　さらに、債務者が自己の行為だけで債務を消滅させるための制度として、弁済供託（民法４９４条以下）があります。

4　大判大正10年7月8日民録27輯1449頁

5　さらに判例は、口頭の提供すら不要である場合も認めています。最判昭和32年6月5日民集11巻6号915号。なお、最判昭和45年8月20日民集24巻6号1243頁も参照。

を行なう必要はあるのですが、債権者が受領を拒んでいるにもかかわらず債務者に対して現実の提供までを求めるのは酷であるからです。

コラム

受領遅滞

債務者に弁済する意思があるにもかかわらず債権者が受領しないという局面を考えた場合、債務者側に焦点を当てると「弁済の提供をした」と法的に評価することになりますが、反対に、債権者側に焦点を移せば「受領を遅滞した」と評価することになります。民法は、「債権者が債務の履行を受けることを拒み、又は受けることができない場合」に、債権者に責任を負わせる制度としての「受領遅滞」の規定を置いています（民法４１３条）。

同条で定められた受領遅滞の効果は、大きく２つです。第一に、その債務の目的が特定物の引渡しであるときは、債務者は、履行の提供をしたときからその引渡しをするまで、「自己の財産に対するのと同一の注意」をもってその物を保存すれば足りるものとしています（１項）。これは、特定物の引渡義務を負っている者は、一般的に、「善管注意義務」（民法４００条）を負っているのですが、受領遅滞があった以上、債務者の注意義務を軽減しているのです。第二に、債権者が受領しないことによって、債務者の履行の費用が増加したときは、その増加額は、債権者の負担とするものとしています（２項）。例えば、債権者が受領しないことによって、債務者が目的物を保管するための場所を確保しなければならなくなった場合に、それにかかる費用などが考えられます。

なお、債権者に受領義務があるか否かについては、判例・学説上で争われていますが、判例（最判昭和40年12月3日民集19巻9号2090頁）は一般的には受領は権利であり、義務ではないものとしていますので、それに従えば、受領遅滞は債務不履行責任とは位置づけられないことになります。そこで、債務不履行があった場合の責任（契約解除や損害賠償）を直ちに問うことはできません（253頁参照）。

CIVIL LAW

2

相殺

――債権回収のための強力な手段

◆相殺とは？

相殺（民法505条以下）とは、債務者が債権者に対して同種の債権を有している場合に、意思表示によって、その反対債権と債務とを対当額（＝重なり合う範囲）において消滅させることをいいます。例えば、AがBに対して300万円の債権（α債権）を有し、BもAに対して200万円の債権（β債権）を有している場合に、AがBに対して相殺の意思表示をすることによって（民法506条1項参照）、対当額（200万円）の範囲でα債権およびβ債権双方の債権を消滅させることができるのです。200万円は原則的に、相殺に適するようになったときにさかのぼって消滅することになります（民法506条2項参照）。なお、Aが相殺の意思表示をする場合、Aが有する債権（α債権）を「**自働債権**」といい、Bが有する債権（β債権）を「**受働債権**」といいます（Bが相殺の意思表示をする場合は、反対に、自働債権がβ、受働債権がαとなります）。

相殺は、同種の債権を別々に履行する無用の手数を省くのに有益である（**決済簡素化機能**）

ほか、一方の当事者の資力が悪化した場合に、他方だけが弁済することから生ずる不公平を除去するものとして機能しています（**公平機能**）。先ほどの例で言えば、AおよびBがそれぞれα・βの両債務を別々に履行しようとすると費用や手間が二重となりますが、相殺をすることによって一度の決済で済むというメリットがあります（A・B間での取引が多数であればあるほど、決済簡素化のメリットは高まります）。また、仮にBが不誠実な債務者であり、Aにβ債務を履行させつつ自分はα債務を履行しないとすると、両者に不公平が生じるところ、相殺をすることによって、少なくとも対当額（200万円）においては実質的に両債務が弁済されることとなり、より公平な結果が実現できるのです。

◆相殺適状

相殺をするには、**相殺適状**（相殺に適した状態）にあることが必要です。より具体的には、「二人が互いに同種の目的を有する債務を負担する」ことと、「双方の債務が弁済期にある」ことが必要とされています（505条1項本文）。

まず、条文上、「**同種の目的**」となっていますが、実際には、金銭債権同士の相殺がほとんどです。同種であれば、債権の発生原因や債権額が同一である必要はありません（例えば、貸金債権と預金債権を相殺することは可能です）。履行すべき場所が同一である必要もありません（民法507条本文）。また、自働債権の消滅時効が完成した場合でも、その消滅以前に相殺適状にあったときは、相殺することができるものとなっています（民法５０８条）。これは、相殺適状となった場合に当事者としては、既に両債権が対当額で決済されていると考える場合もあり、そのような信頼を保護するためです。[6]

他方、条文上は、**両債権が弁済期にあること**が要求されていますが、少し注意が必要です。自働債権が弁済期に到達している必要はありますが、受働債権の期限が到来していなくても、期限の利益を放棄して相殺することができると解されています。自らの債務に対する期限の利益を放棄することは自由だからです。

なお、相殺適状にあったとしても、相殺をすることができない場合があります。具体的には、ⓐ**法律**によって相殺が禁止されている場合（民法５０９〜５１１条）、ⓑ**債権の性質**上、相殺が認められないと考えられる場合（民法５０５条１項ただし書）[7]、ⓒ**相殺禁止特約**がある場合（民法５０５条２項）、ⓓ相殺をすることが**濫用**と認められる場合です。ⓓの「相殺権の濫用」は、特に、相殺がもたらす優先弁済的機能を濫用して特定の当事者の利益を図る事例など、形式的には相殺の要件を充たしていたとしても、相殺制度の趣旨を逸脱するような相殺の主張は信義則違反または権利の濫用として許されないとの法理です。

◆相殺の担保的機能

ところで、相殺という制度は、先ほど説明した「便利」と「公平」という枠を超えて、非常に簡易な実行によって実質的な優先弁済を受け得る手段として、取引実務上でも、債権者が債権回収を有利に進める一手段として有効利用されています。その最も典型的な例は、金融機関が取引先に有する貸付債権を当該取引先の預金債権と相殺する場合です。貸付先の資金繰りが悪化して貸付金の返済が滞ると、債権者である金融機関は、債務者の預金債権を受働債権として、それと貸付債権を相殺し、他の債権者よりも優先的に自己の債権を回収するのです。このような相殺の役割を一般的に、**相殺の担保的機能**と呼んでいます。

このような機能があることは、民法の条文上も明らかです。例えば、AがBに対して300万円の金銭債権（α）を有しており、反対に、BはAに対して200万円の金銭債権（β）を有していましたが、その後、Bの債権者であるCが、BのAに対する債権（β）を差し押さえ

6　このような趣旨から、既に消滅時効の完成した債権を譲り受けた場合には、当初から相殺に対する期待権があったわけではないので、譲受人が相殺したとしても、時効の援用があれば相殺の効力は発生しないと解されています（最判昭和36年4月14日民集15巻4号765頁）。

7　例えば、なす債務（お互いの仕事を協力するという義務など）や、不作為債務（お互い高層建物を建てないという義務など）などは、その性質上、それぞれ履行されなければ意味をなさないから、相殺は許されないとされています。また、抗弁権の付着した債権も、これを自働債権として相殺することを許してしまうと、相手方が抗弁権を一方的に奪われる結果となってしまうため、相殺は許されないものとされています。大判大正3年11月13日民録20輯922頁、最判昭和32年2月22日民集11巻2号350頁。

◎相殺の担保的機能の例

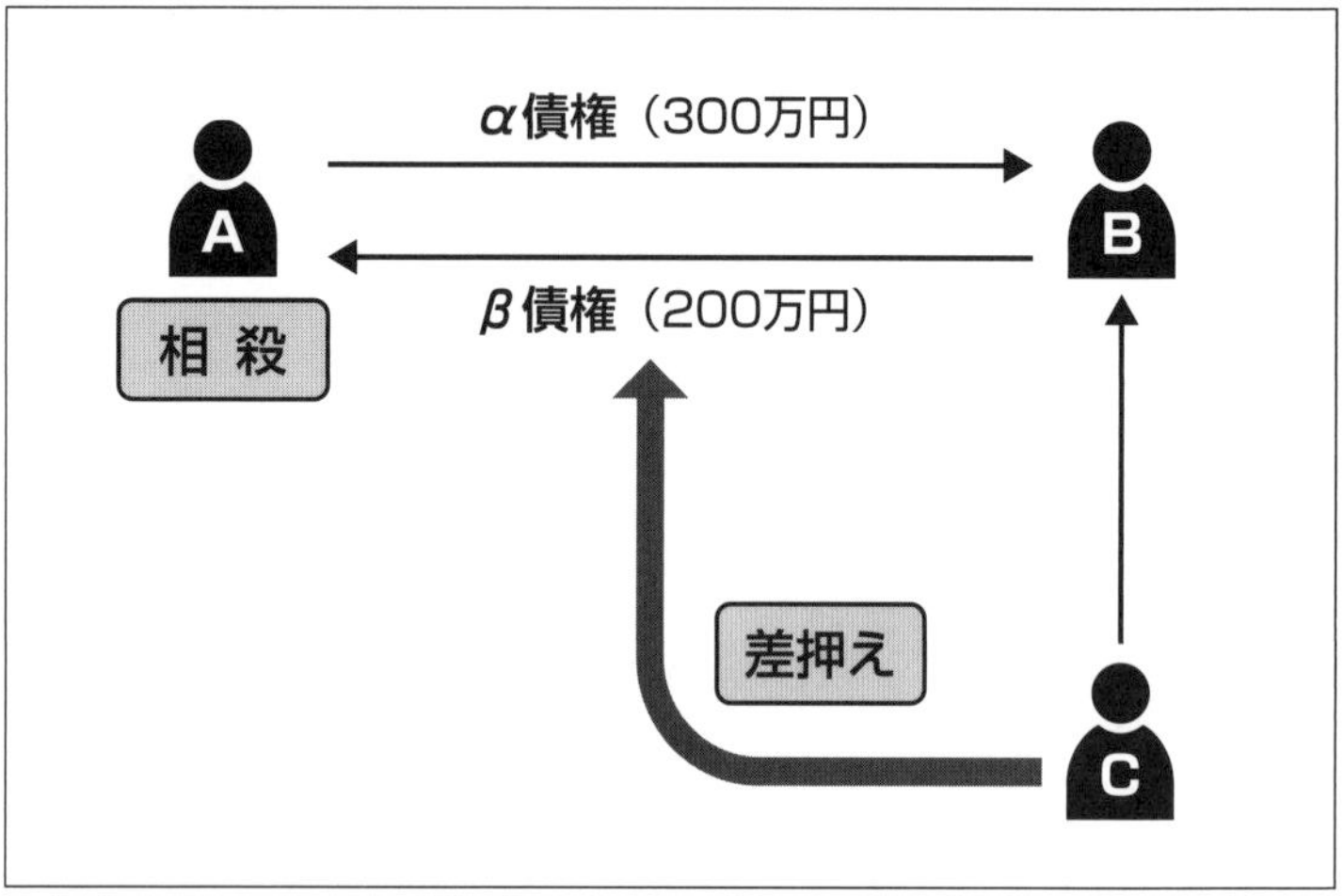

たところ、Aは、両債権（αおよびβ）を対当額で相殺することをCに主張した場合、その主張は認められるでしょうか。

これに関し、民法511条1項は、「差押え前に取得した債権による相殺をもって対抗することができる」旨が明記されています。差押え前にAがα債権を取得していれば、βとの相殺に対する期待権を有するため、それを保護しようとする発想があります（なお、同条2項も参照）。また、債権譲渡にも、同様の規定が置かれています。すなわち、先の例で、Cがβを差し押さえるのではなく、Bからβの譲渡を受けた場合であっても、同様に、債権譲渡がなされ対抗要件が具備される前にAがα債権を取得していれば、債権譲渡があった後でもCに対して、αとβの相殺の主張をすることが可能です（民法469条1

項。なお、同条2項も参照)。

◆「期限の利益喪失条項（特約）」と相殺

なお、1点、留意しなければならないのは、Cによる差押えやCへの債権譲渡がなされた後であってもAは相殺を主張することができるとしても、その前提として、Aが有する債権（α）の弁済期が到来していなければならない（＝相殺適状になっていなければならない）ことに変わりはありません。しかし取引実務上では、AとBとの間では、Bに信用不安が生じた場合にはα債権につき「期限の利益喪失条項（特約）」（102頁参照）が設けられている場合が少なくなく、結果として、差押えや債権譲渡があった場合には、α債権の弁済期が到来することとなり、相殺適状になるのです。

ただし相殺は、担保物権のような担保権と全く同視することはできず、あくまで担保「的な」機能を有しているに過ぎない点にはくれぐれも留意が必要です。相殺の対象となる両債権の間には必然的に牽連性が認められるわけではないですし、また、相殺権が公示されているわけでもありません。そこで、特に第三者（C）が登場する場面において、相殺の担保的機能を認めることが妥当か否かは、第三者との利益調整のもとで慎重に検討されなければなりません。

CIVIL LAW 3

履行障害
――買主が代金を払わない場合、売主はどうすればいいの?

◆履行障害

債権関係が発生した場合、債務者が債務を履行してくれれば、債権者として何も問題ないのですが、ときには、何らかの原因で債務の本旨に従った履行(弁済)がなされない場合があります。これを「**履行障害**」といいます。例えば、A・B間で売買契約が締結されたにもかかわらず、買主Aに売主Bが目的物を引き渡そうとしない場合や、AがBの不法行為によって損害を受けたにもかかわらず、加害者Bが被害者Aに損害賠償をしようとしない場合などが考えられます。Bが債務を履行しない理由はさまざまなものが考えられます。しかし、理由はどうであれ、債務が履行されないというのは、好ましい状態ではありません。なぜなら、債務は履行しなければならないからです。

なお、ここでいう「履行しなければならない」は、単なる道徳的・倫理的・感情的なレベルではありません。例えば、デートをすっぽかしたり、友人にお土産を買ってくるのを忘れたりしたとしても、それは「人としてどうなの?」というレベルの問題であり、そこに国家が介入することはありません。しかし、当事者間に「債権」「債務」が発生していると評価できる法的レベルになると、話が違ってきます。債務が履行されない場合には、国家が助力をして、債権者の権利の実現を保障したり、債権者を救済したりしなければなりません。さもないと、自分だけ得をしておいて責任を果たさない者が増えてしまい、社会が混乱してしまうからです。

では、履行障害が発生した場合に、民法は、債務者の救済手段として、どのような規定を設けているのでしょうか。以下で少し詳しく見ていきましょう。

◆裁判所の力を借りる――履行の強制

まず、債務者が任意に債務の履行をしない場合には、債権者は、裁判所に、**履行の強制**を求めることができます（民法414条1項本文）。先ほどお話ししたとおり、「債権」というのは法的な強制力を伴う義務ですので、債務の履行がなされなければ、国家権力の助力を受けて、権利の実現を図ることができるのです。[8]手続きは、民事執行法などの法律に基づきますが、債務の種類に応じて、強制執行の方法が異なっています。主として、直接強制、代替執行、間接強制の3種類があります。

まず、金銭の支払いや物の引渡しのような債務（いわゆる「与える債務」）については、債務者の意思にかかわらず、国家機関（裁判所）が、債権内容を直接的に実現する方法があります。これを「**直接強制**」といいます。例えば、金銭の借主が貸金を返済しない場合、貸主は、借主の所有する財産を差し押さえて、換価（競売）手続を行ない、その中から弁済を受けます（民事執行法43条以下）。また、賃貸借契約が終了したにもかかわらず土地や建物を占拠している者に対して、その土地の明渡しを求め、明渡しをしない場合には国家機関によって強制的に退去させる（民事執行法168条）というのも直接強制の一例です。

また、債務の履行の手続きを、債権者あるいは第三者が債務者に代わって行ない、債務の履行を実現させる方法があります。これを「**代替執行**」といいます（民事施行法171条）。例えば、謝罪広告の掲載をなすべき債務（民法723条）を負っている者が掲載をしない場合、債権者は、自らが謝罪広告を掲載したうえで、その費用を債務者（加害者）から取り立てることができます。

さらに、債務者が債務を履行するまで裁判所が債務者に一定額の金銭（制裁金）の支払いを命じ、債務者を心理的に圧迫して債権内容を実現させる方法が考えられます。これを「**間接強制**」といいます（民事執行法172条）。間接強制が認められると、債務者が不履行をしている間、それだけペナルティとして支払わされる金銭が増えていくので、プレッシャーをかけられた債務者が最終的には任意に履行するだろうということを狙った制度です。

◆契約をなかったことにする――契約解除

もし、債権関係が契約から発生したものである場合、債権者には、履行の強制と並んで、**契**

約解除（民法540条以下）という救済手段があります。そもそも、履行の強制という制度があるのですから、それで債権者は十分に保護されるようにも思われるのですが、もし債権者が、時間や労力がかかる強制履行を求めるよりも、契約の相手方（債務者）との契約関係を早く解消して別の者と契約を締結したいと考えるのであれば、それも併せて認めるべきでしょう。すなわち解除とは、債権者を**契約関係（特に、自らが負う反対債務）から解放するための制度**なのです。

契約の相手方の同意を得ることなく一方的な意思表示で解除し得る（法定解除）ためには、相手方が債務不履行をしていることが必要となります。より正確に言うと、解除が認められるためには、原則的に、ⓐ債務者が債務の本旨に従った履行をしないこと、ⓑ債権者が相当の期間を定めて履行を催告したこと、ⓒ債務者がその催告期間内に債務の本旨に従った履行をしないことの3つの要件が必要となります（民法541条本文）。ただし、債務の不履行がその契

8　債権の効力という側面から見た場合、権利を強制的に実現することができる効力のことを、債権の「強制力」といいます。そして、債権・債務関係の中には、法的拘束力はある程度認められつつ、強制力までは伴わない、いわゆる法的拘束力の弱い債権・債務があると考えられています。判例も、そのような「特殊の債務関係」の存在を認めています（大判昭和10年4月25日新聞3835号5頁）。また、学説上では、このような性質を有する債務を総称して、「自然債務」と呼ぶことが提唱されていました（基礎的研究として、石田喜久夫『自然債務論序説』（成文堂、1981年））。

約および取引上の社会通念に照らして「**軽微**」であるときは、解除はできません（同条ただし書）。債務不履行の内容が軽微なものにすぎなければ、契約全体を消滅させてしまう解除を認めなくても、債権者の救済は、損害賠償などで十分だからです。

また、要件ⓑおよびⓒとの関係で、催告をする意味がないような場合には、例外的に、**無催告**で解除ができるものとされています（民法５４２条）。その中には、債務の全部の履行が不能である場合（1項1号）や、定期行為（1項4号）だけでなく、債務者がその債務の全部の履行を拒絶する意思を明確に表示したとき（1項2号）なども含んでいます。さらに、無催告で一部解除ができる場合もあります（同条2項）。

なお、契約当事者の一方が解除権を行使したときは、契約関係は遡及的に消滅し、各当事者は、拘束力をもった契約から解放されることとなります。もし既に履行された債務がある場合には、その給付は法律上の原因を失うため、給付を受けた契約当事者は相手方を原状に服せしめなければなりません（民法５４５条1項本文。**原状回復義務**）。

◆「不能」な場合の取扱いと危険負担

例えば、Ａ・Ｂ間で請負契約を締結したのですが、請負人Ｂの債務の履行が「**不能**」である場合、その契約はどのようになるのでしょうか。

まず前提として、ここでいう「不能」とは、債務の発生原因および取引上の社会通念に照らして、債務の履行をすることが不可能な状態を指します。ここには、引き渡すべき目的物が消失するなど物理的に見て不能な場合、目的物が二重に譲渡されてしまって他の買主が対抗要件も備えたなど社会的に見て不能な場合、法律上で取引が禁止されるなど法的に見て不能な場合などが含まれます。また、契約締結前に不能となる場合（原始的不能）もあれば、契約締結後債務の履行前に不能となる場合（後発的不能）もありますが、いずれの場合も含まれます。

さて、この場合、債務者Bは債権者Aから履行の請求を受けても、これを拒絶することができます（民法412条の2第1項）。履行が不能である以上は、債権者といえども、他の法的救済手段によって保護を受けるほかないわけです。そこで1つ考えられるのが、先ほど説明した解除です。つまりAは、Bから履行をしてもらえない以上は、契約の意味がありませんので、解除をするわけです（民法542条。不能ですから、催告しても無意味であるため、無催告で解除ができます）。

ただしここで1つ、注意したい点があります。もしAが解除をしない場合はどのようになるのでしょうか。解除されない以上は、契約関係は一応有効に成立したままとなり、債権債務関係もそのまま存続します。しかし、Bから履行拒絶されたAは、自分自身が負うBへの債務を履行しなければならないのでしょうか。それでは、A・B間に不公平が生じてしまいます。そこでこのような場合、反対債務を負うAも、「反対給付の履行を拒むことができる」となっています（民法536条1項。これを、**危険負担**における「**債務者主義**」といいます）。

こんな説明をすると、「不能ならば解除すればいいだけのことではないの？　不能な契約関係を存続させる意味なんてあるの？」と不思議に思われるかもしれません。つまり、Aが、履行不能な債権を有したまま、契約解除をせずに、契約関係を存続する意味などあるのでしょうか。これに関し、不能になっても契約関係を維持しつつ、代償請求権[9]などを行使する道も残したうえで、解除するか否かの選択を契約当事者に委ねるべきであると考えられています。

◆損害賠償

さらに、債務が履行されないことによって損害が発生した場合には、債権者は、損害賠償請求をすることができるものとされています（民法414条2項、545条4項、415条）。

債務不履行に基づく損害賠償責任が発生するための要件は、ⓐ債務の存在、ⓑ債務の本旨に従った履行がなされないこと、ⓒ損害の発生、ⓓ不履行と損害との間に因果関係があることの4つとなっています。

なお、例外的に、不履行が契約その他の債務の発生原因及び取引上の社会通念に照らして**債務者の責めに帰することができない事由**によるものである場合、損害賠償責任を負わないものとされています（民法415条1項ただし書）。この**証明責任は債務者**にあり、債務者自らが帰責事由のないことを立証しなければ責任を免れない構造となっています。不法行為責任（285頁参照）においては、被害者（債権者）が加害者（債務者）の故意または過失を証明しなければならないことと対照的です。

効果は、損害賠償義務の発生です（なお、金銭賠償が原則となっています。民法417条）。ところで、いかなる範囲の損害について、債務者は賠償責任を負うのでしょうか。そもそも債務不履行と発生した損害との間には「事実的因果関係（＝不履行がなければ損害が発生しないという条件関係）」が存在することが必要ですが、事実的因果関係によって発生した損害をすべて債務者に負担させると、賠償範囲は無限に拡大する可能性があります。そこで民法は、賠償範囲に一定の制限を設けています（民法416条）。

なお、ⓐ債務の履行が不能であるとき、ⓑ債務者がその債務の履行を拒絶する意思を明確に表示したとき、ⓒ債務が契約によって生じたものである場合において、その契約が解除され、または債務の不履行による契約の解除権が発生したとき、の3つの場合には、債務の履行に代わる損害賠償（**塡補賠償**《てんぽ》）を求めることができるものとされています（民法415条2項）。

9　債務者が、その債務の履行が不能となったのと同一の原因により債務の目的物の代償である権利または利益を取得したときは、債権者は、その受けた損害の額の限度において、債務者に対し、その権利の移転またはその利益の償還を請求することができるものとされています（民法422条の2）。例えば、建物の売買契約において、売主が建物を引き渡す前に、その建物が火災によって滅失してしまい引き渡せなくなったとしても、その代わりに売主が火災保険金を手に入れる請求権を取得した場合には、それを債権者（買主）が取得できることになります。

CIVIL LAW 4

責任財産保全制度
——他人の財産にどこまで介入することができるの？

◇責任財産保全のための制度

　私有財産制が認められた日本においては、自分の財産をどのように管理・処分しようと自由であることが基本です。たとえ債権者といえども、むやみに債務者の財産に干渉することは、財産権の侵害につながります。また、債権者だからといって、実力行使によって権利の実現を強引に図ることも認められていません（これを、「**自力救済の禁止**」といいます）。

　では、債権者は、どうすればいいのでしょうか。特に担保権を有していない債権者（一般債権者）は、権利の実現のために、**債務名義**（債権者に、強制執行によって実現されるべき債権があることおよびその範囲を公的に証明した文書）を得たうえで**強制執行手続**を行なう必要があります（１８６頁、３３１頁参照）。ですから、一般債権者にとって、強制執行の対象となる財産（これを「**責任財産**」といいます）を債務者が有しているか否かは、重大な事柄となります。

　しかし、実際には、債務者が、自ら有する権利を行使しなかったり、財産を不当に減少させてしまったりして、責任財産を適切に維持・充足することが期待できない場合があります。このような場合には、例外的に、債権者が、債務者の責任財産の維持・充足のために介入することを認めなければなりません。そのため民法は、「**責任財産保全制度**」として、債権者代位権および詐害行為取消権を設けています（民法423条～426条）。

例えば、AがBに対して100万円の金銭債権を有している場合、もしBがCに対して有する権利を行使しないために責任財産が充足されなければ、AがBに代位してBの権利をCに行使することができますし（**債権者代位権**。340頁図表参照）、また、もしBが自己の財産をCに贈与するなどして無資力になってしまったら、AはB・C間の贈与を取り消して、逸出財産の取戻しをすることができるのです（**詐害行為取消権**。344頁図表参照）。

◆債権者代位権

債権者代位権を行使するための要件として、ⓐ債権者が債務者に対して債権を有していること（被保全債権の存在）、ⓑ債権者が自己の債権を保全する必要があること（保全の必要性）、ⓒ代位の対象となる債務者の権利が存在すること（被代位権利の存在）の3つが必要です（民法423条）。

このうち、要件ⓒについて、債務者が有する権利であれば、何でも代位の対象となるわけではない点には留意が必要です。特に、債務者の一身に専属する権利（**一身専属権**）は代位の目

◎債権者代位権の例

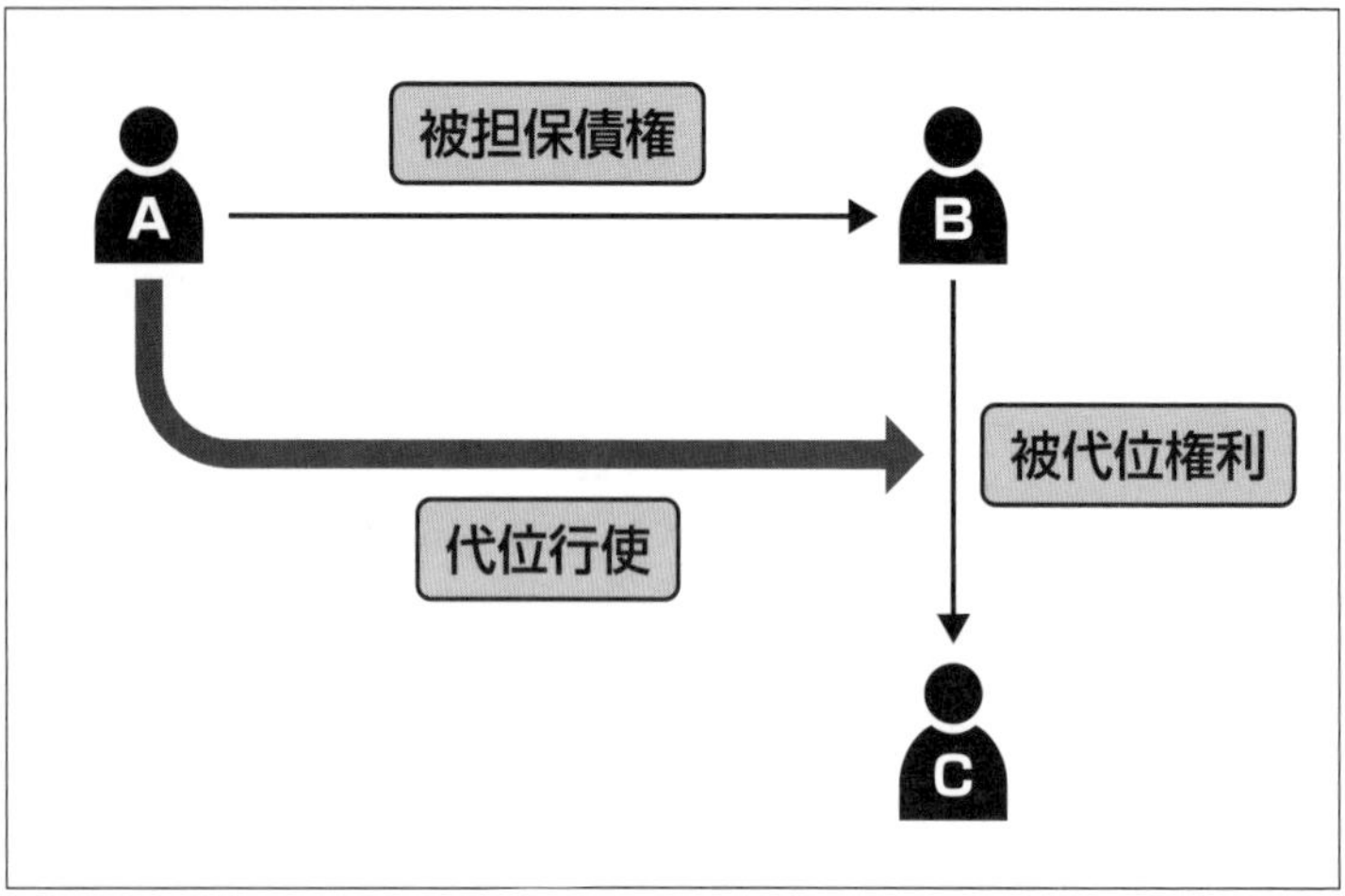

的とならないものとされています（民法423条1項ただし書）。

例えば、純粋に身分的な権利（認知請求権、婚姻・縁組の取消権、離婚請求権など）は、その者の意思を最大限尊重すべきですから、仮に間接的には債務者の財産状況に影響を及ぼすとしても、それに対する干渉は許されません。また、財産的な側面を併せ持つ身分的な権利であったとしても、原則的に、一身専属権として代位権行使による干渉は許されないものと解するのが通説・判例です。例えば、債務者が遺留分侵害額請求権（448頁参照）を有していたとしても、それは一身専属権であるため、債権者代位権の対象とはならないと解されています。[10] さらに、財産的権利であっても、権利行使が債務者の意思に委ねられている権利（例えば、契約の申込みに対する承諾、名誉毀損に基づく慰謝料請求権など）も、一身専属権であると解されています。[11]

なお、債権者は、被代位権利を行使する場合において、被代位権利が金銭の支払いまたは動産の引渡しを目的とするものであるときは、相手方に対し、その支払いまたは引渡しを自己に対してすることを求めることができるとされています（民法423条の3前段）。債権者（代位権者）が行使し得る権限には弁済受領権限も含まれると解することもできますし、また、債権者（代位権者）が直接引渡しを受けられないとすると、債務者（被代位権利の権利者）が受領を拒絶するような場合、債権者（代位権者）が代位権を行使した意味がなくなってしまうからです。[12]

10　最判平成13年11月22日民集55巻6号1033頁。その理由として、「遺留分制度は、被相続人の財産処分の自由と身分関係を背景とした相続人の諸利益との調整を図るものである。民法は、被相続人の財産処分の自由を尊重して、遺留分を侵害する遺言について、いったんその意思どおりの効果を生じさせるものとした上、これを覆して侵害された遺留分を回復するかどうかを、専ら遺留分権利者の自律的決定にゆだねたものということができる」からであるとしています。そして、「債務者たる相続人が将来遺産を相続するか否かは、相続開始時の遺産の有無や相続の放棄によって左右される極めて不確実な事柄であり、相続人の債権者は、これを共同担保として期待すべきではないから、このように解しても債権者を不当に害するものとはいえない」としています。

11　最判昭和58年10月6日民集37巻8号1041頁

コラム

債権者代位権の転用事例

　では、このような例はどうでしょうか。不動産がC→B→Aと転売されたものの、登記名義が未だCにあり、Aが再三再四、BおよびCに対して移転登記を要請しているのですが、いずれも協力的ではないような場合です。

　このような場合、登記または登録をしなければ権利の得喪および変更を第三者に対抗することができない財産を譲り受けた者は、その譲渡人が第三者に対して有する登記手続または登記手続をすべきことを請求する権利を行使しないときは、その権利を行使することができるものとされています（民法423条の7前段）。すなわち、AのBに対する登記請求権を被保全債権として、BがCに対して登記請求をしないのであれば、BのCに対する登記請求権をAが代位行使できるのです。

　債権者代位権という制度は、もともと、責任財産を保全して強制執行の準備をするための制度ですので、被保全債権は金銭債権に限定されるはずです。しかし今日では、この例のように、責任財産保全という制度趣旨を超えて、債務者の無資力を要件とすることなく、特定の債権の実現を図るために、債権者代位権が活用されています（このような事例群を、一般的に「債権者代位権の転用」事例と呼んでいます）。

◆詐害行為取消権

例えば、AがBに対して貸金債権100万円を有しているところ、Bがいっこうに返済しようとしないため、AがBの唯一の財産である自動車（時価120万円）について強制執行をしようとしたところ、Bが当該自動車をCに贈与してしまった場合、どうなるのでしょうか。このような場合、Aは、B・C間の贈与契約を取り消して、逸出財産をBのもとへ取り戻すことが考えられます。これが、詐害行為取消権のモデルケースです。

このようなモデルケースにおける詐害行為取消権行使の要件は、ⓐ詐害行為がなされる前の原因に基づいて生じた債権を、債権者が債務者に対して有していること（**被保全債権の存在**）、ⓑ債務者が債権者を害する行為をしたこと（客観的要件としての「**詐害行為**」）、ⓒ債務者が債権者を害することを知って詐害行為をしたこと（主観的要件としての「**詐害意思**」）の3つです。

12　なお、特に金銭債権の場合に、債権者代位権を行使した債権者への直接の支払いを認めることにより、実質的に、代位権者に優先弁済権を与えるのと同様の効力が付与されるということもできます。そもそも、債権者が代位権を行使しても、その効果は直接債務者に帰属し、債務者は債権者が受領した金銭の返還を、債権者に対して求めることができるはずです。また、代位権者側から見ても、その後の強制執行手続の中で、他の債権者と平等の弁済（配当）を受け得るにすぎないはずです。しかし、債権者への直接の支払いが認められることによって、債権者は、強制執行手続を経ることなく、自己の債権（債権者代位権による被保全債権）を自働債権として、不当利得に基づく返還義務と相殺することにより、事実上の優先弁済を受けることができることになります。

◎詐害行為取消権の例

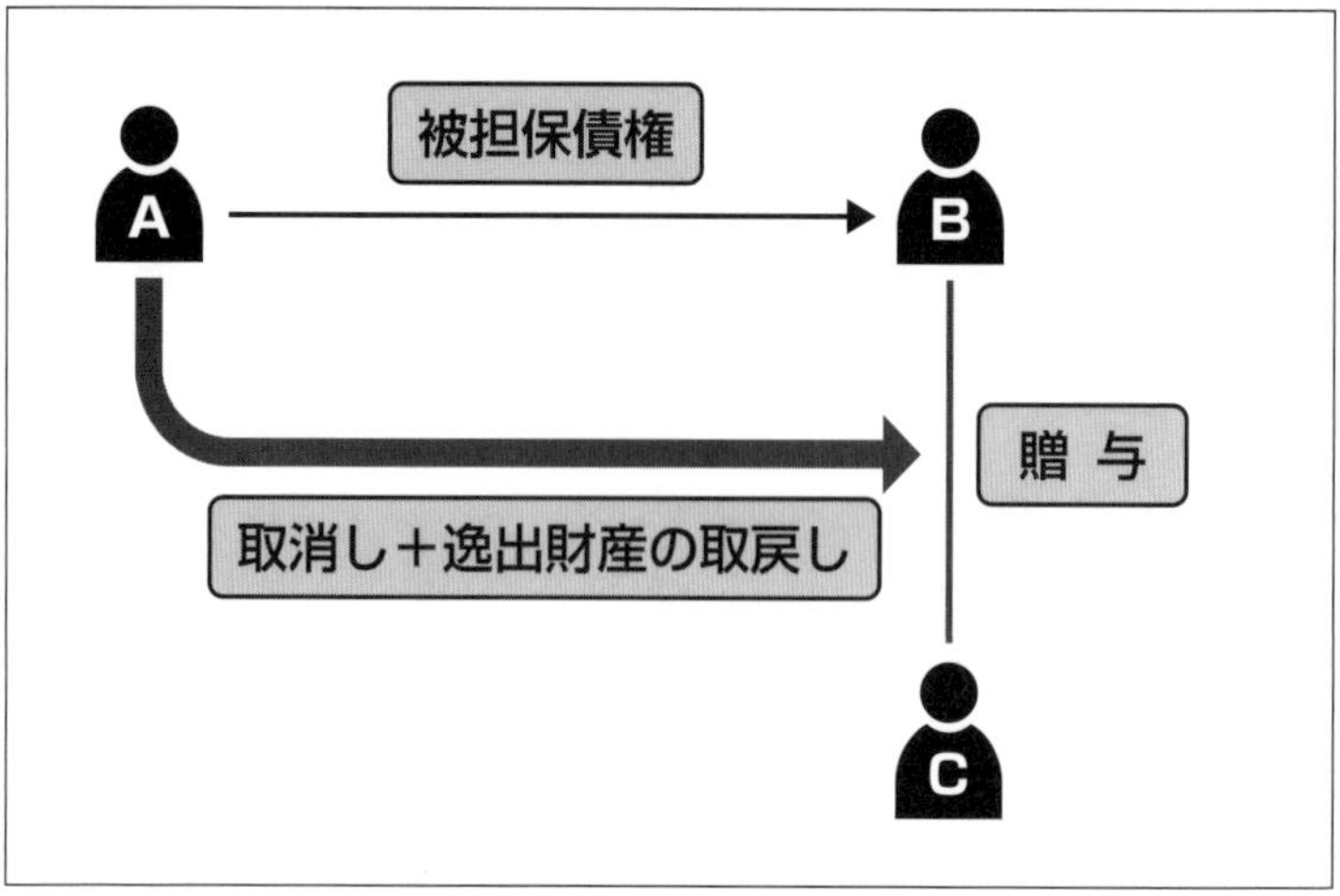

これらの要件のうち、要件ⓑと要件ⓒは、相関的に理解される傾向にあります。つまり、客観的に詐害性が強ければ、主観的な詐害意思はそれほど強いものを要求しないのに対し、客観的に詐害性が弱ければ、それだけ強い詐害意思が要求されます（それを明文化したものとして、民法424条の2〜424条の4参照）。

また、この3つの要件に加え、受益者（先の例のC）・受益者からの転得者が、債務者（B）がした行為が債権者（A）を害することを知っていた（＝悪意）ことも必要です（民法424条1項ただし書き、424条の5）。

なお、「**財産権を目的としない行為**」については、取消請求をすることはできません（民法424条2項）。例えば、債権者といえども、債務者の婚姻・縁組・相続の承認などを取り消すことはできないのです。仮にそれによって債務者の財産状態が悪化したとしても、これらは債務者自らの意思に委ねるべき問題だからです。また、判例によれば、相続の放棄がなされたケースでも、相続放棄は既得財産の増加を消極的に妨げる行為にすぎず、かつ、このような身分行為（身分上の法的効果を生じさせる行為）については他人の意思による強制を許すべきではないから、詐害行為とはならないとしています。[13]

詐害行為取消権は、受益者または転得者に対して行使します。そして、取消権が行使されると、**該当する行為が取り消される**とともに、**逸出財産を取り戻す**ことができます。逸出財産の取戻しが困難な場合は価額の償還を求めることとなります（民法424条の6）。取り戻すにあたり、制度趣旨からは、債務者に戻すことが原則となりますが、取り戻すものが動産や金銭である場合、取消請求をする債権者は、受益者に対して金銭の支払いや動産の引渡しを、自己に対してすることを求めることができるものとされています（民法424条の9第1項前段[14]）。

13　最判昭和49年9月20日民集28巻6号1202頁。これに対して、遺産分割協議については、身分行為性を否定しています（最判平成11年6月11日民集53巻5号898頁）。相続の開始によって共同相続人の共同相続財産を単独所有したり、新たな共有関係に移行させたりすることによって相続財産の帰属を確定させるから、その性質上財産を目的とする法律行為であるというのが理由です。

CIVIL LAW 5

債権譲渡

——債権を買うとはどういうこと？

当事者の合意によって債権が移転することを**債権譲渡**といいます。そもそも、ローマ法の時代には、債権は特定人と特定人をつなぐものであると解されていたことから（これを一般的に、「法鎖的思想」といいます）、債権を主体から切り離して譲渡することは認められませんでした。しかし今日においては、債権も独立した価値を有する財産と考えられること、債権を流通させることへの現実的要請が高まったこと、債権の流通性を促進させる証券制度などが発達したことなどを背景として、譲渡性が一般的に承認されています。

◆債権譲渡の意義

しかし、「債権を譲渡する」といっても、具体的に、どのような場面を想定すればいいのでしょうか。少し補足をしておきましょう。

まず、ⓐ**代物弁済**としての債権譲渡があります。金銭の支払いができない債務者が、その代わりに自分が有する債権をもって弁済するという場面です。また、ⓑ**履行期到来前の現金化**のニーズもあります。債権者が、債権の弁済期到来前に、それを現金化したい場合に、債権譲渡

◎債権譲渡のイメージ

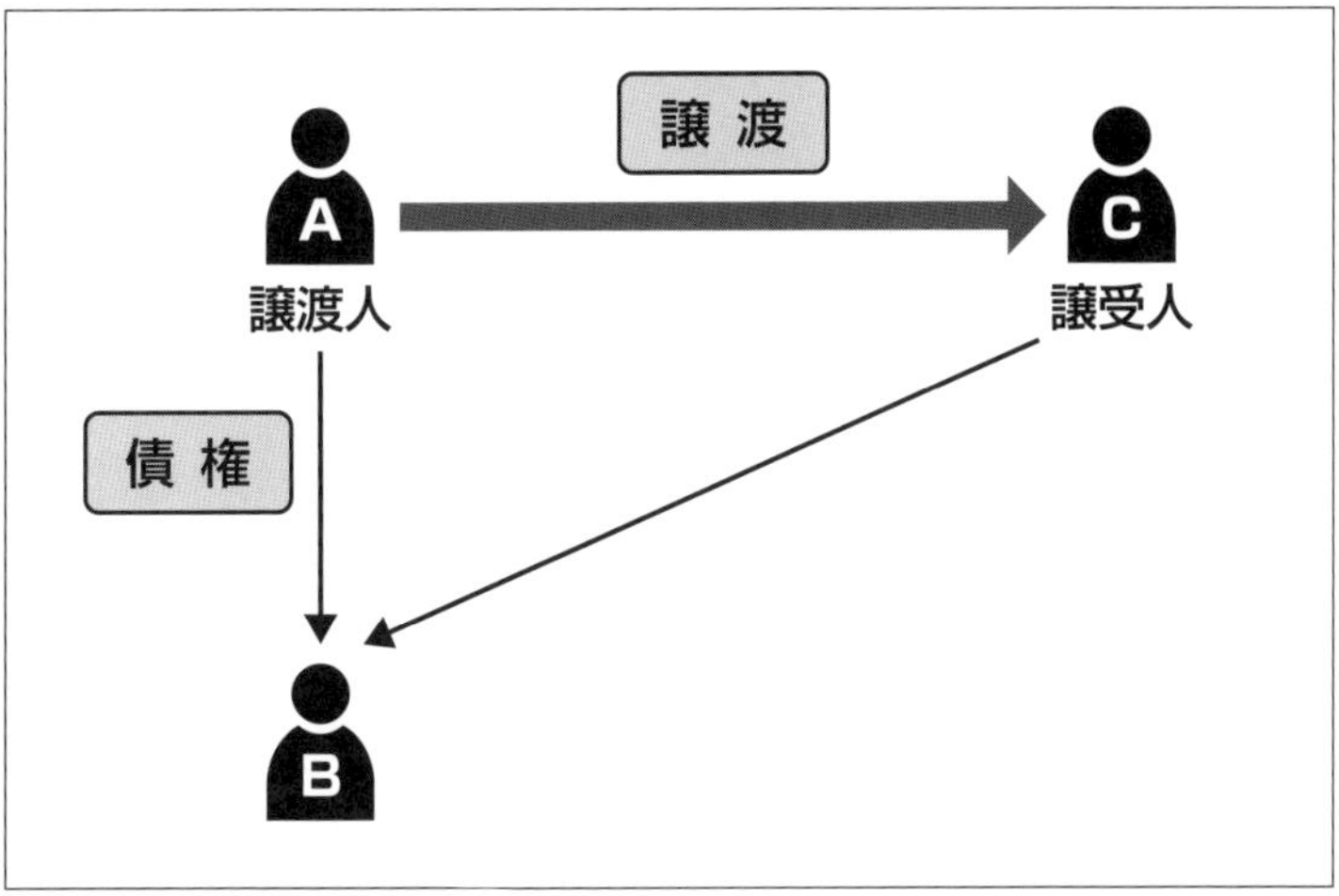

を行なうのです。さらに、ⓒ**取立委任**のための債権譲渡があります。例えば、企業が、自己が有する債権の回収業務を担当する債権回収専門会社に債権譲渡したり、また、クレジットカード契約において、加盟店が顧客に対して取得した代金債権を、加盟店契約に基づきカード会社へ譲渡したりします。

それらに加えて、近年では、ⓓ**債権譲渡担保**が注目されています。例えば、A社がC金融機関から融資を受ける際に、自己の有するBに対する債権（例えば、売掛債権、賃料債

14　このように債権者に直接請求が認められた結果、債権者代位権と同様、特に金銭を受領した債権者は、自己の債権を自動債権として、当該受領した金銭の債務者への返還を受働債権とする相殺を通じ、事実上の優先弁済を受け得る結果となります。最判昭和37年10月9日民集16巻10号2070頁参照。

権、報酬債権など）を譲渡担保に供することがあります。すなわち、Aの債権をCに譲渡し、AがCへの債務の弁済を遅滞したときにはCが当該債権の行使をして、優先的に回収をする（反対に、AがCへ弁済すれば、譲渡された債権はAに復帰する）ことを約束するものです。債権譲渡担保は、民法上で明文規定はないものの、金融実務で有効活用されている担保の一種です（譲渡担保については、214頁参照）。

◆債権譲渡の対象となる債権

債権は、原則的に譲渡することができるものとされています（民法466条1項本文）。

そしてそれは、現存しているものに限りません。将来発生する債権（例えば、賃貸借契約から将来生ずる賃料債権、特定の営業から将来生ずる売掛債権、医療行為から将来生ずる診療報酬債権など）についても、譲渡は可能です（民法466条の6第1項）。そのような将来債権の譲渡の際には、「譲受人は、発生した債権を当然に取得する」ものとされており（同条2項）、債権が未発生の段階であっても、後述する対抗要件を具備することが可能です。

他方、例外的に、譲渡できない債権もあります。まず、ⓐ性質による制限があります（民法466条1項ただし書）。特に、一身専属性のある債権は、譲渡されると性質が異なってしまいますので、譲渡ができません。また、ⓑ法律による制限もあります。債権の中には、債権者の生活保障目的など、債権者自身が受領する必要があるもの（例えば、扶養請求権、生活保護を受ける権利、労災補償請求権など）がありますが、これは、その債権の目的から、法律によって譲渡が制限されています。

なお、実務上では、債権者と債務者の間で、債権の譲渡を禁止・制限する旨の特約（**譲渡制限特約**）を設けるなど、譲渡制限の意思表示がなされる場合があります。このような特約は、契約自由の原則のもと有効ですが、譲渡制限特約が付けられたとしても、債権譲渡の効力に影響はなく、債権譲渡は有効になされます（民法466条2項）。そのうえで、譲受人が悪意または重過失の場合にのみ、例外的に、債務者が弁済等を拒絶することができ、かつ、譲受人に対する弁済等の債務消滅事由をもって第三者に対抗することができるものとされています（同条3項。なお、預貯金債権についての特則については、民法466条の5参照）。

◆債権譲渡の対抗要件

日本では、債権譲渡について、フランスと同様に対抗要件主義を採用しています。すなわち、不動産や動産の物権変動と同様に、債権譲渡がなされたことを譲渡当事者以外の者（債務者お

15　ただし、譲渡人や譲渡人の債権者の保護のために、将来債権譲渡が無制限に認められるわけではありません。譲渡される債権の範囲が特定されていなければならないほか、一定の制限が加えられています。最判昭和53年12月15日判時916号25頁、最判平成11年1月29日民集53巻1号151頁参照。

よびその他の第三者）に主張するためには、対抗要件を備えなければならないものとしています。民法467条によれば、債権譲渡の効力を債務者その他の第三者に対抗するためには、譲渡人が債務者に対して譲渡の「**通知**」をするか、または、債務者が譲渡人または譲受人に対して譲渡の「**承諾**」をすることが必要とされています。

なぜ、通知・承諾が対抗要件となっているのでしょうか。

ⓐまず、債務者保護という観点があります。すなわち、債務者が債権譲渡の事実を知らないと、譲渡人に弁済した後になお債務を免れずに譲受人にも弁済義務を負うという二重弁済の危険にさらされることになります。そこで、債務者にこのような不測の損害を被らせないように、譲受人が権利を行使し得るための要件を明確にしています。

ⓑまた、それだけではなく、通知・承諾が公示機能を果たすという側面もあります。すなわち、通知・承諾を通じて、まずは債務者に債権譲渡の事実を認識させたうえで、第三者からの問い合わせに対する債務者の回答を通じ、第三者も債権譲渡の事実を認識できる（すなわち、債務者を公示機関（インフォメーション・センター）として、そこに問い合わせれば今誰が債権者なのかを第三者が確知することができる）ように設計されています。

なお、通知または承諾は、「**債務者以外の第三者**」に対しては、「**確定日付のある証書**」によらなければ対抗力は生じないものとされています（民法467条2項）。例えば、AのBに対する債権を、Aが、CとDに二重に譲渡した場合において、A・C間の第一譲渡の通知・承諾は確定日付のある証書によらずになされ、A・D間の第二譲渡の通知・承諾は確定日付のある証書によってなされた場合、Dだけが唯一の債権者となります。

なぜ債務者以外の第三者との関係では、その通知・承諾が確定日付ある証書によって行なわれなければならないのでしょうか。判例は、「債務者が第三者に対し債権譲渡のないことを表示したため、第三者がこれを信頼してその債権を譲り受けたのちに譲渡人たる旧債権者が、債権を他に二重に譲渡し債務者と通謀《つうぼう》して譲渡の通知又はその承諾のあった日時を遡らしめる等作為して、右第三者の権利を害するに至ることを可及的に防止する」ためと説明しています。[16]

コラム　確定日付のある証書

何が確定日付にあたるかは、民法施行法5条が規定しています。よく用いられるのは、公正証書（1項1号）、公証人役場での私署証書への確定日付への付与（2号）、内容証明郵便（6号）ですが、中でも、内容証明郵便の活用度が高いといえます。

内容証明郵便とは、日本郵便株式会社において郵便物の内容たる文書の内容を証明するものであり、郵便局において郵便認証司が認証を行ないます（所定の方式に従い差出人が

16　最判昭和49年3月7日民集28巻2号174頁

同文の郵便物を3通作成して郵便局に提出すると、3通のうち、1通は名宛人に送付し、1通は差出人に返却し、1通は局に保管する)。名宛人に送付された書面には、郵便認証司の印とともに差出年月日の記載があるため、これをもって確定日付とします。

◆対抗要件に関する特則(動産・債権譲渡特例法)

これまでの説明のとおり、民法上は、債権譲渡の対抗要件は、通知または承諾ですが、この原則に従うと、法人が有する多数の債権を一括して譲渡するような場合にも、その対抗要件を具備するために、各債務者に通知・承諾の手続きを行なわなければならず、また、二重譲受人・差押債権者・破産管財人などの第三者に対抗して債権者としての地位を確保するためには、個別に確定日付がある証書をもってする通知・承諾を経なければならないことになります。これは、実務的にも煩雑・困難です。そこで、このような問題を克服するため、民法の特別法として、「動産及び債権の譲渡の対抗要件に関する民法の特例等に関する法律」(動産・債権譲渡特例法)があります(219頁も参照)。

本法4条によれば、法人が債権(金銭の支払いを目的とするもの)を譲渡する場合につき、債権譲渡登記ファイルへ記録をすることによって、対抗要件を具備することができるものとされています。

◎有価証券の一例として乗車券

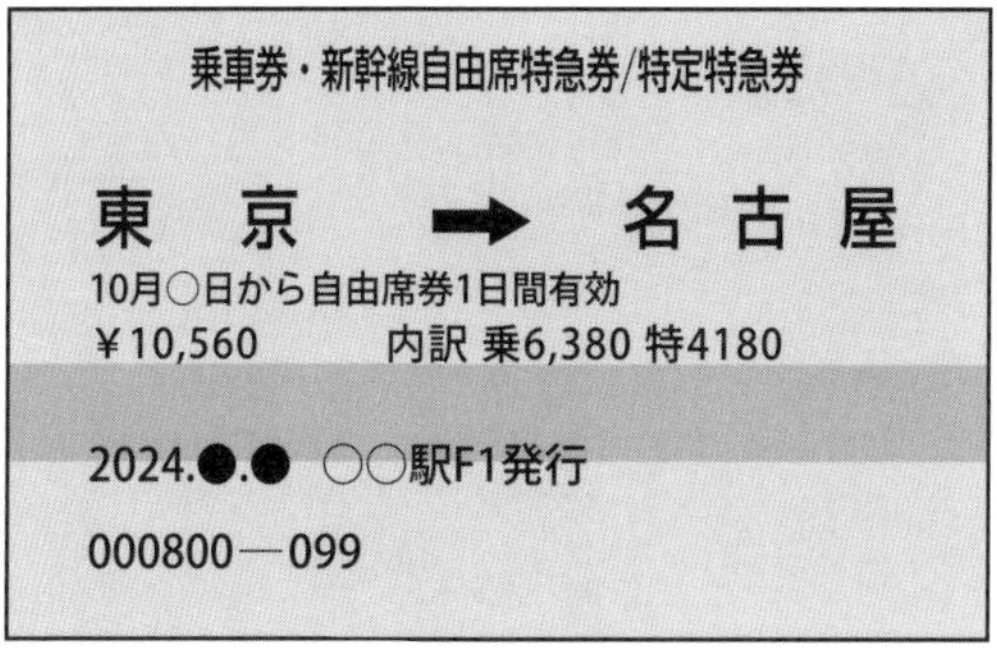

乗車券とは、鉄道やバスに乗るためのチケットのことをいい、一般的には、乗車券がないと乗り物に乗ることができません。法的には、旅客運送契約に基づき運送を請求する債権を証明・表章する証券であり、無記名（債権者の名前がない）の「有価証券」と位置付けることができます。

なお、本法は、債務者が特定している場合だけではなく、債務者が不特定の場合についても適用があります。すなわち、将来入居する（まだ決定していない）テナントに対して発生する賃料債権など、債務者が特定してない将来債権について譲渡を行なう場合でも、これを登記することができます。この場合には、後に債務者が特定した段階で、その債務者に登記事項証明書を交付して通知すれば、債務者対抗要件も備えたことになります。

◇有価証券

例えば、AがBに対して５００

万円の金銭債権を有していて、これを誰かに譲渡したいと思ったとき、簡単に譲渡できるのかというと、そうではありません。Aは譲受人に、債権の存在や内容を詳細に説明して、その存在を信じてもらわなければならないわけですが、このための情報を十分に伝えられない可能性があるからです。例えば契約書があれば、ある程度は契約内容が可視化されますが、契約書は、契約をしたことを証明するための書類（証拠証券）にすぎず、AがBに対して現に債権を持っていることの証明にはなりません。

これに対し、たとえば国債証券、社債券、入場券、乗車券などの「**有価証券**」は、証券の上に権利が化体しています（権利の成立、存続、譲渡、行使、消滅と証券が結びついています）。そこで、権利に関する情報が極めて可視化され、その分、譲渡が円滑にできることとなります。すなわち有価証券は、**権利を譲渡しやすくするための道具**ということができます。

CIVIL LAW 6

連帯債務

――飲食代を支払わなかった人の肩代わりをする必要はある？

◇「多数当事者の債権および債務」という概念

1個の給付関係について債権者や債務者が複数いる場合があります。例えば、相続人が共同相続した場合における預金債権や、数人が共同で事業を行なうために融資を受ける場合における貸金返還債務などが挙げられます。そしてこれらの場合には、債権者と債務者が1人ずつのシンプルな債権関係を考えるよりも法律関係が若干複雑になります。そこで民法は、多数当事者の債権・債務関係について、固有の規定を置いています（427条以下）。具体的には、**分割債権・債務**（427条）、**不可分債権・債務**（428条～431条）、**連帯債権・債務**（432条～445条）、**保証債務**（446条～465条の10）です。

ところで、多数当事者の債権および債務を理解するためには、ⓐ対外的効力、ⓑ1人について生じた事由の効力、ⓒ内部関係の3つを分けて理解する必要があります。

このうち、ⓐは、多数の債権者とその相手方である債務者、または多数の債務者とその相手方である債権者との間において、どのような内容の債権・債務が生じるのかという問題です。

次に、ⓑは、多数の債権者または債務者の1人について、請求・免除・消滅時効など、債権の効力に影響を及ぼす事由が生じた場合、この事由が他の債権者または債務者にも影響を及ぼすかという問題です。1人について生じた事由が他にも影響が及ぶ場合は「**絶対的効力**（**絶対効**）」といい、他に影響が生じない場合は「**相対的効力**（**相対効**）」といいます。最後に、ⓒは、多数の債権者の1人が弁済を受けたり、多数の債務者の1人が弁済をしたりしたときに、これを他の債権者に分与し、または他の債務者から求償することができるかという問題です。

例えば、A店でB_1〜B_8の8人が「飲み会」を開いて飲食代が合計で5万円だったとしましょう。この場合、ⓐA店とB_1〜B_8のそれぞれとの間で、いくらの債権債務関係が発生するのかという視点と、ⓑ仮にA店がB_1の債務を免除した場合、その効力がB_2〜B_8にも及ぶかという視点と、ⓒB_1〜B_8の内部で、いくらずつ飲み代を負担するのかという視点があります。

◆連帯債務関係

本書では、民法に規定されているすべての多数当事者の債権債務関係を紹介する紙幅がありませんが、特に重要な、連帯債務と保証債務を中心に説明することにしましょう。まず、ここでは、連帯債務を取り上げます（保証債務は361頁参照）。

連帯債務とは、複数の債務者が、連帯して債務を負うものをいいます。では、連帯債務関係は、どのように発生するのでしょうか？

◎連帯債務の例

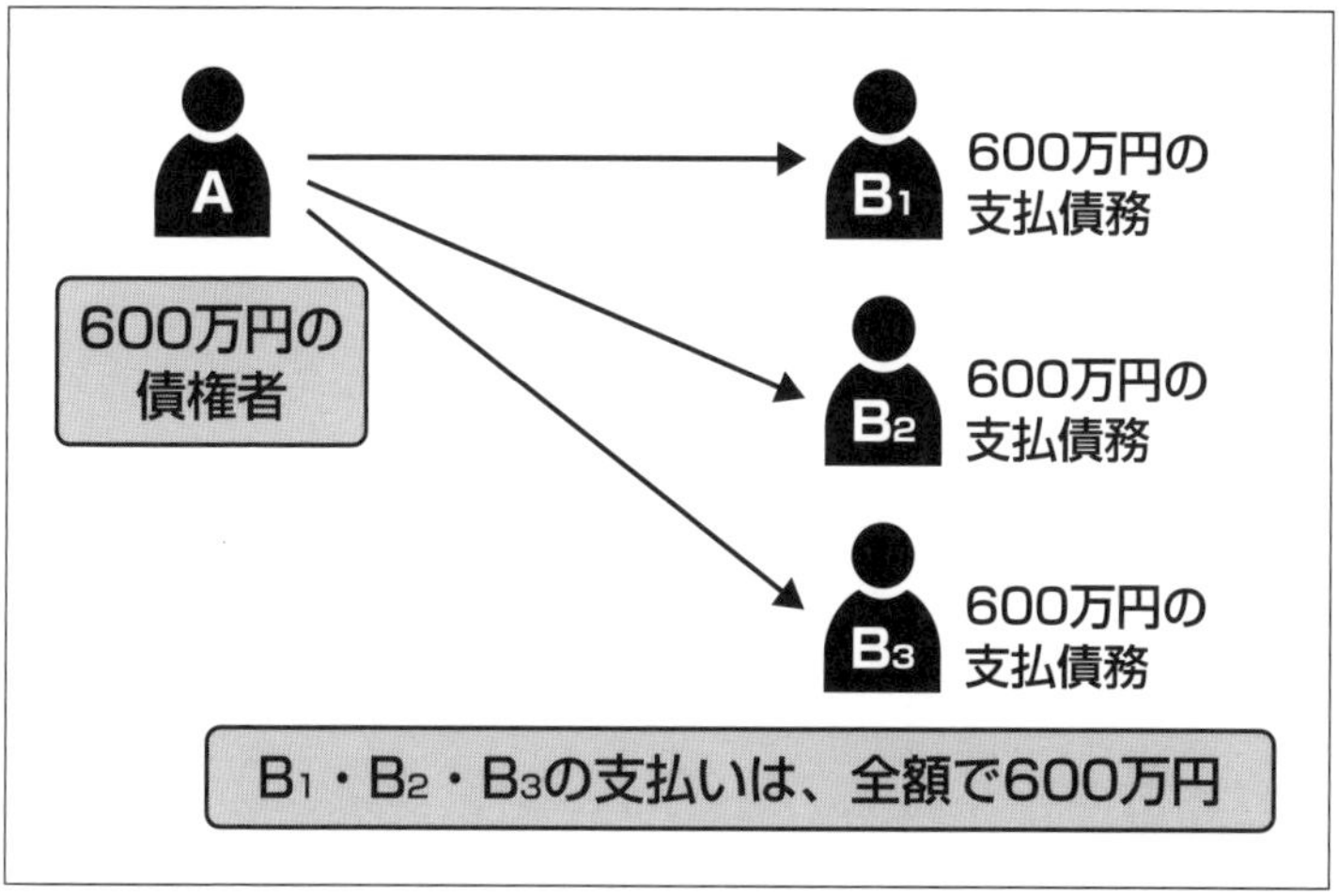

連帯債務は、当事者の合意によって生じる場合があります。例えば、B_1・B_2・B_3が共同で会社を設立するための資金として、Ａから６００万円を借り受けた場合、通常は、B_1・B_2・B_3の債務は可分であるため、分割債務（民法４２７条）となるのですが、ＡとB_1～B_3の間で連帯債務の合意がなされると、B_1～B_3の負う債務は、連帯債務となります。

また、法令の規定によって連帯債務が成立する場合もあります。民法上では、夫婦間の日常家事に関する債務（民法７６１条）や共同不法行為責任（民法７１９条）は、連帯債務とされています。また、数人の者がその１人または全員のための商行為となる行為によって債務を負担したときは、その債務は連帯債務となります（商法５１１条１項）。

なお、連帯債務は、債権者に対して連帯債

務者の数に応じた個数の債務が発生すると解されています。そこで、連帯債務者の1人について、無効原因や取消原因がある場合でも、他の連帯債務者と債権者との間には有効に債権関係が成立しますし（民法437条）、また、連帯債務者の1人の債務についてだけ条件や期限が異なってもよいですし、利息の有無や利率が異なっても構いません。連帯債務者の1人の債務についてだけ保証がなされたり抵当権が設定されたりすることもあり得ます。

◆連帯債務の対外的効力

債権者は、連帯債務者の1人に対し、全部または一部の履行を請求し、あるいは、すべての連帯債務者に対し、同時にもしくは順次に、全部または一部の履行を請求することができるものとされています（民法432条）。すなわち、連帯債務者の各々は、内部関係において負担部分がどれくらいであるかにかかわらず、債権者に対して全部の給付をなすべき義務を負います（**全部給付義務**）。また、そのうちの1人または数人によって全部の給付がなされれば、その他の債務者の債務も全部消滅するものとなっています（**給付の一倍額性**）。

◆連帯債務の1人について生じた事由の効力

連帯債務の場合、連帯債務者の1人について生じた事由の効力は、**原則的に相対効**となっています（441条）。例えば、債権者が連帯債務者の1人に対して、履行の請求をしたり、債

◎「１人について生じた事由の効力」の比較

債権・債務の種類	１人について生じた事由の効力について絶対的効力があるもの					
	弁済	相殺	請求	更改	免除	混同
不可分債権	●	●	●			
連帯債権	●	●	●	●	●	●
不可分債務	●	●		●		
連帯債務	●	●		●		●

務の免除をしたりしても、他の連帯債務者に影響はありません。また、連帯債務者の１人について消滅時効が完成したとしても、他の連帯債務者に影響はありません。

ただし、いくつかの例外（絶対効）があります。

まず、連帯債務者の１人が行なった弁済の効力は、すべての債務者に及びます。また、弁済と同視できる、代物弁済（民法４８２条）、弁済供託（民法４９４条）、弁済の提供（民法４９２条）、受領遅滞（民法４１３条）の効力も、すべての連帯債務者に及びます。相殺も同様です（民法４３９条１項）。

また、連帯債務者の１人との間の更改（民法４３８条）、連帯債務者の１人が反対債権を有しているにもかかわらず相殺の援用をしない場合の取扱い（民法４３９条２項）、連帯債務者の１人との間の混同（民法４４０条）も、絶対的効力事由となっています（なお、民法４３９条２項は、連帯債務者の負担割合の範囲での絶対効です）。

◆連帯債務者相互間の内部関係

連帯債務者の1人が弁済をしたり、その他自己の財産をもって共同の免責を得た場合には、「その免責を得た額が自己の負担部分を超えるかどうかにかかわらず」その連帯債務者は、他の連帯債務者に対し、各自の負担部分に応じた求償権を取得します（民法442条1項）。これは連帯債務者相互間の公平を図るために認められたものです。なお、ここでいう「負担部分」は、例えば、「B_1：B_2：B_3＝3：2：1」というように、連帯債務者間の特約で定めることができます。場合によっては、負担部分がゼロという連帯債務者がいることも考えられます。

CIVIL LAW 7

保証債務

——連帯保証人になるとはどういうこと？

◇人的担保の中心としての保証

担保には、物的担保と並んで、「**人的担保**」があります（189頁も参照）。人的担保は、特定の財産が担保となるわけではなく、いわば「人」が担保となるため、その者の資力だけが頼りであり、債権回収の側面からは物的担保に比べて不安定な部分もあります。例えば、AがBに対して融資をする際に、Cと保証契約を締結した場合、Aは、Bが弁済できないときに代わりにCに払ってもらう権利を有することになります。その場合、他の債権者と比較して優先的に弁済を受けられるわけではなく、また、弁済してもらえるかどうかはCの資力のみにかかっており、Cも無資力になれば、結局、債権の回収は困難となります。

しかし、人的担保は実務上で利用されています。それは、ⓐ物的担保の設定（登記手続など）にあたっての煩雑さに比べてその設定が容易であること、ⓑ物的担保権の実行にあたっては、担保目的物に対する利害関係人の利害調整が必要であるのに対し、人的担保の場合は請求によるだけで実行することができ、回収が簡易であること、ⓒ物的担保の客体となる財産のない債務者の場合であっても、人的担保の利用により債権の担保が実現できること、などのメリットがあるからです。

人的担保の中心は、何と言っても、「**保証**」です。保証は、通常、債権者と保証人になる者との間で保証契約が締結されるものであり、契約が締結されると、債権者と保証人の間に、債務者がその債務を履行しない場合に保証人がその履行をする責任を負うことを内容とする債権・債務関係が生じます（民法４４６条）。なお、保証といってもさまざまなものがあり、大きくは、「**個人保証**」と「**法人保証**」に分類することができます。個人保証とは、個人が保証人となる場合であり、特に、血縁関係・愛情関係・社会的地位などを前提として利他・無償で保証人となる場合が多いです。これに対し、法人保証とは、法人が保証人となる場合であり、信用保証協会や家賃債務保証会社などが保証する場合がこれに該当します[17]。

◆保証債務の性質

保証債務は、通常、債権者と保証人になる者との間の保証契約の成立によって発生します。この保証契約は、その他の一般的な契約（売買契約や賃貸借契約など）と異なり、**書面**でしなければ有効に成立しません（民法４４６条２項）。保証人となる者に、保証契約の締結を慎重たらしめるためです。

保証債務は、担保としての性格から物的担保と同様に、主たる債務に対して「**附従性**」を有します（190頁も参照）。より具体的には、成立における附従性（主たる債務が成立しなければ、保証債務も成立しないというもの）、内容における附従性（保証債務の内容が主たる債務よりも重いことは許されず、また、保証人は主たる債務者が有するさまざまな抗弁権を援用することができるというもの）、消滅における附従性（主たる債務が消滅すれば保証債務も消滅するというもの）です。

また、保証債務は主たる債務に対して「**補充性**」という性質を有します。すなわち保証は、主たる債務者がその債務を履行できないときにはじめて自己の債務を履行すればよい債務なのです。その結果、ⓐ債権者が主たる債務者に請求せずに、いきなり保証人に請求してきたときは、保証人は、まず主たる債務者に催告をすべきことを債権者に請求できますし（**催告の抗弁権**。民法452条）、ⓑ債権者が主たる債務者に催告した後でも、保証人が、さらに主たる債務者に弁済の資力があり、かつ執行が容易であることを証明したときは、債権者は、まず主たる債務者の財産について執行をしなければならないものとされています（**検索の抗弁権**。民法453条）。

17　法人保証の場合は、個人保証のように保証人保護法理を解釈や立法で展開する必要がありません。それに加え、近年では、家賃債務保証会社のように、債権者の債権回収を代行するような存在として位置づけられる場合もあります。

◆連帯保証

ただし、補充性を有さない（＝催告の抗弁権や検索の抗弁権を保証人が持たない）保証形態があります。それが、保証人が主たる債務者と連帯して保証債務を負担する「**連帯保証**」です。民法の条文上は、普通保証が原則、連帯保証が例外として位置づけられていますが、普通保証に比べて連帯保証は債権を担保する効力が強いため、債権者が安心して債権回収ができるよう、実際の取引ではむしろ連帯保証のほうが利用されています。

◆根保証契約における保証人の保護

一定の範囲に属する不特定の債務を主たる債務とする保証契約のことを**根保証**《ねほしょう》**契約**といいます。特にこのような保証契約類型の場合には、保証人の責任の範囲などにおいて見通しが悪くなる可能性があり、普通保証以上に、保証人の保護が必要となります。

まず、保証債務は、主たる債務者が弁済できない場合に代わりに弁済をすることを義務付けられるものである以上、保証人は、主債務（者）に大きな利害関係を有しています。そこで、主債務（者）の状況を知る手段を保証人が確保できるよう、債権者や主たる債務者に対して一定の**情報を提供すべきこと**が義務付けられています（民法458条の2、458条の3、465条の10）。

また、個人根保証契約全般につき、「**極度額**《きょくどがく》」および「**元本確定**」という概念によって、保

◎根保証と「極度額」「元本確定」

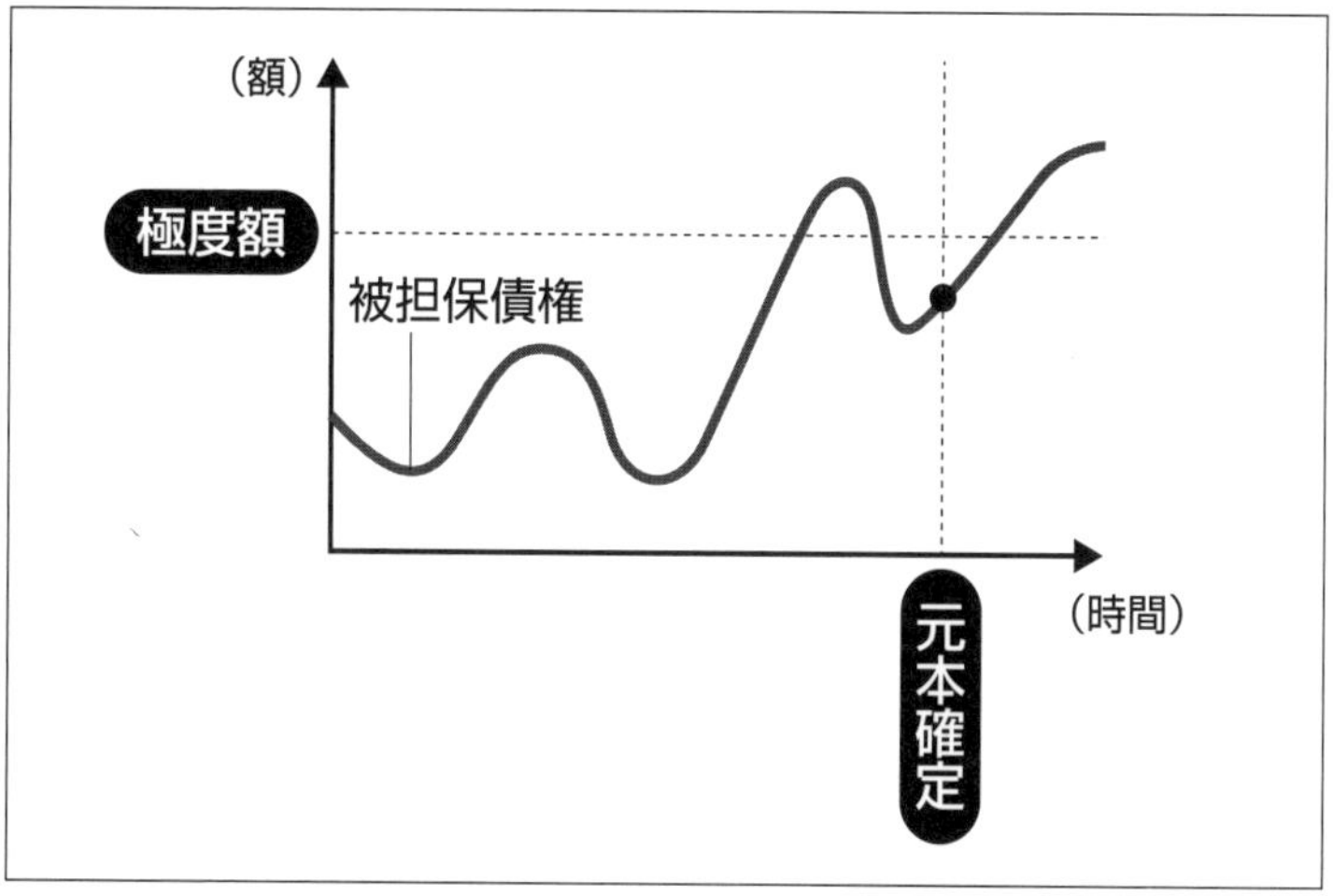

証人の保証債務の範囲に限定が加えられています（民法465条の2〜465条の5）。

すなわち、ⓐ根保証契約の保証人が負うこととなる責任の範囲を、金額的な面から画するため、極度額という概念を設け、保証額を制限しているのです。極度額の定めのない根保証契約は無効となります。

ⓑまた、根保証契約の保証人が負うこととなる責任の範囲を、時間の経過という側面から画するため、**元本確定期日**という概念を設け、保証期間を制限しています。同時に、根保証契約締結時には予想し得なかった著しい事情変更に該当する場合、元本確定期日の到来前であっても、元本が確定することとし、保証人を保護しています。

さらに、個人保証のうち、特に、事業のために借り入れた資金の返還に係る債務を保証する場合、保証債務の範囲が、保証人の想定していた以上に多額になる場合もあります。そのため、**保証人の意思を明確にするための公正証書**の事前作成を義務付けたうえで、保証契約を締結することとしており、それがない場合には保証契約は無効となります（民法４６５条の６）。

CIVIL LAW

第8章

親族

CIVIL LAW 1

親族法の概要

——民法第4編は、何を規定しているの?

◆家族に関する法

私たちにとって、「家族」に関するルールは、とても身近なものです。実際のつながりが強くても弱くても、家族の関係が良好であってもそうでなくても、家族の構成員の数が多くても少なくても、私たちが人生の中で（生まれてから死ぬまでずっと）、必ずと言ってよいほど向き合う関係といえます。

ところで、1947年（昭和22年）以前の民法には、家族に関するルールの中心に「家」制度がありました。そして、その制度のもとでは、男性は一家の家長として家族を統率し、女性は夫や夫の両親につかえ家の跡継ぎを生み育てることが役割とされていました。しかし、1946年（昭和21年）の日本国憲法制定を受けて、内容が全面的に改正されました（起草委員には、我妻栄《わがつまさかえ》、中川善之助、奥野健一が任じられました）。日本国憲法における「個人の尊厳」と「両性の本質的平等」を柱とし、「家」制度は廃止され、男女・夫婦の平等を前提に両性の合意によって家族に関するさまざまな事柄を決定することがモデルとなりました。

そしてさらに、家族の形は、どんどん変化を遂げています。以前は、1つの家に、夫婦とその子どもが住む（場合によっては、テレビアニメの『サザエさん』一家のように、祖父母も含めた3世代家族）という家族がモデルでしたが、少子化が進み、未婚率も上昇しています。シングルマザーやシングルファザーも、珍しくありません。法律上の婚姻関係を選択しないまま、実質的に夫婦と同様の関係を築くカップルも増えています。セクシャルマイノリティがパートナーと人生を共にすることもあります。このような中、家族に関する法の在り方が模索されています。

◆そもそも「親族」とは？

ところで、読者のみなさんにとって、そもそも「家族」とは誰を意味するのでしょうか？一般用語としての「家族」は、多義的に用いられていますが、民法上では、家族についての定義・範囲を規定するものはありません。その代わり、一定の身分関係に属する集まりを「**親族**」として、親族であることに伴うさまざまな効果を定めています。では、「親族」とは何でしょうか。民法では、「6親等内の血族、配偶者、3親等内の姻族《いんぞく》」を親族としています（民法725条）。ところで、この意味を理解するために、少し、用語の知識が必要です。以下で5つの概念を説明しましょう。

①まず、「**配偶者**」とは、自分が婚姻関係にある場合にその相手方のことを指します。夫か

◎親族のイメージ

	傍系		直系		傍系
尊属			祖父母 ❷	祖父母 ❷	
尊属	おじおば ❸		父母 ❶	父母 ❶	おじおば ❸
	いとこ ❹	兄弟姉妹 ❷	本人	配偶者	兄弟姉妹 ❷
卑属	いとこの子 ❺	おいめい ❸	子 ❶	子の配偶者 ❶	おいめい ❸
卑属	いとこの子の子 ❻	おいめいの子 ❹	孫 ❷	孫の配偶者 ❷	

※濃いアミが血族、薄いアミが姻族。数字は親等

ら見て妻、妻から見て夫は、それぞれ配偶者ということになります。

②次に、親族には、「**血族**」と「**姻族**」があります。「血族」とは、血縁関係にあるものをいいますが、大きく、自然的血縁関係にある「**自然血族**」（出生の場合）と、疑似的な血縁関係にある「**法定血族**」（養子縁組の場合）があります。他方、「姻族」とは、婚姻によって生じる、夫婦の一方と他方の血族との間の関係です。

③また、親族は、配偶者を除くと、「直系」と「傍《ぼう》系《けい》」に分けることができます。「**直系親族**」とは、血統が直上・直下する形でつながっている親族（祖父母－両親－自分－子－孫という直線的な関係）であり、「**傍系親族**」とは、血統が共同の始祖によってつながっている親族（例えば、兄弟姉妹、いとこといったように横に広がる関係）です。

④また、親族は、自分と同世代（例えば、兄弟姉

妹、いとこ）を別として、世代によって「**尊属**《そんぞく》」と「**卑属**《ひぞく》」に分けることができます。尊属とは、自分よりも上の世代に属する者であり（例えば、父母、祖父母）、卑属とは、自分よりも下の世代に属する者です（例えば、子、孫）。

⑤さらに、親族関係の遠近を示す単位として「**親等**《しんとう》」という概念があります。直系血族間では、1世代を1親等として計算します（民法726条1項。例えば、親と子は1親等、祖父母や孫は2親等）。傍系血族間では、その1人から共同の始祖までさかのぼり、その共同の始祖から他の1人に下がるまでの世代数で計算します（民法726条2項。例えば、兄弟姉妹は2親等、いとこ同士は4親等）。なお、配偶者に親等はなく、姻族については配偶者を基準として血族と同様の計算方法となっています。

◆民法第4編はどのような構造になっているのか？

民法第4編で規定する「親族」関係の中心は、「**夫婦**」と「**親子**」です。第2章で婚姻、第3章で親子、第4章で親権についてそれぞれ規定しています。また、親族関係を補完する制度として、第5～7章で、後見、保佐、補助、扶養について規定しています。

なお、民法第4編以外にも、親族に関するルールは多方面への広がりを見せています。「戸籍法」や「家事事件手続法」など、民法の規定を側面から支えるような法律もありますし、また、「任意後見契約に関する法律」など、民法で規定されていない制度を創設するものもあり

◎第４編（親族）の構成

第4編　親族	親族共通のルール		① 総則（725条～730条）
	親族の中心	夫婦	② 婚姻（731条～771条）
		親子	③ 親子（772条～817条の13）
			④ 親権（818条～837条）
	親族を補完する制度		⑤ 後見（838条～875条）
			⑥ 保佐及び補助（876条～876条の10）
			⑦ 扶養（877条～881条）

※①、②、③…は第４編の各章の番号

ます。「配偶者からの暴力の防止及び被害者の保護等に関する法律」（DV防止法）や、「児童虐待の防止等に関する法律」（児童虐待防止法）、「児童の権利に関する条約」（子どもの権利条約）など、家族の中の弱者を保護するための特別法も存在します。

CIVIL LAW

2

婚姻

――婚姻届を出すとはどういうことなの？

◇どのようにして結婚するの？

婚姻は、社会的に承認された男女の終生的な生活上の結合を目的とする身分的契約です。日本の民法では、婚姻は「**法律婚主義**」を採用しているため、法律の定める要件を満たさなければ婚姻は成立しません。では、どのような要件が必要なのでしょうか。大きくは、「実質的要件」と「形式的要件」の2つがあります。

実質的要件は、婚姻の当事者に「**婚姻意思**」が存在することと、「**婚姻障害事由」がないこと**です。婚姻意思とは、「当事者間に真に社会通念上夫婦であると認められる関係の設定を欲する効果意思」とされています。[1]また、婚姻障害事由とは、例えば、婚姻適齢に達していなかったり（民法731条）、重婚であったり（民法732条）、近親婚であったりすること（民法734条）などを意味し、そのような事由がある場合には、婚姻は認められないものとなって

1　最判昭和44年10月31日民集23巻10号1894頁

◎婚姻届の一部

婚　姻　届

令和　　年　月　日届出

（届出先）

長

受理　令和　年　月　日 第　　号	発送　令和　年　月　日
送付　令和　年　月　日 第　　号	長印

書類調査	戸籍記載	記載調査	調査票	附票	住民票	通知
						9-2 19-3

	夫になる人		妻になる人	
（よみかた） 氏名	氏	名	氏	名
生年月日	昭和 平成　　年　月　日		昭和 平成　　年　月　日	
住所 （住民登録をしているところ）	□同右		□同左	
	番地 番　　号		番地 番　　号	
	世帯主の氏名　□同右		世帯主の氏名　□同左	

います。

さらに、日本では「**届出婚主義**」を採用しているため、法律婚が成立するためには、**婚姻届**を提出しなければなりません（民法739条）。届出の詳細は、戸籍法（や同法施行規則）に定められています。

◆結婚したら世界が変わる？

有効に婚姻関係が成立した場合には、その夫婦に法律上のさまざまな効果が与えられます。

まず、夫婦間の**身上に関する効果**として、夫婦同氏（民法750条）、貞操義務（民法770条1項1号、732条）、同居・協力・扶助義務（民法752条）などの義務の発生、配偶者相続権（民法890条）などの権利の発生などが挙げられます。また、姻族関係も発生します（民法７２５条）。

また、夫婦の**財産に関する効果**として、婚姻費用分担義務（民法７６０条）、日常家事債務の連帯責任（民法７６１条）、夫婦別産制（民法７６２条）などが挙げられます。ここでは、財産面で、夫婦の平等と独立（夫婦別産制）を原則としつつ、例外的に、婚姻費用分担義務と日常家事債務の連帯責任において、夫婦の共同を示しています。

◆結婚に向けて……

婚姻以前の関係として、「**婚約**」という概念があります。婚姻と異なり形式主義を採用しておらず、口約束でも十分に成立するものです。婚約は、単に「付き合う」という状態とは異なり、法的拘束力が発生します。具体的には、婚約をした場合、両者は、誠実に交際して、結婚の成立に努める義務を負うこととなります。婚約をすると、当事者は婚姻の成立を期待しますし、それに向けて準備をしたり、婚約をきっかけに性的な関係を持つようになる人もいるからです。

もし、正当な理由なく婚約を破棄した場合には、相手方に対して損害賠償をしなければならない可能性があります。[2]「**正当な理由**」があるかどうかは、個別的な判断となりますが、相手

2　最判昭和27年10月21日民集6巻9号849頁

方に不貞行為があったような場合は、一般的に、正当事由が認められる傾向にあるのに対し、性格の不一致が発覚したとか、相手が特定の宗教を信仰している、家族から反対を受けたなどの場合には、正当事由が認められないケースもあります。なお、婚約をしたからといって、婚姻を法的に強制することはできません（民法414条参照）。当事者の意思を尊重する必要があるからです。

◆夫婦の証?

われわれは各々が「氏」を有しています。江戸時代は、農民や町民は、氏の使用を認められていませんでしたが、明治初期には氏の使用が義務付けられ、明治30年頃になると夫婦は同じ氏を称することとなります。ただし、当時の日本には、「家」制度があったことには留意する必要があります。戸主と家族が1つの「家」に属し、戸主に「家」を統率する権限を与えていました。そして、氏は、「家」を表すものとしての性質を有していました。夫婦は、「家」の氏を称することで、同じ氏になるという発想があったのです。

しかし、今日では、家制度が廃止され、それに伴い、氏はもはや、「家」を表すものではなくなりました。にもかかわらず、いまだに日本には「**夫婦同氏（夫婦同姓）**」という制度が存在しています（民法750条）。家族のつながりなどを理由に「夫婦同氏」が残されているのです。

しかし、婚姻に伴い、必ず夫婦どちらかの氏に合わせなければならないのだとすると（そして、氏を変えるのは、実際には多くの場合、女性となっているのが現状です）、氏の変更を望まない者にとって大きな精神的負担となる可能性があります。そこで主張されているのが、「**選択的夫婦別姓**」です。これは、夫婦が、結婚後は同じ氏にするか、それともそれぞれの結婚前の氏をそのまま使うかを選べる制度です。諸外国では、選択的夫婦別姓を採用する国もたくさんあります。しかし、日本でも以前から選択的夫婦別姓の議論はなされているものの、その動きは活発とはいいにくい状況であり、近年の最高裁[3]も、夫婦同姓が合憲であると判断しています。

◆事実婚という選択

法律婚を選択しないで「事実上の夫婦（**事実婚・内縁**）」として共同生活を送るという選択をする場合もあります。

日本では、届出婚主義を採用しているため、事実婚は、法律上の婚姻関係とはみなされません。しかし、いままでの判例などの蓄積によって、相当程度、事実婚でも法律婚に近い形とし

3　最大判平成27年12月16日民集69巻8号2586頁。なお、最大判令和3年6月23日集民266号1頁も同様に合憲判決を出しています。

て扱われるようになっています[4]（いわゆる「**内縁準婚**」理論）。例えば、法律婚の際に発生する権利義務（同居義務、協力扶助義務、貞操義務、日常家事債務の連帯責任など）は、およそ、事実婚にも認められています。また、事実婚が解消された場合の財産分与や損害賠償も認められる傾向にあります。社会保障法上の保護（健康保険の利用、育児・介護休業の利用、公営住宅への入居など）を受けることも可能です。

法律婚と大きく異なるのは、ⓐ同じ氏とならない、ⓑ結婚に伴う姻族関係が生じない、ⓒ相続が発生しない、などの点に集約されます。

◆同性カップルに対して法は……

私たちの社会に、ＬＧＢＴという言葉が定着して、随分と時間が経過したと思います。Lesbian（女性同性愛者）、Gay（男性同性愛者）、Bisexual（両性愛者）、Transgender（性別越境、性別違和）の頭文字をとったもので、性的マイノリティの総称として用いられている言葉です。また最近では、ＬＧＢＴＱ＋という言葉も一般的となっています。いずれにしても、性の多様性を確保しようとする社会の流れがあります。

それでも、日常生活を送るにあたって、一定の生きづらさを抱えている性的マイノリティの方は少なくありません。そのうちの１つに婚姻問題があります。異性カップルには、婚姻（法律婚）という道を選択することによって、民法・社会保障・税制といった面で、法律上の効果

◎レインボーフラッグ

レインボーフラッグは、ＬＧＢＴの尊厳と社会運動を象徴する旗で、1970年代から使用されています。赤・オレンジ・黄・緑・青・紫の６色で構成されています。

が付与されます。しかし、同性婚などを認める法律はなく、同性カップルには、その選択肢が用意されていません。

平成27年に、渋谷区や世田谷区で、同性パートナーの証明書を発行する制度を開始したのをきっかけに、自治体レベルでは、同様の取り組みをするケースが見られます。また、性的指向などを理由として、差別的な取扱いをすることを禁止する条例もあります。しかし、国レベルでの本格的な検討は、これからです。

4　内縁に関する判例は数多くありますが、きっかけを作ったものとして大連判大正４年１月26日民録21輯49頁を挙げるほか、例として、最判昭和33年４月11日民集12巻５号７８９頁、最判平成12年３月10日民集54巻３号１０４０頁、最判平成19年３月８日民集61巻２号５１８頁を挙げておきます。

CIVIL LAW 3

離婚

——離婚しようと思えばすぐにできるの？

婚姻をしたものの、いろいろな原因で「**離婚**」に至ることがあります。[5] 以前に比べて離婚率は上昇し続けており、近年増加している国際結婚の場合は、離婚率もさらに高くなるのが現状です。

◆離婚によって、何が起きるの？

離婚がなされると、それまで存在していた婚姻の効果が消滅します。姻族関係も終了します（民法728条1項）。婚姻によって氏を改めた者は、原則として、婚姻前の氏に戻ることになります（**復氏**。民法767条1項）。ただし、婚姻時の氏をそのまま使うことを欲する人もいます。そのような場合、離婚のときに称していた氏を称する届け（**婚氏続称の届け**。民法767条2項）を出すことで、離婚の際に使っていた氏をそのまま使うこともできます。

なお、婚氏続称の届けは、離婚の日から3か月以内に行なわなければなりません。これは、離婚後の氏は、できるだけ早く確定したほうがよいという価値観に基づくものです。では、離婚から長時間が経過したあとに、旧姓に戻すためにはどうするのでしょうか。この場合、家庭裁判所で「氏の変更」という手続きを行なうことになります（戸籍法107条）が、氏の変更が認められるためには、「やむを得ない事由」がなければなりません。

◆離婚によって「財産」はどうなるの？

また、離婚をする際には、財産的な面での清算関係が生じます。

まず、**財産分与**（民法768条）の問題があります。財産分与とは、婚姻中に夫婦で協力して築き上げてきた財産の公平な分配を意味します。夫婦でお互いに協力し合って婚姻生活を継続してきたわけですから、離婚の際にも、財産が適切に分配されるのは当然です。婚姻生活において職業労働と家事労働という役割分業があるのであれば、そこから発生した資力の不均衡を離婚時に是正しなければなりません。これが、「**清算的財産分与**」といわれるものです。ただし、いかなる財産も財産分与の対象になるわけではありません。清算的財産分与の目的が先

5　「離婚」と区別したいのは、「死別」です。いずれも、婚姻の解消という意味では同じですが、法的な取扱いも少なからず違いがあります。まず、死別の場合、何も変化が生じないことを原則とします。したがって、死別となってもそれだけでは婚姻によって生じた姻族関係は解消されませんし、また、婚姻によって氏を変えた者が残存した場合に復氏となりません。ただし、生存配偶者の意思で変化をもたらすことは可能です。まず、姻族関係は、生存配偶者が姻族関係終了届を提出することによって終了します。また、氏についても、旧姓に戻る手続きをとることができます。

のとおりですので、例えば、独身時代の貯金や、婚姻時に持参した家財道具や、自分の親から相続した財産や、別居後に築いた財産などは、財産分与の対象から外れます。

また、「**扶養（援助）的財産分与**」というものもあります。これは、仮に離婚をしたら、夫婦の一方が生活に困ってしまうというときに、その生活を援助するという意味合いで支払われるものです。これが認められるには、請求する側に「扶養の必要性があること」と、請求される側も「扶養できる状況にあること」が必要です。

さらに、離婚の原因が一方にあるとき、その配偶者は被った精神的苦痛に対して、「**慰謝料**」を請求することができます。正確には、財産分与と慰謝料請求（民法709条）は性質が異なりますが、実際には、慰謝料も含めて、財産分与の具体的な額が決まります。

◆離婚は、どのようにするの？

離婚の方法には、主として、ⓐ協議離婚、ⓑ調停離婚、ⓒ裁判離婚があります。このうち、「**協議離婚**」（民法763条）とは、夫婦間の協議を経て合意に達した場合に離婚届を提出して成立する離婚です。離婚全体の90％程度を占めています。離婚届を見るとわかるとおり、日本において協議離婚は簡易な形式で離婚をすることができます。離婚の理由や離婚後の身の処し方などについて確定しなくとも、離婚届は受理されます。

しかし、当事者だけで協議が整わない場合には、家庭裁判所に夫婦関係調整の「**家事調停**」

を申し立てることとなります。家事調停とは、裁判所（家事裁判官と家事調停委員からなる調停委員会）が間に入りながら、当事者の話し合いによる自主的解決を目指すものです。これが**「調停離婚」**です。離婚全体の10％程度を占めます。

そして、調停も整わない場合には、最終的に、**「裁判離婚」**となります。裁判離婚の場合、一方当事者が離婚を望まなくても、裁判所の力で強制的に離婚が成立することになります。なお、調停を行なわずに、いきなり裁判をすることはできません（**調停前置主義**）。離婚に際しては、夫婦で得た財産の清算、財産分与、慰謝料、離婚後の扶養、親権者などの問題を解決するため、夫婦間の話し合いが欠かせないからです。

なお、裁判離婚は、民法770条1項が定める法定離婚原因がある場合にのみ認められます。法定離婚原因は、次のとおりです。

1　配偶者に不貞な行為があったとき
2　配偶者から悪意で遺棄されたとき
3　配偶者の生死が3年以上明らかでないとき
4　その他婚姻を継続し難い重大な事由があるとき

◆有責配偶者からの離婚請求？

例えば、A（夫）とB（妻）が婚姻関係にあったが、AがCと不貞行為を行なったうえで、Bに対して離婚を求めた場合、その離婚の請求は認められるのでしょうか？　BもAに愛想をつかし、離婚に同意している場合は、問題にならないわけですが、特に、Bが離婚したくないと思っている場合に、原因を作ったA（「**有責配偶者**」といいます）から離婚を求められるのかという問題があります。確かに、先ほど示した民法770条5号は、「婚姻を継続し難い重大な事由」とのみ規定していますから、有責配偶者からの離婚請求を直ちに排除しているわけではありません。他方、婚姻の継続を望んでいる配偶者に苦痛を与えたり、貧困をもたらしたり、子の福祉を害する場合も考えられます。

これに関して、判例[6]は、ⓐ婚姻が破綻しているか否かと、ⓑ離婚請求が信義則に反しないかということを基準として、離婚請求の可否を決するという枠組みを示しています。

すなわち、「夫婦としての共同生活を欠くようになり、その回復の見込みが全くない状態に至った場合には、……戸籍上だけの婚姻を存続させることは、かえって不自然である」としつつ（ⓐの基準）、他方で、「離婚は社会的・法的秩序としての婚姻を廃絶するものであるから、離婚請求は、正義・公平の観念、社会的倫理観に反するものであってはなら（ず）」、離婚請求は「信義誠実の原則に照らして容認されうるものであることを要する」としています（ⓑの基準）。近年では、別居期間が短かったり、未成熟子がいたりしても、事情を総合的に考慮して離婚請求を認める事例もあります。

◆DVから身を守る

近年、DV（domestic violence）被害が社会問題となっています。それに対応する法律として、「配偶者からの暴力の防止及び被害者の保護等に関する法律」（**DV防止法**）があります。配偶者からの暴力を防止すること、そして、被害者を保護することを目的としています。そもそも、暴力を振るうこと自体、犯罪の構成要件に該当する場合が多いですが、DVの場合、加害者が自分にとって身近であるため、ときとして我慢したり、1人で悩んだりします。そこで、特にDVを防止するための特別な法律が制定されています。

本法の適用範囲は、決して狭くありません。まず、「**配偶者**」とは、法律上の夫婦の場合に加えて、婚姻届けを出していない事実婚も含みます。同居中だけではなく別居中でも、婚姻中の暴力が離婚後も続いていた場合も、同法の適用があります。また、この法律でいう「**暴力**」とは、殴る、蹴るなどの「身体に対する暴力」だけに適用される条文もありますが、一般的に、心身に害を与えるようなこと（精神的暴力、性的暴力、経済的暴力）を広く含んでいます（DV防止法1条1項）。

6　最判昭和62年9月2日民集41巻6号1423頁

ＤＶが生じた場合、被害者は、警察等の力を借りて被害状態を回避することが大切ですが、それとともに、ＤＶ防止法上の**保護命令**手続が重要となります。「保護命令」とは、被害者を守るために裁判所が相手方（加害者）に対して出す命令のことです。

また、加害者から逃げて身をひそめているだけでは、その先の生活が成り立ちません。就業の問題、住宅の問題、経済的な問題など、いろいろ考えなければなりません。それらを支援するための機関として、配偶者暴力相談支援センターに加え、社会福祉全般の窓口になっている「福祉事務所」などがあります。

CIVIL LAW 4

親子
——母子関係・父子関係はどのように認定されるの？

◆親子という法律関係を認める意味は？

民法は、親族関係の中心として、夫婦関係と並んで、「親子」関係について規定しています。親子という法律上の関係は、特定の男女から命を授かって、私たちがこの世に生を受けたらすぐに形成される、おそらく最初の法的な関係といっても過言ではありません。子が生まれると、親は子に名前をつけて出生届《しゅっしょうとどけ》を役所に提出し、その流れで、子は親の戸籍に登録されることとなります（戸籍法49条、52条。52頁参照）。

親子関係が形成されると、法的に、どのような意味が生まれるのでしょうか。まず（子どもが成人となっているか否かにかかわらず）、ⓐ**相続関係**と、ⓑ**扶養関係**が生じます。これは、親から子へ（民法887条、877条1項）という一方通行ではなく、子から親へ（民法889条1号、877条1項）という方向もあり得ます。

つまり、子が先に死亡してそれを親が相続する場合もありますし、また、親が生活に困窮していた場合には子がそれを扶助する義務が生じるのです。さらに子どもが未成年の間は、ⓒ親には子に対する**監護・教育の権利義務**が発生するほか、ⓓ子の**財産を管理し、代表する権限**を有することになります（後述する「親権」の具体的内容。394頁参照）。

◆母子関係はどのように認定されるの？

ところで、「この子の親は、誰だ？」ということが争われる場合があります。例えば、「この子どもは、私の子ではない」という主張があったり、反対に、「この子どもの親は、あの人ではなく、私です」という主張があったりするのです。そのような場合、どのように親子関係は認定されるのでしょうか？

まず、母と子のつながり（母子関係）は、比較的、容易に認定することができます。すなわち、女性が子どもを懐胎《かいたい》・出産するという事実が存在しますから、それによって母子関係を認識することになります。[7] いわゆる「**分娩主義**《ぶんべん》」です。

ただし、問題がなくはありません。読者のみなさんは、「**代理出産**」をご存じでしょうか。代理出産とは、妻の代わりに別の女性（代理母）に子どもを妊娠してもらって、生まれた子どもを依頼者が引き取るというものです。その方法はいくつかありますが、生殖技術が発展した現在では、卵子と子宮が必ずしもパッケージとなっておらず、依頼者夫婦の受精卵を他の女性の子宮に移植し、分娩させるという方法（いわゆる、子宮貸し）も技術的に可能です。代理出産は、日本国内では認められていませんが、海外には認める国もあります。そこで、日本人の中にも海外で代理出産を試みる例があります。[8]

では、代理出産によって生まれた子の母は、誰なのでしょうか。例えば、男性Aの精子と女性Bの卵子を用いた受精卵を、女性Cの子宮に移植してCが妊娠・出産をした場合、生まれた子とBとの間に遺伝子上のつながりがあるわけですが、先ほど示した基準ですと、Cが母ということになります。これについて、令和2年に制定された「生殖補助医療の提供等及びこれにより出生した子の親子関係に関する民法の特例に関する法律」第9条によると、「女性が自己以外の女性の卵子（その卵子に由来する胚を含む。）を用いた生殖補助医療により子を懐胎し、出産したときは、その出産をした女性をその子の母とする」と規定しています。つまり、遺伝子上のつながりも関係なく、分娩主義を徹底しているのです。[9]

◆父子関係はどのように認定されるの？

では、父子関係はどうでしょうか？　男性は、生物学的に妊娠・出産を経験しませんから、

7　最判昭和37年4月27日民集16巻7号1247頁参照

8　代理出産の問題点を知るために、ジェニファー・ラール／メリンダ・タンカード・リースト／レナーテ・クライン編『こわれた絆―代理母は語る』（生活書院、2022年）参照。

9　近時の事例で、最決平成19年3月23日民集61巻2号619頁も参照。

◎嫡出推定

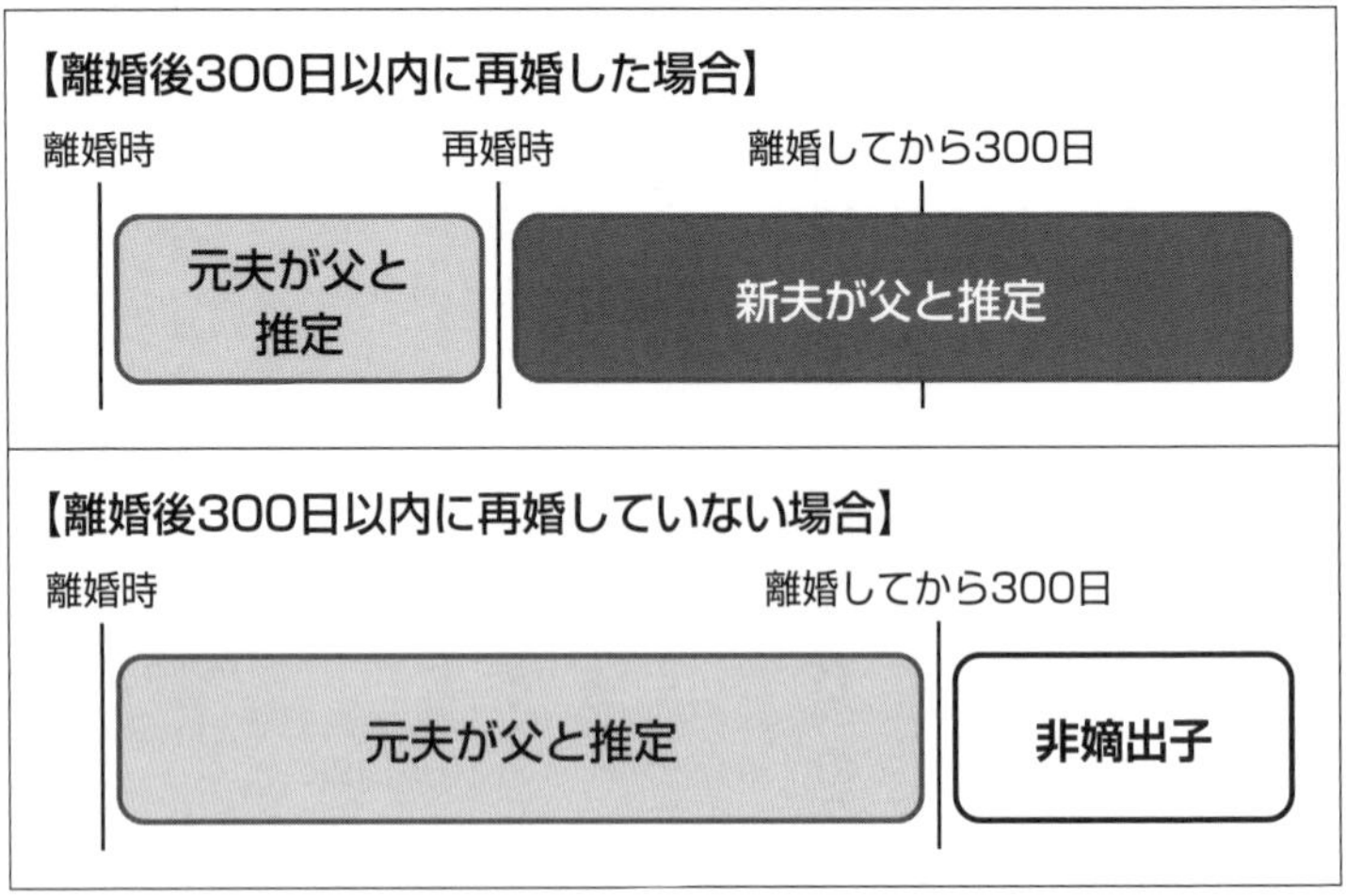

子どもが生まれたとしても、誰が父親なのか、自然とわかるわけではありません。しかし、できるだけ早期に父子関係を確定して、子どもの地位を安定させる必要があります（父親がわからないと、父親の相続人になれず、また、父親から扶養が受けられないことになります）。そこで民法は、法律上の婚姻関係を基礎として、母の夫がその子の父だと推定する規定（いわゆる、「**嫡出推定**」）を定めています（民法７７２条）。

まず、妻が婚姻中に懐胎・出産した子だけではなく、婚姻前に懐胎し、法律上の婚姻関係が成立した後に出産した場合であっても、夫が、その子の父であると推定されています。

では、婚姻が解消された場合はどうでしょうか。婚姻の解消等の日から３００日以内に生まれた子について、前夫の子と推定されます。ただし、婚姻の解消等の日から３００日以内に生まれた子であっても、母が前夫以外の男性と再婚した後に子が生まれた場合は、再婚後の夫の子と推定されます。

では、嫡出（婚姻関係にある男女から生まれること）でない子（非嫡出子）の父親はどのようになるのでしょうか。嫡出推定が働かない以上、積極的に法律上の父子関係を発生させる手続きが必要です。それが、「**認知**」です（民法７７９条。条文上は、「母」の認知も認めていますが、ここでは触れません）。男が自らの意思で父であることを認め、父として戸籍に名前を載せることになる場合には、「**任意認知**」の手続きによって行ないます。また、男が任意認知をしない場合でも、子どもやその母親が、裁判によって「私は、あなたの子だということを認めて！」と訴えることができます。これが、「**強制認知**」です（民法７８７条）。

◆血縁関係を作り出す

なお、親子関係は、血のつながりのある場合ばかりでもありません。出生に基づく実親子関係の他に、「**養子縁組**」に基づく養親子関係も認められています。

特に日本では、これまで、血がつながっていなくても法律によって結びつける親子関係が、重要な役割を果たしてきました。日本において昔から多くの割合を占める養子は、婿養子を中心として、家の承継や親の扶養を目的とする「**普通養子縁組**」（民法７９２条以下）ですが、それと並んで、実の親から養育してもらうことが難しい未成年の子どもなどを対象とした、「**特**

◎普通養子縁組と特別養子縁組の違い

	普通養子縁組	特別養子縁組
成立	当事者の届出	家庭裁判所の審判
子どもの年齢	尊属・年長者不可	原則15歳未満
親の年齢	20歳以上	原則25歳以上
関係の解消	離縁が認められる	原則として認められない
実方との親子関係	継続	消滅
戸籍の記載	あり	あり

別養子縁組制度」（民法817条の2以下）があります。家のための養子縁組ではなく、**子どもの福祉**のための養子縁組です。

特別養子縁組は、父母による養子となる者の監護が著しく困難または不適当であることその他特別の事情がある場合において、子の利益のため特に必要があると認めるときに、これを成立させるものとされています（民法817条の7）。生みの親との親子関係を消滅させて、新たに特別養子縁組を結ぶ親との間に親子関係を成立させるものです。児童虐待などで生みの親が育てられなかったりする場合などに、不妊治療に悩む夫婦などが、養子を迎え入れることがあります。

◆「毒親」との縁を切る？

読者のみなさんは、「毒親」という言葉をご存じでしょうか。子どもの人生に悪影響を及ぼす親のことを意味するようです。親から虐待を受けたり、親の異性関係に悩まされたり、親からの過干渉が苦痛だったり、親が極度に子どもに依存したり、いろいろな種類があります。そうなると、子どもからは、「親との関係を切りたい」と考えるようになるかもしれません。

これに関し、大前提として、法的な意味で、親子関係を完全に解消させることはできません。ただし第三者と養子縁組をしたり、親と戸籍を分籍したり、相続放棄・排除をしたりすることは考えられます。また、もしも、親が付き纏《まと》って、金銭の無心・過干渉・激しいＤＶなどをしたような場合には、親に対してでも、裁判所に「**接近禁止**」のための手続きをとることは可能です。

10　養子縁組の目的にはさまざまなものがあります。例えば、相続税においては、相続人の数が多いほど遺産にかかる基礎控除額が増加したり、相続税の総額が減少したりするなどの効果がもたらされますが、そのため、相続税の負担軽減・回避を目的とした養子縁組が以前からなされています。このような縁組の効力について争われた事件において、節税目的があるからといって直ちに縁組意思がないとはいえないとした判例（最判平成29年1月31日民集71巻1号48頁）があります。

CIVIL LAW 5

親権
――親権とは、一体どのような「権利」なの？

◆親権は、「親」の「権利」なの？

親権とは、親が未成年子を監護・養育する関係について説明する概念です。以前は、父が子を権力的に支配し、子はそれに服従する関係にあると考えられていました（権利性の強調）が、20世紀以降、親権とは、子の利益を守る親の義務という側面が強調されるようになってきました（義務性の強調）。さらに、「**子どもの権利条約**」において、子の権利の主体性が明言されて以降、その考え方がより強くなり、近年においては、親権は、**子の福祉**を基本として、親として子に対する養育の義務を遂行する必要上で認められるものであり、他者から不当に干渉されない法的地位のことであるとの理解が進んでいます。

コラム　**子どもの権利条約**

子どもの権利条約（児童の権利に関する条約）は、世界中すべての子どもたちが持つ人権（権利）を定めた条約です。1989年に国連で採択され（翌年に発効）、多くの国・地域で批准されており、日本も1994年に批准しています。子どもを「権利の主体」としてとらえる契機となった重要な条約として位置づけられます。
この条約は54の条文で構成されていて、大きく4つの原則が定められています。それは、ⓐ差別の禁止（差別のないこと）、ⓑ子どもの最善の利益（子どもにとって最もよいこと）、ⓒ生命、生存および発達に対する権利（命を守られ成長できること）、ⓓ子どもの意見の尊重（子どもが意味のある参加ができること）です。これらの原則は、日本の子どもに関する基本的な法律である「こども基本法」にも取り入れられています（同法3条参照）。

◆親権者って誰？

親権者は「父母」となります（民法818条1項）。婚姻中の親権は、原則として父母が共同で行なうこととなっています（共同親権。民法818条3項本文）。例えば、財産管理行為、代理行為、子の法律行為に対する同意権の行使[11]など、父母共同の意思に基づくことが必要です。

では、父母が離婚した場合には、どうなるのでしょうか。今まで日本では、離婚後は、どちらか一方が親権を持つ「**単独親権**」一択となっていました。しかし令和6年の民法改正により、離婚時「**共同親権**」も選択することができるようになりました（民法819条1項）。そこで、離婚時

◎親権についての民法改正

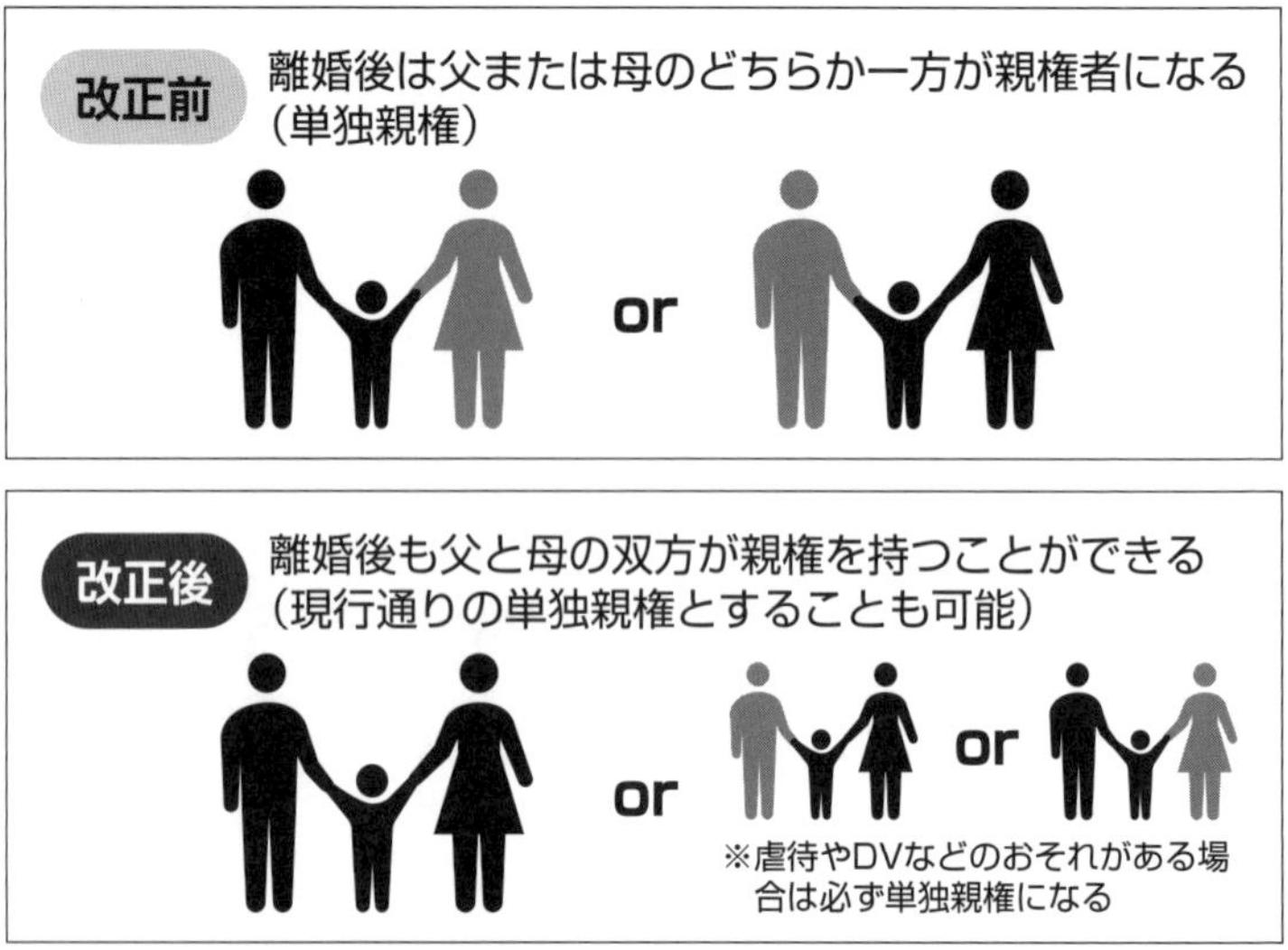
改正前
離婚後は父または母のどちらか一方が親権者になる
（単独親権）
or
改正後
離婚後も父と母の双方が親権を持つことができる
（現行通りの単独親権とすることも可能）
or
or
※虐待やDVなどのおそれがある場合は必ず単独親権になる

に共同親権を選択した場合には、婚姻時と同様に、共同で親権を行使することになります。ただし、身の回りの世話や習い事などの「日常の行為」や、緊急の手術などの「急迫《きゅうはく》の事情がある」場合には、どちらか一方の親が親権を単独で行使できるとされます（民法824条の2）。

共同親権を選択するメリットとして、親権争いの回避、離婚後の協力した子育てなどが挙げられる向きもありますが、教育方針が両親で対立した場合や、一方配偶者からDVやモラルハラスメントを受けていた場合など、共同親権には馴染まない場面も想定することができます。

なお、単独親権となっても、非親権者と子とのつながりが全くなくなるわけではありません。親子が互いに会うことができないことは、子の福祉の観点から望ましくないとも考えられますので、親子が別居している場合に、その親子が交流をすること（**親子交流**。民法766条1項）が認められていますし、**扶養義務**は親権の有無とは無関係に存在します。

◆親権者に与えられるもの

親権者は、子の利益のために**子を監護《かんご》し教育する**権利を有し、義務を負います（民法820条）。子の成長を支援し、社会人として育成するために親権者に与えられた権利・義務です。より具体的には、子の居所を指定して、そこに居住させる権利（**居所指定権**。民法822条）や、子に職業を営む許可を与え、あるいは必要に応じて許可を取り消すなどの権利（**職業許可権**。民法823条）、などがその内容です。なお、この監護・教育にあたっては、子の人格を尊重するとともに、その年齢および発達の程度に配慮しなければならず、かつ、子の心身の健全な発達に有害を及ぼす言動（体罰など）をしてはいけません（民法821条）。

11　同意といっても、「医療同意」については、慎重な配慮が必要です。例えば、親権者の宗教上の教えや独特の思想から、手術に同意しなかったり、輸血に同意しなかったりする場合はどうでしょうか。この場合には、親権の停止（民法834条の2）などの制度を用いて、子どもの生命・健康に取り返しのつかない損害が生じないようにすることが考えられます。

また、親権者は、**子の財産を管理する**権利も有します（民法824条本文）。そしてこの場合、親権者は、自己のためにするのと同一の注意をもって、子の財産を管理しなければならず（民法827条）、この注意義務に違反して未成年者に損害を与えた場合には、損害賠償責任を負うことに加え、管理権喪失原因にもなります（民法835条）。

さらに親権者は、子の財産に関する法律行為について**子を代表する**権利を有します（代表権。民法824条本文）。ただし、子の行為を目的とする債務を生じる場合には、子本人の同意を得なければなりません（民法824条ただし書）。また、親権者とその子の間で、親権者には利益になるが子には不利益になるような場合、または、同一の親権に服する複数の子相互間で、一方の子には利益になるが他方の子には不利益になるような場合には、特別代理人[12]を選任しなければなりません（民法826条）。

◆親として失格？

なお、親権は子のために行なわなければならないため、父または母が子を虐待したり子を放置したりするなど親権を濫用する場合、または、働かずに財産を使い尽くしたり酒や賭博などの素行不良があり、子に害悪を及ぼすなど著しく不《ふ》行跡《ぎょうせき》である場合、家庭裁判所は、子の親族や検察官、児童相談所長などの請求により、「**親権喪失**」の宣告をすることができるものとされています（民法834条、児童福祉法33条の7）。また、一気に喪失まで至らなくとも、一定期間、親権を行使させない「**親権停止**」の制度もあります（民法834条の2）。

さらに、父または母が子の財産を不当に処分するなど子の財産を危うくした場合、家庭裁判所は、（親権のうち身上監護権はそのままにして）財産管理権だけを喪失させる宣告をすることもできます（民法835条）。

◆児童虐待と児童相談所

ところで、子どもに愛情を注ぐのが難しくなってしまい、「虐待」をしてしまう親がいます。児童虐待とは、子どもの体や心を傷つけて、子どもの成長や人格形成に大きな影響を与えることを意味します。具体的には、「児童虐待の防止等に関する法律」（児童虐待防止法）2条の中で4種類の行為が児童虐待であると定義されています。

児童虐待は、子どもが当然に持っているはずの権利を侵害する行為であり、決して許されるものではありません（児童虐待防止法3条）。虐待をすれば、親とはいえ、刑事・民事の両責任を負うことになります。

では、児童虐待がなされた場合、その子は、どのような社会的保護を受けられるのでしょう

12　特別代理人になるための資格は特にありませんが、一般的には、未成年の子の祖父母など、当該行為に利害が関係しない親族になってもらうことが多いといえます。

か。「児童福祉法」や「児童虐待の防止等に関する法律」に基づいて、いくつかの制度が設けられています。また、実務的には、**児童相談所**[13]の果たす役割が大きいといえます。児童相談所は、児童福祉法に基づき、児童虐待への対応の中核を担う行政機関として、都道府県に設置されているものです（児童福祉法12条1項）。

児童相談所が虐待の通告を受けると、適切な措置をとることになっています。

①まず重要なものとして、「**一時保護制度**」があります（児童福祉法33条1項）。これは、緊急に子どもを家庭から一時的に引き離す必要があるときに用いられます。親などの意思に反して行なうことができる、とても強い制度です。

②また、必要に応じて、「**児童養護施設**」（児童福祉法41条）に児童を入所させる判断もします。児童養護施設とは、災害や事故、親の離婚や病気、また不適切な養育を受けているなどいろいろな事情によって、家族による養育が難しい子どもたちが暮らすための施設であり、現在、全国各地の施設に約3万人が暮らしています。それぞれの自立目標に合わせた支援計画をもとに、児童指導員、保育士などの専門職の人たちが、子どもたちの養育を行なっています。

CIVIL LAW 6

後見・保佐・補助
——認知症の親のサポートはどうする？

◇サポートが必要な人が急増中！

日本人の平均寿命は、極めて高い水準で推移していることは、読者のみなさんもご存じだと思います。そして、「老い」に対してどのように社会が対応するのかという点が、大きな課題です。日本において、令和7年時点における認知症の有病者数は約700万人とも推計されており、その中で、特に、「財産の管理をどのようにするか」という面と、「身上の看護をどのようにするか」という面の両側面から、能力が減退する高齢者の意思決定の支援が必要となります。また、高齢でなくとも、知的な障害があって判断能力が十分ではなかったり、未成年者のうちに両親が他界したりして、生活のために保護が必要な人もいます。そのための制度として、**後見《こうけん》・保佐《ほさ》・補助**の制度があります。

13 児童相談所について、川松亮ほか編著『日本の児童相談所 —子ども家庭支援の現在・過去・未来』（明石書店、2022年）参照。

ただし、日本では、これらの制度の利用率がそれほど高くありません。また、利用するとしても、判断能力が完全に減退して日常生活に大きく支障をきたすようになって初めて、家庭裁判所の審判を受けるケースが多く、判断能力減退の初期段階で制度を利用する人は少数にとどまっています。[14] 近親者が法的な手続きをとらずに、被保護者の世話をする場合が多いのが現状です。しかしそのようなやり方は、法的には無権代理（94頁参照）と評価され、本人にとっても取引などの相手方にとっても、不安定な関係となります。

コラム

未成年後見

「後見」には、ここでモデルとして取り上げている「成年後見」に加え、「未成年後見」があります。未成年後見人とは、親権者の死亡などのため、未成年者に対し親権を持つ者がいない場合に、親権者の代わりとなって、未成年者の監護養育、財産管理、契約等の法律行為などを行なう者のことを指します。未成年後見人は、親権者と同じく、未成年者の身上監護と財産管理を、継続的に行なう必要があります。

なお、未成年後見人の選任方法は2つあります。1つは親権者の遺言によって指定する方法です。もう1つは、遺言による指定がない場合に、未成年者本人または利害関係人が家庭裁判所に請求することによって、未成年後見人を選任してもらう方法です。

◆どのように開始するのか？

後見開始・補佐開始・補助開始の各**審判**がなされてその開始が認められると、家庭裁判所が職権で、後見人・保佐人・補助人を選任することになります（民法843条1項、876条の2第1項、876条の7第1項）。判断材料としては、被後見人・被保佐人・被補助人の心身状態、生活・財産の状況、成年後見人・保佐人・補助人となる者の職業、経歴、被後見人・被保佐人・被補助人との利害関係の有無、被後見人・被保佐人・被補助人の意見、その他一切の事情が考慮されます。

後見人・保佐人・補助人には、**親族**の誰かがなることもあり、裁判所も選任にあたっては、親族の意見を聴取しますが、**専門職（弁護士や司法書士など）**がなる場合が多いといわれています[15]。法人がなることもできますし、複数の者を選任することも可能です。近年では、核家族化・単身世帯の増加の中で、自治体が中心となって、市民を後見人等として育成する動きもみられます。

14　最高裁判所「成年後見関係事件の概況―令和5年1月～12月」によれば、2023年（令和5年）12月末日における成年後見利用者数は1万8759人であるのに対し、保佐利用者数は5万2089人、補助利用者数は1万5863人、任意後見利用者数は2773人にとどまっています。

◎民法上の後見・保佐・補助の違い

	後　見	保　佐	補　助
対象	常に事理を弁識する能力を欠く状況にある者	事理を弁識する能力が著しく不十分である者	事理を弁識する能力が不十分である者
同意が必要な行為	後見人に同意権なし（仮に同意があっても、被後見人は単独でなし得ない）	法律で定める重要な財産上の行為（13条1項、4項）	同意権付与の審判で定める特定の行為（17条1項、4項）
取消しが可能な行為	日常生活に関する行為を除く法律行為（9条）		
代理権の範囲	財産に関する法律行為（859条1項）	代理権付与の審判で定める特定の行為（876条の4第1項）	代理権付与の審判で定める特定の行為（876条の9第1項）

◎任意後見と法定後見の違い

	任意後見	法定後見（後見類型）
後見人	本人の判断能力がある間に、本人の意思で契約した者	家庭裁判所が選任した者
手続き	公正証書で任意後見契約を締結	家庭裁判所に申立て
後見人の代理権	任意後見契約であらかじめ定めた行為	すべての法律行為
後見人の取消権	なし	あり（日常生活に関する行為以外）
後見監督人（後見人の業務執行を監督する者）	任意後見監督人が必ず選任される（後見開始要件）	必要に応じて裁判所が、成年後見監督人を選任する

◆後見人・保佐人・補助人にはどんな権限が与えられる?

後見人・保佐人・補助人に付与される権限は類型によって異なりますが、総じて言えば、家庭裁判所の審判を通じて、特定の行為に対して「**同意権**」や「**代理権**」が与えられることになります。同意権は、本人が行為をする際に、後見人等の同意を得なければならず、もし同意を得ずに行為をした場合には、事後的に当該行為を取り消すことができるというものです。また、代理権は、本人の代わりに特定の行為を法定代理人として行ない、その効果を本人に帰属させるというものです。

なお、後見人・保佐人・補助人が**本人に代わって本人の居住用の不動産**を売却、賃貸、賃貸借契約の解除、抵当権などの設定をする際には、家庭裁判所の許可を得なければなりません(民法859条の3、876条の5第2項、876条の10第1項)。被後見人等の重要な財産を特に保護するための規定といえます。

他方、後見人・保佐人・補助人には、義務も課せられます。すなわち、事務を行なうにあた

15　最高裁判所「成年後見関係事件の概況—令和5年1月~12月」によれば、成年後見人等と本人の関係については、親族(配偶者、親、子、兄弟姉妹及びその他親族)が成年後見人等に選任されたものが7381件(全体の約18・1%)であるのに対し、親族以外の第三者が選任されたものが33万348件(全体の約81・9%)となっています。また、親族以外の第三者の内訳としては、弁護士が8925件(26・8%)、司法書士が1万1983件(35・9%)、社会福祉士が6132件(18・4%)となっています。

っては、被後見人・被保佐人・被補助人の意思を尊重し、かつ、その心身の状態および生活の状況に配慮しなければなりません（民法858条、876条の5第1項、876条の10第1項）。

◆任意後見

最後に一点、以上のような法定後見と並んで、「**任意後見**」というものもあります。法定後見が、本人の判断能力が減退した後に、周囲の者が家庭裁判所に申し立てることによって手続きがなされるのに対して、任意後見とは、本人の判断能力が正常である間に、本人自身が、自己の判断能力が減退した後の財産管理などを特定の誰か（**任意後見人**）に依頼しておくという制度です。「任意後見契約に関する法律」に従ってなされるものです。法定後見に比べて、本人の意思が反映される点に特徴があります（404頁下段の図表参照）。

CIVIL LAW

第9章

相続

CIVIL LAW

1 相続法の概要

――民法第5編は、何を規定しているの?

◆相続とは?

相続とは、被相続人の死亡を原因として、相続開始から被相続人に属した一切の権利義務を包括的に相続人が承継することを意味します。日本のように財産の私的所有が認められている国では、相続という制度は大変重要です。もし相続がないならば、無主の財産が多数発生してしまい、その財産を巡って奪い合いが生じてしまい、社会が混乱するからです。また、被相続人と人生や生活の一部を共にしてきた親族が、被相続人の死亡後にも安心して生活を送るためにも、相続制度は一定の役割を果たしています。

ところで、相続に関するルールは、民法第5編に規定され、第4編の親族法とともに「家族法」にジャンル分けされますが、これは歴史的な意味が大きいといえます。すなわち、明治民法下では、「家」制度を基本とし、相続についても、家督相続(家長である戸主の地位と家産を嫡出長男子が単独で承継する相続)が中心であったため、相続法も「家族」の法としての色彩が強かったということができます。しかし、家制度・家督相続が廃止となった今日の相続制

◎民法第５編（相続）の構成

第５編　相続	相続に共通するルール	① 総則（882条〜885条）
	誰が？	② 相続人（886条〜895条）
	どれくらい？	③ 相続の効力（896条〜914条）
	相続をする？　しない？	④ 相続の承認および放棄（915条〜940条）
	相続財産と相続人固有財産の混同防止	⑤ 財産分離（941条〜950条）
	相続人がいない場合は？	⑥ 相続人の不存在（951条〜959条）
	被相続人の意思の実現	⑦ 遺言（960条〜1027条）
	残された配偶者の保護	⑧ 配偶者の居住の権利（1028条〜1041条）
	相続に対する期待の保護	⑨ 遺留分（1042条〜1049条）
	被相続人に寄与した非相続人への分配	⑩ 特別の寄与（1050条）

※①、②、③…は第５編の各章の番号

度は、それだけ「財産」の法としての色彩が増しています。

民法第5編は、10章に分けられています。以下ではまず、その概要（各章の位置付け）を説明しましょう。

◆誰が相続人？

まず、「誰が相続人か」についてのルールが規定されています。大きくは、後に述べるように、配偶者相続人と血族相続人がいますが、いずれも、〔第2章〕に規定されています。第二次世界大戦後、1947年の民法改正で家制度が廃止され、相続は、遺産相続のみとなりました。複数の相続人がいる場合には「**均分相続**」であり、例えば、子が複数人いればすべての子を平等に扱い、「男子優先・嫡出子優先・年長者優先」という考え方はとられていません。また、配偶者は常に相続人になるものとされ（**配偶者相続権**）、配偶者の保護が図られています。

なお、相続人がいない場合には、相続財産それ自体を法人とみなして、相続財産の散逸を防ぎ、相続財産管理人を選任して相続財産の処理手続が進められるようにしています。そして最終的には国庫に帰属するようになっています。これは、〔第6章〕に規定されています。

◆どのような相続財産があるの？

次に、「どのような相続財産があるのか」を確定することが重要となります。そして、相続財産の内容次第で、相続人は、相続するかしないかを選択することになります。これは、〔第4章〕に規定されています。原則的には無制約で「相続する」ということになる（**単純承認**）わけですが、相続をしたことを知った日から原則的に3か月以内に家庭裁判所に申述《しんじゅつ》をすることによって、包括承継の効果を全面的に否定する「**相続放棄**」や、相続した財産の範囲内で被相続人の債務を清算する「**限定承認**」を選択することもできます。

なお、単純に相続を承認した場合、相続財産と相続人の固有財産が混同することによって不都合が生じる場合があります。具体的には、相続人に資力がないため被相続人の債権者に影響が生じたり、相続財産に負の財産が多いため相続人の債権者に影響が生じたりします。その場合、「**財産分離**」がなされることもあります。そのためのルールは、〔第5章〕に規定されています。

◆遺言はあるの？

相続をする際に、「**遺言**《いごん》」があるか否かは、とても重要となります。日本の相続法では、遺言がある場合には被相続人の意思に従って相続財産を承継させることが優先され、遺言がない場合に「**法定相続**」になる点に特徴があります。私的自治の原則としての「**遺言の自由**」の表れです。遺言についてのルールは、〔第7章〕に規定され、他方で、法定相続の諸ルールは、〔第3章〕に規定されています。

なお、いくら遺言が自由であったとしても、無制限というわけではありません。相続の趣旨から、法定相続人の生活保障等にも一定の配慮が必要だからです。また、相続財産に対して生存している相続人も一定の協力をしてきた場合が少なくないですから、不合理な遺言から相続人を守ることが必要な場合も考えられます。そこで、一定の法定相続人には、相続に対する期待ともいうべき「**遺留分**《いりゅうぶん》」が保障されており、遺留分を侵害するような遺言である場合には、相続人は遺留分の主張をすることができることになっています。〔第9章〕でこれを規定しています。

◆どのように分けるの？

さらに、相続財産を相続人などでどのように分けるのかが重要となります。単独相続の場合には、法律関係はシンプルですが、共同相続の場合には、さまざまな相続財産が相続人の「共有」となるので（165頁参照）、実際に、誰がどの財産を相続するのかを考えなければなりません。これが「**遺産分割**」であり、〔第3章〕に規定されています。相続人間で協議が整えば、そのとおりの分割がなされるのに対し、協議が整わない場合には、調停・審判による分割がなされることとなります。

また、共同相続人間で遺産を承継する際に、特に「配偶者」への配慮が必要な場合がありま す。というのも、長年のパートナー（被相続人）と同居していた土地・建物に住み続けたいというニーズがある一方で、不動産の所有権自体を相続すると、その分、金銭等の相続が少なくなったり、できなかったりするため、配偶者が生活に窮する事態になりかねないからです。そこで、配偶者の**一身専属権**として、「**配偶者居住権**」を認めています。〔第8章〕で規定されています。

さらに、相続人でなくても、被相続人に対する介護や看護を無償で継続してきた親族の「寄与」を、遺産分割に反映させるための制度もあります。それが、「**特別の寄与**」制度です。〔第10章〕で規定されています。

CIVIL LAW 2

相続人には誰がなるのか？

――「笑う相続人」とはどういう人のこと？

◆配偶者

相続人には、誰がなるのでしょうか。

まず、**配偶者**は常に相続人となります（民法890条）。すなわち、夫が死亡すれば妻が、妻が死亡すれば夫がそれぞれ相続人となるのです。もし、他に血族相続人がいる場合は、それらの者と共同して相続することとなります（429頁参照）。

配偶者相続権は、夫婦財産制が不完全な日本において、夫婦財産の清算（生存配偶者の寄与・協力への評価）の意味を持ちます。ただし、相続権の発生や額は、婚姻の期間や夫婦生活に対する寄与度などとは全く無関係であり、例えば、婚姻届が出されて1か月も経たないうちに夫婦の一方が死亡したとしても、生存配偶者は、相続人になることができます。これは、婚姻後の夫婦関係がどのようなものであったのかが影響する、離婚時の財産分与（381頁参照）と対照的です。

なお、内縁関係（法律婚ではないけれども、事実上、夫婦の共同生活を営む関係。377頁

◎相続人のイメージ

	祖父母（父母がいない場合の第2順位）	
	父母（第2順位）	
兄弟姉妹（第3順位）	**本人**（被相続人）	**配偶者**（常に相続人）
甥姪（第3順位の代襲相続）	**子**（第1順位）	
	孫（第1順位の代襲相続）	

参照）の場合には、相続人になることができません。生存配偶者は、別の制度（遺言や贈与など）によって保護されることになります。

◆血族相続人

次に、特定の**血族**《けつぞく》が相続人になります（**血族相続人**）。なお、血族相続人には、順位があります。第1順位の相続人がいればその者に相続する権利が発生し、他の者には権利が発生しません。第1順位の者がいない場合に第2順位の者に、第2順位の者もいない場合に第3順位の者に相続する権利が発生する仕組みとなっています。優先順位は、以下のとおりです。

第1順位の相続人は、「**子**」です（民法887条1項）。子は、被相続人である親と法律上の親子関係があれば、実子・養子、嫡出子・非嫡出子を問いません。以前は、非嫡出子の法定相続分は嫡出子の法定相続分の2分の1というルールがありましたが、最高裁の違憲判決[1]を受けて、現在では、平等な相続分となっています。なお、胎児も、相続については既に生まれたものとみなされます（民法886条1項。55頁参照）。

第2順位の相続人は、「**直系尊属**」です（民法889条1項1号）。ただし、直系尊属同士の間では、その親等の近い順（曽祖父母よりも祖父母、祖父母よりも父母）となります。

そして、第3順位の相続人は、「**兄弟姉妹**」です（民法889条1項2号）。一生を通じて非常に関係の深い兄弟姉妹もいますが、他方では、今まで長いあいだ音信不通だった兄弟姉妹が、いきなり相続人として、財産の主張をしてくることもあります。「笑う相続人」といわれるゆえんです。

◆代襲相続

被相続人の死亡以前に、その相続人になるはずだった子や兄弟姉妹が死亡などによって相続権を失ったときは、その子や兄弟姉妹の直系卑属（より具体的には、孫や甥姪）が代わってその子や兄弟姉妹が受けるはずであった相続分を相続することができるものとされています（民法887条2項、3項、889条2項）。これを「**代襲相続**《だいしゅう》」といいます。相続人であるはずであった親を通じて、相続利益を受けるはずであった子などの期待を保障するための制度とい

1　最大決平成25年9月4日民集67巻6号1320頁

えます。なお、「子」の場合には、再代襲があり得ます。つまり、被相続人の死亡前に、既にその者の子も、その者の子の子（孫）も死亡していた場合、その者の子の子の子（ひ孫）が相続人となることも考えられます（民法887条3項）。

◇相続人になる資格のない人

相続人としての地位にある者でも、必ず相続人になれるわけではありません。相続人としてふさわしくない者は、相続人から除かれる可能性があります。

まず、**相続欠格**という制度があります（民法891条）。特定の行為を行なった者に対して、法律上当然に相続資格を剥奪する制度です。欠格事由は、民法891条に列挙されている5つですが、裁判例で特に多いのは、相続に関する被相続人の遺言を偽造したり、変造したり、破棄したり、または隠匿したりした者です（同条5号）。欠格事由に該当する者は、法律上当然に、相続権を失うこととなります。なお、相続欠格事由がある者に対して、被相続人が欠格者を許し、相続人としての資格を回復させることはできるでしょうか。民法上の規定はありませんが、それを認める見解が多数説です。

また、**推定相続人の廃除《はいじょ》**という制度もあります（民法892条、893条）。廃除とは、相続欠格事由ほどの重大な非行はないものの、被相続人から見て自己の財産を相続させることが妥当ではないと感じる場合に、被相続人の意思に基づいて家庭裁判所に申し立てることによって、特定の者に対して相続資格を剥奪することができる制度です。廃除手続にあたっては、被相続人に対する虐待もしくは重大な侮辱、または、その他著しい非行があることが必要となります。また、相続権を奪うという重大な効果が伴うため、申立てをしても、実際の審判では廃除が認容されない場合も少なくありません。

◇相続人がいない場合は？

相続人の存在が明らかでない場合があります。その場合にそれを放置してしまうのは問題です。そこで民法は、相続財産それ自体を当然に設立された法人として主体性を与え（**相続財産法人**。民法951条）、相続財産の処理手続きが進むようにしています。詳細な手続きの内容は割愛しますが、まず、家庭裁判所によって、相続財産の清算人が選任されることとなります（民法952条1項）。そしてそのうえで裁判所は、相続財産清算人が選任されたことおよび相続人がいるならば一定期間内にその権利を主張すべき旨の公告をします（同条2項）。なお、死亡者に相続人はいないけれども、相続財産の全部を第三者に遺贈する旨の遺言がある場合には、相続人の存在が明らかでない場合にはあたらず、相続財産清算人ではなく遺言執行者が手続きを進めることとなります。[2]

2　最判平成9年9月12日民集51巻8号3887頁

手続きの途中で相続人がいることが明らかとなった場合には、この法人は成立しなかったものとなります（民法955条本文）が、その後も相続人が不明である場合には、2回目の公告を行ないます。この公告は、相続財産清算人が行なう、相続債権者や受遺者に対する請求申出の公告です（民法957条1項）。一定期間内に請求の申出がない場合には、相続債権者や受遺者は、その権利を行使することができなくなります（民法958条）。

そして、このような手続きがなされた後、なお相続財産が残っている場合には、家庭裁判所は、被相続人と生計を同じくしていた者（内縁の配偶者や同居の親族など）、被相続人の療養看護に努めた者、その他特別の縁故があった者の請求によって、残存する相続財産の全部または一部を与えることができます（民法958条の2）。そして、この特別縁故者への分与によっても処分されなかった相続財産がある場合には、**最終的に国庫に帰属する**こととなります（民法959条）。

CIVIL LAW

3

相続財産
——どこまでの財産が相続されるの？

◇相続の開始

相続は、**被相続人の死亡**によって、**被相続人の住所**において開始します（民法882条、883条）。戦前には、家督相続が認められており、戸主が隠居をすれば、生前であっても家督相続が開始されることとなっていましたが、家督相続を廃止した現行民法では、人の「死亡」のみが相続開始原因となっています。

相続が開始すると、被相続人が所有していた不動産や動産、地上権・質権・抵当権などの物権、預金債権や売掛代金債権などの債権、著作権や特許権のような知的所有権などさまざまな**積極財産**（**正の財産**）[3]や、貸金債務や損害賠償債務などの**消極財産**（**負の財産**）、さらには、

3　不法行為によって被害者が死亡した場合、被害者（被相続人）の損害賠償請求権は、財産的損害だけではなく、慰謝料についても、相続性が認められます（大判大正15年2月16日民集5巻150頁、最判昭和42年11月1日民集21巻9号2249頁）。

賃借人の地位などの財産上の法律関係・法的地位も含めて、**包括的に承継される**ことになります（民法896条）。「包括的に承継される」ということは、特定の財産だけ相続したり特定の財産を相続から排除したりすることは原則としてできないことを意味します。

コラム

相続財産調査

相続が開始すると、「どんな相続財産があるのか？」を正確に把握しなければなりません。相続財産調査を行なう主たる意味として、ⓐ遺産分割協議で必要になるため、ⓑ相続放棄をするか判断するため、ⓒ相続税申告を正しく行なうための3点が考えられます。まず、全体としてどのような相続財産があるのか判明しないと、相続人間で遺産分割協議が進みません。また、プラスの財産とマイナスの財産のそれぞれがわかったほうが、相続放棄をするかどうかの決断がしやすくなります。さらに、財産の時価額が一定額以上になると相続税が課せられます。相続財産がどれくらいあるのか把握しないと、相続税申告をすべきなのかどうかが判断できません。そして申告内容に不備が生じると、追徴課税が課せられるリスクも発生します。

ちなみに、相続放棄は、相続をしたことを知ったときから3か月以内に、家庭裁判所に申述しなければなりません。また、相続税の支払いは、相続が開始してから10か月以内となっています。ですから、それほど時間的猶予があるわけではありません。

◆何が相続財産となるの？

ただし、包括承継といっても、いくつかの例外があります。

まず、被相続人の一身に専属したものは、承継されません（民法896条ただし書）。例えば、雇用契約による労働債務、扶養請求権、生活保護受給権などです。このような「**一身専属権**」は、個人の人格や地位と密接不可分の関係にあるため、他人による権利行使・義務の履行を認めるのは不適当です。

また、祭祀《さいし》のための財産（系譜、祭具、墳墓）については、相続に関するルールとは異なり、祭祀主宰者が承継するものとされています。祭祀主宰者は、まずは被相続人の指定によって決まり、指定がない場合には慣習、慣習が明らかでない場合には家庭裁判所の審判で決まるものとされています（民法897条）。また、判例によれば、遺体・遺骨についても、埋葬と供養を目的とするものですから、祭祀主催者に帰属するものと解しています[4]。

さらに、生命保険金の取扱いについても留意する必要があります。Aが生前、生命保険に加

4　最判平成元年7月18日家月41巻10号128頁

入していた場合、Ａが死亡すると保険会社から保険金が支払われますが、この保険金は、相続財産とは別の扱いとなる場合が多いといえます。

契約上の地位は、基本的には承継の対象となりますが、相互の信頼関係に基づくものや、特殊な関係に基づくものについては、相続の対象にならないものもあります。例えば、代理権は、本人または代理人の死亡によって消滅します（民法１１１条１項）し、委任契約は、委任者または受任者の死亡によって消滅します（民法６５３条１号）。また、使用貸借は借主の死亡によって消滅します（民法５９７条３項）。

CIVIL LAW 4

相続の承認と放棄

――借金も引き継がなくてはならないの？

◇相続するかどうかは自由に決められる

相続がなされると、被相続人に属していた一切の権利義務を包括的に承継することになりますが、相続は相続人の意思に反してまでこれを強制すべきものではありません。というのも、相続財産の中には、消極財産（借金等の負の財産）も多く含まれている可能性があり、相続財産をすべて計算してみたらマイナスとなってしまう場合もあり得るわけですが、このような場合にも相続人に相続を強制することは、相続人に酷な結果をもたらすこともあるからです。このような場合にはむしろ、遺族に相続しない選択肢も認めなければなりません。

そこで民法は、相続の効果は被相続人の死亡によって一応発生し、被相続人の財産は包括的に相続人に承継されるという包括承継主義を採用しながら、他方で、相続人は、一定期間内に相続の効果を受けるかどうか（相続を**承認**するか、**放棄**するか）を自分の意思で決定することができるものとしています。

◆単純承認とは？

原則は、**単純承認**です。単純承認とは、相続人が、一身専属的な権利を除いて、被相続人の一切の権利義務を無限に承継することを意味します（民法920条）。すなわち、相続財産をあるがまま受け継ぐことです。もし、相続放棄や限定承認をしたければ、**熟慮期間**（相続人が、自己のために相続の開始があったことを知った時から3か月以内。民法915条1項）に、その旨を家庭裁判所に申述しなければならず、それがなされない場合には、単純承認がなされたものとなります（民法921条2号）。

また、熟慮期間が経過しなくとも、相続人が相続財産の全部または一部を処分したときは、一部の例外（保存行為、短期賃貸借）を除き、単純承認をしたものとみなされます（民法921条1号）。所有者としての振る舞いがあったと評価されるからです。

さらに、相続人が、限定承認または相続の放棄をした後であっても、相続財産の全部もしくは一部を隠匿し、私に（ひそかに）これを消費し、または悪意でこれを相続財産の目録中に記載しなかったときも、同様に、単純承認をしたものとみなされます（民法921同条3号）。このような行為は、相続財産に対する背信的行為だからです。

コラム　熟慮期間とは？

相続放棄や限定承認をするためには、「自己のために相続の開始があったことを知った時」から起算して3か月以内に家庭裁判所に申述することが求められています。問題は、その解釈です。これに関し、ⓐ自分が相続人となったことを覚知したときという見解と、ⓑ消極財産の存在を覚知したときという見解が対立しています。

判例は、ⓐ説に立ったうえで、相続人が相続財産は全くないものと信じたために熟慮期間を経過し、かつそのように信じたことについて相当な理由があると認められる場合には、例外的に、「相続人が相続財産の全部又は一部の存在を認識した時又は通常これを認識しうべき時」から熟慮期間が開始すると解しています（最判昭和59年4月27日民集38巻6号698頁）。

◆相続放棄とは？

これに対して、**相続放棄**とは、相続人が相続開始による包括承継の効果を、全面的に拒絶する意思表示のことです。相続の放棄をしようとする者は、相続の開始があったことを知った日から3か月以内に、その旨を家庭裁判所に申述しなければなりません（民法938条、921

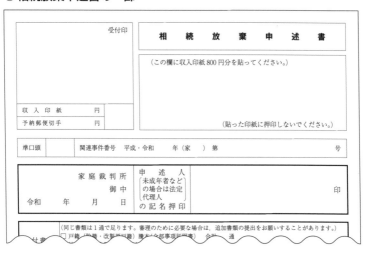

◎相続放棄申述書の一部

受付印	相　続　放　棄　申　述　書
	（この欄に収入印紙800円分を貼ってください。）
収入印紙　　円	
予納郵便切手　　円	（貼った印紙に押印しないでください。）

準口頭		関連事件番号　平成・令和　　年（家　　）第　　　号

家庭裁判所 御中 令和　　年　　月　　日	申述人 〔未成年者などの場合は法定代理人〕 の記名押印	印

（同じ書類は1通で足ります。審理のために必要な場合は，追加書類の提出をお願いすることがあります。）
付書類　□ 戸籍（除籍・改製原戸籍）謄本（全部事項証明書）　合計　通

条2号、915条1項)。なお、放棄の強要を防ぐため、相続開始前における相続の放棄はできず、これをなしても無効となります。相続放棄をした者は、その相続に関して、はじめから相続人とならなかったものとみなされ(民法939条)、その効果は、いかなる者に対しても主張することができます。

相続放棄をした者の債権者は、相続放棄をしなければ相続したであろう責任財産で、債権回収を図ることができた場合に、相続放棄に対して詐害行為取消権(民法424条。343頁参照)を主張することができるか問題となりますが、判例は、これを否定しています。[5] 相続放棄のような身分行為については、本人の意思を最大限に尊重すべきですし、また、相続放棄がなされることによって最初から相続人にならないことになるため、責任財産の減少は生じていない、というのがその理由です。

◆限定承認とは？

ところで、相続財産として正の財産も負の財産も存在する場合、相続放棄をすべきか否かの判断が短期間ではできない場合も考えられます。

例えば、読者のみなさんが相続人だとして、相続財産が、〔土地・建物・自動車・３５００万円の借金〕であった場合は、相続されますか？　それとも相続の放棄をされますか？　おそらく多くの方は、土地・建物・自動車が、いったいどれくらいの価値なのか（＝いくらで売れるのか）によって、相続するか否かを決めるのではないでしょうか？　３５００万円の借金よりも多ければ相続したほうがいいですし、３５００万円の借金よりも少なければ相続放棄をしたほうが無難なわけです。

でも、先ほど説明したとおり、相続放棄は短期間のうちに家庭裁判所に申述をしなければならないところ、その短期間のうちに正確に資産評価できるとは限りません。また、もしかしたら、相続人自身が認識していない借金が、後から判明するかもしれません。

そのような場合のために、「**限定承認**」という制度があります。限定承認とは、相続によっ

5　最判昭和49年9月20日民集28巻6号１２０２頁

て得た財産の限度においてのみ被相続人の債務および遺贈を弁済すべきことを留保して、相続の承認をすることです（民法９２２条）。つまり、先ほどの例で、もし土地・建物・自動車の価値が２８００万円にしかならなかったとしても、３５００万円の借金の引き当てになる財産は土地・建物・自動車の価格のみとなります。それまで自分が所有していた財産が強制執行の対象になることはありません。

なお、相続人が限定承認をしようとする場合には、相続放棄と同様に、自己のために相続の開始があったことを知った時から3か月以内に家庭裁判所に対して申述する必要があります（民法９２１条2号、９１５条1項）。この場合、相続人が複数いる場合は、限定承認は全員が共同してしか行なうことができません（民法９２３条[6]）。

CIVIL LAW 5

共同相続

――生前の介護はどこまで評価されるの？

◆私以外にも相続人が……

相続人が1人しかいない場合には、非常にシンプルな承継がなされるわけですが、では、相続人が複数存在する場合は、どうなるのでしょうか。**共同相続**がなされると、その後に遺産分割がなされることになりますが、それまでの間ひとまず、相続財産は、共同相続人の共有に属することになります（民法898条）。ここでいう「共有」の意味は、判例によれば、遺産の共有は物権法における共有（民法249条以下。165頁参照）と同様であり、各相続人は相続開始と同時に個々の相続財産に共有持分を有すると解されています。[7]

では、共同相続人がそれぞれどのような割合で相続するのでしょうか。これに関し、立法的

6　そこで、行方不明の相続人などがいる場合には、限定承認は活用しにくいことになります。また、手続きも煩雑であるため敬遠されがちだともいわれています。令和4年の「司法統計年報」を見てみると、相続放棄の受理件数は26万4977件であるのに対し、限定承認は、696件にすぎません。

には法定相続主義と遺言相続主義の2つの考え方があり得ますが、日本は、折衷的な立法となっています。すなわち、被相続人は、遺言によって共同相続人の相続分を指定したり、この指定を第三者に委ねたりすることができる（**指定相続分**）一方、このような相続分の指定が特にないような場合には、民法の定めによって相続分が決定します（**法定相続分**）。また、遺言があっても、一定の法定相続人には遺留分（民法1042条。447頁参照）が保障されており、遺言の自由は一定程度制限されています。

◆相続分の譲渡と取戻し

相続の開始から遺産分割まで、とても時間がかかる場合があります。しかし、共同相続人の中には、自己の借金の返済など、自己の相続分を急いで活用したい場合も想定されます。そこで民法は、共同相続人に、自己の相続分を第三者に譲渡する自由を認めています。

なお、その場合には、他の共同相続人は、1か月以内であれば、その価額および費用を償還して、その相続分を譲り受けることができます（相続分の取戻権。民法905条）。第三者が遺産分割に加わることから生じる紛争を防止するためです。

これと分けて考えたいのは、特定の財産の自己の相続持分に応じた共有持分の譲渡です。これは、包括的な相続分の譲渡ではありませんので、相続分の取戻権の適用はないと解されています。[8] この場合に、もし共有関係を解消したいときには、共有物分割請求（民法256条）によることになります。

◆法で定められた相続分

さて、遺言については後で説明するとして、ここで、共同相続人間の「**法定相続分**」がどのような定めになっているのかを見ておきましょう。おおよそ、次のような内容となっています(民法900条)。

①配偶者と子が相続人である場合には、配偶者と子で2分の1ずつに分配します。子が複数人いる場合には、子の相続分である2分の1を頭数で均等に配分します。例えば、Aの遺産6000万円を妻Bと3人の子（C・D・E）が相続する場合、妻B：6000万円×1／2＝3000万円、子C・D・E：6000万円×1／2×1／3＝各1000万円となります。

②配偶者と直系尊属が相続人である場合には、相続分は、配偶者が3分の2、直系尊属が3

7　従来、共有説（遺産の処分の自由を積極的に認める見解）と合有説（遺産の一体性・団体性を強調して処分の自由を制限する見解）の対立がありましたが、判例は共有説を採用してきました（最判昭和30年5月31日民集9巻6号793頁）。相続財産の共有は、「民法249条以下に規定する『共有』とその性質を異にするものではない」こと、そして、「遺産の共有および分割に関しては、共有に関する民法256条以下の規定が第一次的に適用」されることが示されています。

8　最判昭和53年7月13日判時908号41頁

◎法定相続分

相続人	法定相続分
配偶者と子（第1順位）	配偶者＝2分の1、子＝2分の1
配偶者と直系尊属（第2順位）	配偶者＝3分の2、直系尊属＝3分の1
配偶者と兄弟姉妹（第3順位）	配偶者＝4分の3、兄弟姉妹＝4分の1
配偶者がいない	子 → 直系尊属 → 兄弟姉妹の順位で相続

※同順の血族相続人が複数人いる場合は均等に分割

分の1となります。直系尊属が複数人いる場合は、直系尊属の相続分である3分の1を頭数で均等に配分します。実父母と養父母の区別はありません。例えば、Aの遺産6000万円を妻BとAの父母（F・G）が相続する場合、妻B：6000万円×2／3＝4000万円、Aの父母F・G：6000万円×1／3×1／2＝各1000万円となります。

③配偶者と兄弟姉妹が相続人である場合には、相続分は、配偶者が4分の3、兄弟姉妹が4分の1となります。兄弟姉妹が数人いる場合は、兄弟姉妹の相続分である4分の1を頭数で均等に配分します。ただし、半血（父母の一方のみを同じくする）の兄弟姉妹は、全血（父母の双方を同じくする）の兄弟姉妹の2分の1となります。例えば、Aの遺産6000万円を妻BとAの兄弟2人（H・I）が相続する場合、妻B：6000万円×3／4＝4500万円、Aの兄弟H・I：6000万円×1／4×1／2＝各750万円となります。

◇法定相続分とは異なる具体的相続分

ただし、法定相続分は、一応の割合を示しているにすぎません。相続人の一部が、被相続人の生前に贈与を受けていたり、遺贈を受けたりした場合には、「特別受益分」として具体的な相続分が算定されることになります（民法903条）。また、被相続人の生前、被相続人の財産の維持や増加に尽力した相続人がいる場合には、「寄与分」として、これを考慮したうえで、具体的相続分を算定するものとされています（民法904条の2）。これらを踏まえた具体的相続分が、遺産分割の基準となります。以下でもう少し補足しましょう。

◇特別受益分とは？

まず、複数の相続人の中に、他の相続人と比べて、被相続人から特別の利益を受けていた者がいた場合、その特別受益分を考慮せずに、単純に相続分にしたがって具体的相続額を算出すると、相続人の間で不公平が生じてしまいます。「お前は、生前、オヤジからたくさん援助をしてもらっていたじゃないか！」という具合です。

そこで民法は、共同相続人の間の不公平を是正するために、特別受益者が婚姻、養子縁組のため（例えば、持参金・嫁入道具・支度金）、もしくは生計の資本（例えば、住宅建築資金、商売のための準備金）として受けた贈与の価格（**特別受益分**）を、計算上、現実の相続財産に加え、この合計額を相続財産とみなし、それに応じて各自の法定相続分を算出したうえで、各共同相続人の具体的相続額を決定することとしています。そして、当該贈与を受けた相続人は、その額の分だけ相続財産が減額される仕組みとしています（民法９０３条）。

◇寄与分とは？

また、特別受益者と反対に、被相続人の生前、被相続人の財産形成について多大に寄与した相続人がいたにもかかわらず、このような事情が考慮されないで各相続人の相続分が算出されると不公平な結果が生じる場合があります。

そこで民法は、共同相続人の中に寄与者がいるときは、現実の遺産額から**寄与分**に相当する価格を控除したうえで各自の具体的な相続額を算出し、寄与者についてはそれに寄与分額を加算することとしています（民法９０４条の2第1項）。寄与者とは、相続人のうち、被相続人の事業に関する労務の提供または財産上の給付、被相続人の療養看護その他の方法によって被相続人の財産の維持または増加について特別に寄与した者をいいます。

また、寄与分は共同相続人の協議で決定しますが、協議が整わないときは、寄与者の請求により、家庭裁判所が寄与の時期、方法および程度、相続財産の額その他一切の事情を考慮して決定します（民法９０４条の2第2項）。

CIVIL LAW

6

遺産分割

――それぞれ何が欲しいのかを話し合う

◆遺産分割とは？

共同相続の場合、相続の開始とともに、共同相続人は各相続財産を、相続分に応じて「共有」することになります（民法898条1項、899条）が、ずっとそのままの状態にしておくわけにはいきません。「今まで住んでいた所にそのまま住みたい」とか、「親父のお店を継ぎたい」とか、「生活費に困っているのでお金が欲しい」など、相続人ごとにさまざまな思いがあるわけです。そこで、共同相続によって発生した共有関係を解消し、各相続人の具体的事情に即して個々の相続財産を再分配することになります。これを「**遺産分割**」といいます。

遺産分割は、具体的な相続分を基準とします。しかし、必ずしもそのとおりに分けられるとは限りません。遺産分割は、遺産に属する物または権利の種類および性質、各相続人の年齢、職業、心身の状態および生活の状況その他一切の事情を考慮して行なわれることとなっています（民法906条）。

なお、遺産分割が行なわれると、分割によって各相続人が取得した権利は、第三者の権利を

◎遺産分割までの大まかな流れ

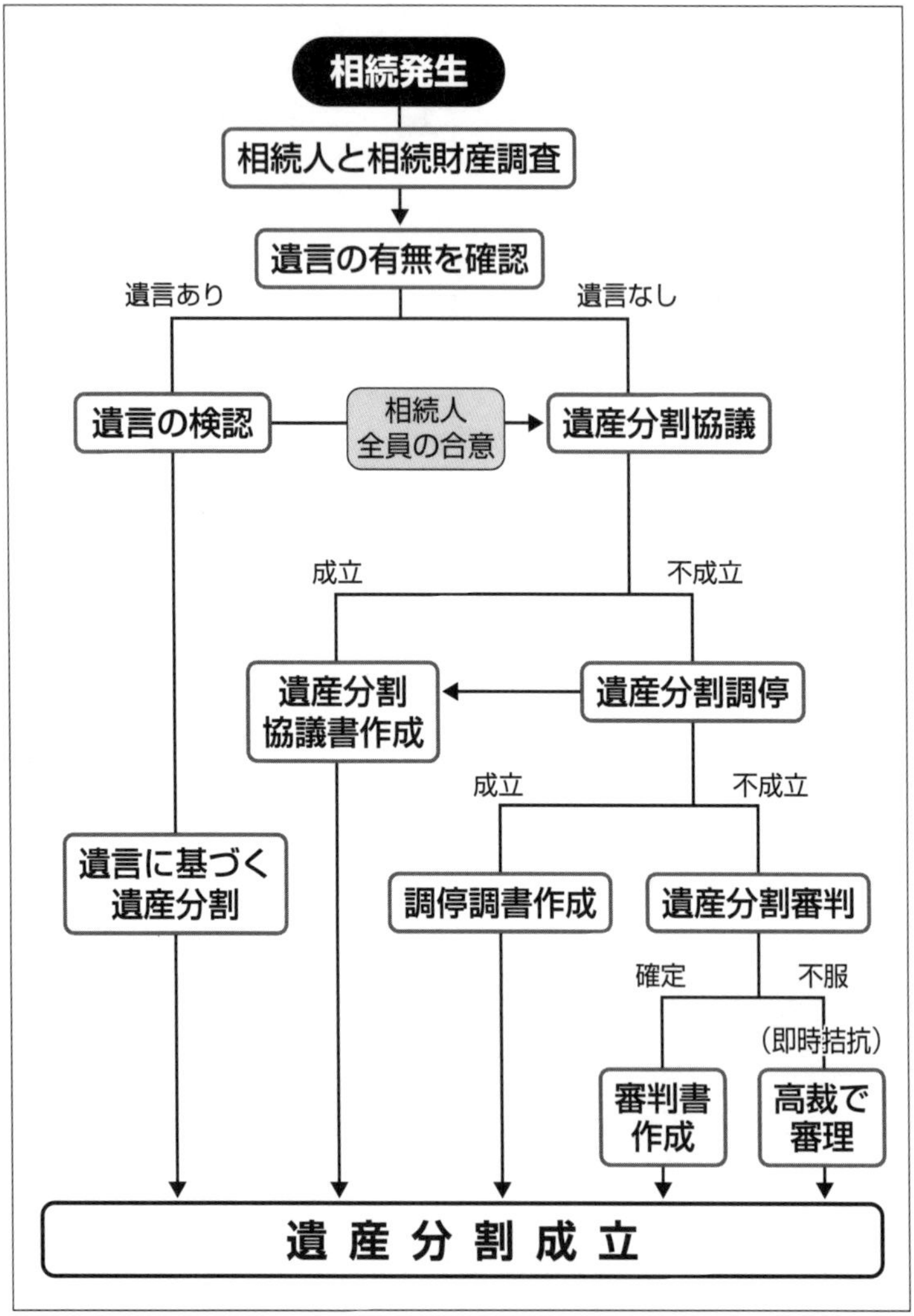

害しない限りにおいて、相続開始時にさかのぼって、その共同相続人に帰属されたものとして扱われます（民法909条）。

◆どうやって遺産を分け合うの？

遺産分割は、被相続人が遺言によって遺産分割の分割方法を指定し、または相続人以外の第三者に分割方法の指定を委託することによって行なうことができます（**指定分割**。民法908条）。また、共同相続人がその協議によって遺産を分割することもあります（**協議分割**。民法907条1項）[9]。さらに、協議が整わないかまたは協議できない場合には、各相続人が家庭裁判所に遺産分割の調停・審判を申し立てることとなります（**調停・審判分割**。民法907条2項）。遺産分割は、共同相続人間の意見が対立し、とかく長期化する傾向にあります。相続が「争族」といわれるゆえんです。

なお、遺産分割の方法は、大きく、ⓐ現物分割、ⓑ代償分割、ⓒ換価分割に分けられます。

9　協議分割をする場合、その当事者は、共同相続人、包括受遺者（民法990条）、相続分の譲受人、遺言執行者（民法1012条）となります。それらの者が揃って協議を行なう必要があり、これらの者の一部を除外してなされた遺産分割協議は、無効となります。他方、仮に分割協議当事者全員の合意があれば、私的自治の原則に基づき協議が優先され、法定相続分や指定相続分に合致しない分割、被相続人の指定する遺産分割方法に反する分割も有効となります。

ⓐ**現物分割**とは、現物をそのまま分配する方法です。300万円の預金を相続人3人で100万円ずつ分配したり、土地を分筆したうえで分筆後の土地を各相続人が取得したりする方法がこれに該当します。

ⓑ**代償分割**とは、現物を一部の相続人のみが取得し、その代わりに他の相続人に対して代償金を支払うという方法です。例えば、時価3000万円の不動産の所有権をAのみが取得したうえで、その他の相続人BおよびCに対して、Aが1000万円ずつ支払うという具合です。特に建物など物理的に分けることが困難な財産や、土地のように現物分割してしまうと価値が急落するような財産で、その財産を処分せずに活用したい場合には、代償分割が便利です。

ⓒ**換価分割**とは、相続財産を売却したうえで、その代金を分配する方法です。換価分割を行なうと、相続財産そのものは手放さなければなりませんが、代金を相続人間で公平に分けやすいというメリットがあります。

◆遺産分割の対象財産としての「預貯金債権」

さてここでは、相続財産の中でも、預貯金債権について触れておきましょう。相続財産にはさまざまなものがありますが、その中で最も主要なものの1つが、預貯金です。日頃からある程度は預貯金をしながら生活している人が多い一方で、人はいつ死亡するかわからないため、誰かが亡くなる際には、一定額の預貯金が残っている場合が多いわけです。また、金銭には使

◎遺産分割協議書の例

遺産分割協議書

被相続人　　○○○○
　本　　籍　　○○○県○○○市○○○町○丁目○番
　最後の住所　　○○○県○○○市○○○町○丁目○番○号
　生年月日　　昭和○年○○月○○日
　死亡年月日　　令和○年○○月○○日

被相続人○○○○の遺産につき相続人全員で協議を行った結果、次の通り分割することに同意した。

1．相続人Aは、次の遺産を取得する。
　【土地】
　　所　　在　　○○県○○市○○○丁目
　　地　　番　　○○番○○
　　地　　目　　宅地
　　地　　積　　○○○．○○平方メートル
　【建物】
　　所　　在　　○○県○○市○○○丁目○○番地○
　　家屋番号　　○○番○
　　種　　類　　居宅
　　構　　造　　木造瓦葺2階建
　　床面積　　1階　　○○．○○平方メートル
　　　　　　　2階　　○○．○○平方メートル

2．相続人Bは、次の遺産を取得する。
　【預貯金】
　　○○銀行○支店　普通預金　口座番号○○○○○○○
　　○○銀行○支店　定期預金　口座番号○○○○○○○

3．相続人Cは、次の遺産を取得する。
　【株式】
　　○○○○株式会社　普通株式　　○○○株

4．本協議書に記載のない遺産及び後日判明した遺産については、相続人間においてその分割につき別途協議する。

以上のとおり、相続人全員による遺産分割協議が成立したので、本協議書を3通作成し、署名押印のうえ、各自1通ずつ所持する。

令和○年○○月○○日
　【相続人Aの署名押印】
　　住所　○○県○○市○丁目○番○号
　　氏名　　　　　　　　　　実印
　【相続人Bの署名押印】
　　住所　○○県○○市○丁目○番○号
　　氏名　　　　　　　　　　実印
　【相続人Cの署名押印】
　　住所　○○県○○市○丁目○番○号
　　氏名　　　　　　　　　　実印

途に汎用性がありますから、預貯金という相続財産は、相続人にとって、相当程度の利便性が確保されています。

ところで、共同相続された預貯金債権をめぐっては、その法的性質についてずっと議論がされてきました。問題の本質は、「預貯金債権は、遺産分割の対象となる財産か？」という点です。

まず前提として、判例は、可分債権（分割することができる債権）について、「法律上当然分割され各共同相続人がその相続分に応じて権利を承継する」としています。[10] すなわち、民法427条に基づき、可分債権は法定相続分に応じて各相続人が承継するのだから、遺産分割の対象とならずに、各自が相続分に応じて単独で行使が可能と解するのです。そうだとすると、預貯金債権も可分債権である以上、相続人は、遺産分割を待たずに、自己の持分権の範囲で金融機関に対して単独で払戻し請求ができそうにも思えます。

しかし、そうだとすると、残りの遺産分割対象財産が不動産などの分割しにくい財産のみのような場合、預貯金を調整弁にした柔軟な遺産分割が困難になってしまう可能性があります。また、多額の特別受益分や寄与分があるケースでは、遺産分割の対象となる財産が少ないことで、具体的相続分に応じた公平な遺産分割を実現することができないケースも生じます。

そこで判例[11]は、「預貯金一般の性格等を踏まえつつ……各種預貯金債権の内容及び性質をみると、共同相続された普通預金債権、通常貯金債権及び定期貯金債権は、いずれも、相続開始と同時に当然に相続分に応じて分割されることはなく、遺産分割の対象となるものと解するのが相当である」としました。つまり、預貯金債権は、遺産分割対象財産であるとしたのです。

そしてその理由の中で、「遺産分割の仕組みは、被相続人の権利義務の承継に当たり共同相続人間の実質的公平を図ることを旨とするものであることから、一般的には、遺産分割においては被相続人の財産をできる限り幅広く対象とすることが望ましく、また、遺産分割手続を行う実務上の観点からは、現金のように、評価についての不確定要素が少なく、具体的な遺産分割の方法を定めるに当たっての調整に資する財産を遺産分割の対象とすることに対する要請も広く存在することがうかがわれる」と述べています。[12]

10　最判昭和29年4月8日民集8巻4号819頁

11　最判平成28年12月19日民集70巻8号2121頁

12　しかしそうすると、預貯金債権は遺産分割が済むまで、払い戻しができないことになってしまいます。それはときとして、被相続人の葬儀費用の支払い、被相続人の債務の弁済、相続人の生活費の捻出などを困難にさせてしまう可能性があります。そこで、各共同相続人は、遺産に属する預貯金債権のうち一定額については、単独で権利行使できるものとして、この場合、当該権利を行使した預貯金債権については、当該共同相続人が相続財産の一部分割により取得したものとみなしています（民法909条の2）。

CIVIL LAW 7

遺言
――遺される人のために

◆ラスト・メッセージ

私たちは、生前、遺言を残すことができます。そもそも人は、生きている間にさまざまな意思決定を行なって生活していますが、遺言は、その人が行なう最後の意思決定（ラスト・メッセージ）です。自分の死後のことについて考えることがあるのだとすれば、やはり最大限それを尊重しなければならないのは、私的自治の原則から当然ともいえます。遺言の存在によって、死後の相続争いが、それほど大きなものにならない可能性もあります。

ただし、遺言は、民法で定める方式に従って作成しなければならない**要式行為**です（民法960条）。遺言の真偽や内容を巡って後にトラブルが発生するのを可能な限り避けるために、一定の方式を遵守させる必要があるのです。また、遺言は意思表示ですから、一定の判断能力（**遺言能力**。民法961条）を必要とします。さらに、遺言は、単独行為ですから、相手が知らない間に作成され、いつの間にか相手を拘束するということも考えられます。そこで、遺言できる事項は法定されています。

◎法定の遺言事項の例

遺言認知（民法781条２項）
未成年後見人の指定（民法839条）
未成年後見監督人の指定（民法848条）
推定相続人の廃除（民法893条）
相続分の指定（民法902条）
遺産分割の指定や禁止（民法908条）
包括遺贈・特定遺贈（民法964条）
遺言執行者の指定（民法1006条１項）
遺言の撤回（民法1022条）　など

◎自筆証書遺言と公正証書遺言の違い

	自筆証書遺言	公正証書遺言
作成	場所を選ばず作成可	原則的に役場に行く必要あり
費用	費用をかけずに作成可能	手数料が必要
誤記による無効リスク	自筆のため危険あり※	公証人が作成するので皆無
偽造・滅失などのリスク	あり※	なし
遺言内容の漏洩リスク	なし	証人による漏洩の可能性あり
遺言が発見されないリスク	あり※	遺言検索システムにより発見

※自筆証書遺言のデメリットを緩和するために、自筆証書遺言書保管制度があります。この制度を利用する場合、遺言書は、保管申請時に遺言書保管官の外形的なチェックを受けた後、法務局において管理・保管されます。そのため、遺言書の紛失や、相続人等の利害関係者による遺言書の破棄、隠匿、改ざん等を防ぐことができます。また、相続開始後、家庭裁判所における検認が不要です。さらに、相続開始後、相続人等は、法務局において遺言書を閲覧したり、遺言書情報証明書の交付が受けられたりします。

◆遺言の方式は？

遺言の方式として、普通方式（民法967条）と、特別方式（民法976条）がありますが、平時は普通方式によります。そして、普通方式には、ⓐ自筆証書遺言、ⓑ公正証書遺言、ⓒ秘密証書遺言の3種類があります。このうち、頻度の高いものは、公正証書遺言と自筆証書遺言です。

公正証書遺言は、相応の費用がかかり、かつ2人以上の証人立会いが必要であるため遺言の内容の秘密が守られることが難しいですが、公証役場を活用して公証人によって作成されるため、遺言の正確性が維持されるとともに、原本が公証役場に保管されるので偽造・滅失のおそれがありません。日本公証人連合会の調査によると、令和5年の公正証書遺言の作成件数は、11万8981件です。

これに対し、**自筆証書遺言**は、遺言者が遺言を自書して、これに押印する方式の遺言であり、費用がかからずに誰でも作成することが可能ですが、（自筆証書遺言書保管制度を活用しない限り）遺言書の紛失や改ざんの危険、遺言書が発見されないという不都合、さらに、方式不備のために遺言が無効となるおそれなどがあります。

◆遺言の効力は？

遺言は、遺言者自身にその効果が帰属するわけではないため、制限行為能力制度によって保護する必要はありません。遺言内容を理解し、遺言の結果を弁識することができる能力（**遺言能力**）さえあれば足ります。民法は、15歳以上に遺言能力があるものとしています（民法961条）。成年被後見人であっても、事理弁識能力を一時回復したときは、医師2人以上の立会いによって、有効な遺言をすることができます（民法973条1項）。

遺言は、遺言者の意思をできるだけ尊重するとの観点から、いつでも全部または一部を、遺言の方式に従って撤回することができるものとされています（民法1022条）。撤回も遺言の方式に従わなければなりませんが、前の遺言と同一の方式である必要はなく、例えば、公正証書遺言を後に自筆証書遺言で撤回するなども可能です。

遺言は、**遺言者の死亡したときから**効力を生じるものとされています（民法985条1項。ただし、遺言に停止条件を付した場合には、遺言者の死後も条件が成就するまでは効力を生じません。同条2項）。

◆誰が遺言を執行するの？

ところで、被相続人の死後に遺言内容を実現するための手続きを、「**遺言の執行**」といいます。遺言の執行は、何らかの手続きをしなくとも遺言の効力発生とともに自動的に効力が生じるもの（例えば、相続分の指定、遺産分割の禁止、後見人・後見監督人の指定）と、何らかの手続きを要するもの（例えば、認知、相続人の廃除）に分類することができます。遺言執行者は、一次的には遺言者の遺言による指定によって定まります（民法1006条）が、指定がない場合には、遺言の利害関係人の請求によって家庭裁判所が選任することになります（民法1010条）。

◆遺贈――お世話になったあの人へ

遺言によって、人は、無償で財産的利益を他人に与えることができます。これを「**遺贈**」といいます（民法964条）。生前、自己の財産は自己責任のもとで自由に処分することができるのと同様に、自己が死亡したらその財産を他者に遺贈するという遺言も自由に設定できるものとされています（**遺言・遺贈の自由**）。遺贈には、ⓐ包括遺贈とⓑ特定遺贈があり、効力が全く異なります。

「**包括遺贈**」とは、遺産の全部または遺産の一部を一定の割合として示して（例えば「遺産の5分の1を友人Aに遺贈する」と示して）行なう遺贈です。包括受遺者は、相続人と同じ権利・義務を有することとなります（民法990条）。すなわち、他の相続人などと共同で相続財産を当然かつ包括的に承継し、遺産分割によって個々の相続財産を取得し、債務も承継するから限定承認・放棄をすることができます。

これに対し、「**特定遺贈**」とは、特定の財産を示して（例えば、「B銀行に対する預金債権は叔母Cに遺贈する」と示して）行なう遺贈です。特定遺贈がなされると、遺贈の目的とされた

◎相続人が配偶者および子３人の場合

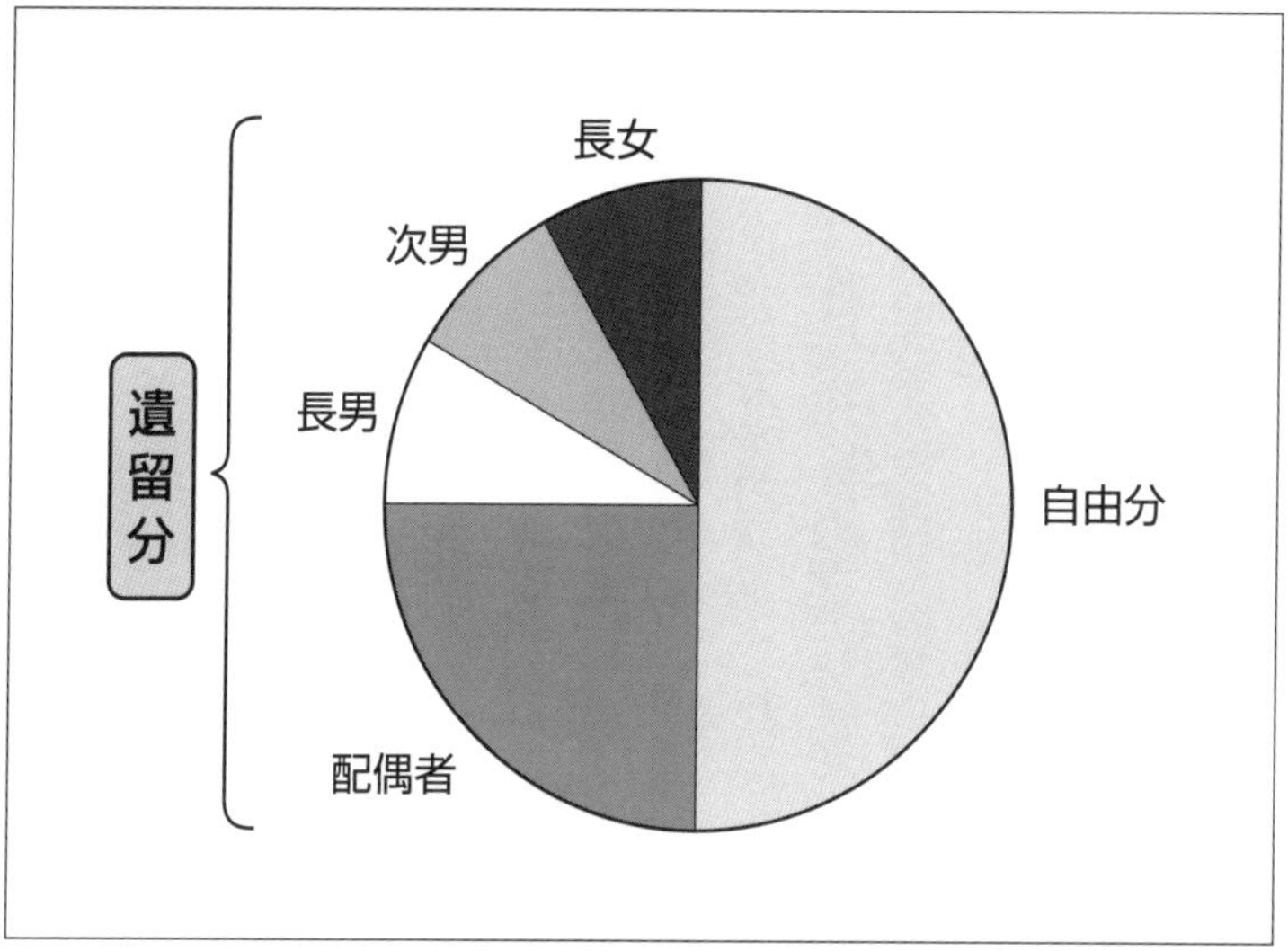

権利は、遺言の効力発生とともに受遺者に移転しますが、特定受遺者は、自由に遺贈を放棄することができます（民法986条。相続放棄と異なり、特別の方式は要求されていません）。

◆相続人の聖域

ところで、遺言の自由・遺贈の自由を貫けば、例えばAが自己の財産全部を、自分が好意を寄せている他人Bに遺贈することも可能であることになります。このような遺言も基本的には保障されるべきですが、その結果として、遺言者の財産に依存して生活していたAの親族が住んでいた家から立ち退かなければならず、Aが残した金銭もすべてBのものとなってしまい、突然、生活に窮するといったことになりかねません。

そこで民法は、一定の相続人（遺留分権利者。具体的には、兄弟姉妹以外の相続人）に、各自の相続分に一定割合（具体的には、直系尊属のみが相続人である場合には3分の1、それ以外の場合には2分の1）を乗じた額（**遺留分**）を受け得るものとし（民法1042条）、遺言者の意思を確保しながらも、遺留分権利者の期待をある程度保護しています。

そして、遺留分に抵触する遺言や遺贈がなされた場合、遺留分権利者およびその承継人は、遺留分侵害額に相当する金銭の支払いを、受遺者や受贈者に対して求めることができるものとしています（民法1046条）。これを「**遺留分侵害額請求権**」といいます。

法定血族 370
法定後見 404
法定相続 411
法定相続分 430
法定代理 94
法定担保物権 191, 220
法定地上権 210
法典論争 16
法律行為 71
法律効果 33, 72
法律婚主義 373
法律要件 33, 72
保護命令 386
保佐 401, 404
補助 401, 404
保証 362
保証債務 361
本権 124

ま行

未成年後見 402
みなし合意 238
民事裁判 35
民事訴訟 35
民法総則 42
民法典 12

無過失責任 302
無権代理 94
無効原因 85, 89
無償契約 248
無体物 67

名誉回復処分 309

申込み 234
持分権 166

や行

約定担保物権 192
約款 238

有価証券 353
有効要件 239
有償契約 248
有責配偶者 384
優先的弁済効力 193
有体物 67

用益権 124
要役地 182
用益物権 124, 180
養子縁組 391
要式契約 235
要式行為 442
要物契約 236

ら行

履行期 241
履行期限 241
履行期到来前の現金化 346
履行障害 330
履行の強制 331
離婚 380
留置権 191, 220
留置的効力 198, 221
隣地通行権 182

レインボーフラッグ 379
連帯債務 355
連帯保証 364

労働者派遣 271
労働法 271
ローマ法大全 25

わ行

和解契約 251

ABC

DV防止法 385

特別受益分 433
特別の寄与 412
特別法 21
特別養子縁組 392
土地工作物責任 296
特許権 68
届出婚主義 374
取消原因 85, 89
取締役 65
取締役会 65
取立委任 347

な行

内縁 377
内縁準婚理論 378

任意後見 404, 406
任意後見人 406
任意代理 92
任意認知 391
任意法規 75
認知 391
認定死亡 57

根担保 190
根抵当 190
根抵当権 213
根保証 190
根保証契約 364

は行

配偶者 369, 410
配偶者居住権 412
配偶者相続権 410
背信的悪意 149
売買契約 246, 252
ハウジング・プア 268
派生物 197
パンデクテン体系 24
販売信用 255
判例 38

非営利法人 62
引渡し 145, 154
非占有担保 204
卑属 371
人 28
1人について生じた事由の効力 355, 358
表見代理 96
表示行為 81

夫婦同氏（夫婦同姓） 376
付加一体物 206
不確定期限 101
復氏 380
付合 171
付合物 206
附従性 190
普通養子縁組 392
復帰的物権変動 150
物権 31, 122
物権的請求権 127
物権的返還請求権 128
物権的妨害排除請求権 128
物権的妨害予防請求権 128
物権の債権に対する優先的効力 133
物権法定主義 32, 123
物上代位 195
物上代位性 197
物上保証人 204, 317
物的担保 189
不動産 68
不動産登記 218
不当利得 86, 233, 276
負の財産 419
不文法 217
不法原因給付 77
不法行為 233, 285
不法行為阻却事由 294
扶養義務 397
扶養的財産分与 382
分娩主義 388

弁済 316
弁済による代位 318
弁済の提供 320
騙取金銭弁済 277
変則担保 214
弁論主義 37

包括遺贈 446
包括承継 125
傍系親族 370
報酬支払義務 272
報償責任 299, 304
法人 60
法人法定主義 61
法人保証 362
法定果実 208
法定監督義務者 297

絶対的効力（絶対効）……356
善意占有……106
善意の利得者……282
全額給付義務……358
善管注意義務……274
選択的夫婦別姓……377
占有……107
占有回収の訴え……130
占有改定……146, 218
占有権……124
占有訴権……129
占有担保……201
占有の継続……108
専有部分……166
占有保持の訴え……130
占有保全の訴え……130

相殺……324
相殺適状……325
相殺の担保的機能……327
相続……408
相続欠格……416
相続財産調査……420
相続財産法人……417
相続放棄……410, 425
相続放棄申述書……426
相対的効力（相対効）……356
総有……168
贈与契約……246
相隣関係……182
遡及効……111
即時取得……160
損害賠償……336
尊属……371

た行

代位責任……297
対抗関係……152
対抗要件……143
第三者……147
第三者保護規定……88
代襲相続……415
代償分割……438
代替執行……332
代替物……197
代表取締役……65
代物弁済……346
代理……91
代理権……91, 244, 405
代理出産……388
建前……172
単純承認……410, 424
単独行為……73
単独親権……395
担保……140, 189
担保物権……124, 191
担保不動産収益執行手続……194

地役権……182
地上権……180
知的財産権……67
嫡出推定……390
抽象的過失……288
調停・審判分割……437
調停前置主義……383
調停離婚……383
直接強制……331
直系親族……370
著作権……68
賃貸借契約……248, 259

通行地役権……182
通謀虚偽表示……82

定款……63
停止条件……99
定着物……69
抵当権……192, 204
典型契約……245
典型担保……214
天然果実……208
添付……170
填補賠償……337
転用物訴権……279

同意権……405
登記……143, 147
動機……80
登記事項証明書……144
登記簿謄本……144
動産……68
動産譲渡担保……157
動産譲渡登記……158
動産売買先取特権……225
同時履行の抗弁権……221
動物占有者・管理者責任……296
特定遺贈……446
特定承継……125
特定物……254, 322

示談 …… 251
質権 …… 192, 200
失踪宣告 …… 57
実体法 …… 33
指定相続分 …… 430
指定分割 …… 437
私的自治 …… 20
私的自治の拡張 …… 92
私的自治の原則 …… 29
私的自治の補充 …… 94
私的実行 …… 194
自働債権 …… 324
自動車損害賠償保障法 …… 302
自動車検査証 …… 156
児童相談所 …… 400
児童養護施設 …… 400
支配権 …… 124
自筆証書遺言 …… 444
私法 …… 17
死亡届 …… 56
事務管理 …… 232
借地権 …… 181, 266
借地借家法 …… 181, 266
社団法人 …… 62
終期 …… 101
集合債権譲渡担保 …… 216
集合動産譲渡担保 …… 217
自由心証主義 …… 36
終身定期金契約 …… 251
従物 …… 171
住民票 …… 53
熟慮期間 …… 424
出生 …… 52
出生届 …… 52
出費の節約 …… 282
受働債権 …… 324
取得時効 …… 105, 150
主物 …… 171
受領遅滞 …… 322
種類物 …… 254
準委任 …… 273
準委任契約 …… 249
承役地 …… 182
消極財産 …… 419
償金請求権 …… 174
承継取得 …… 110, 125
条件 …… 99
証拠証券 …… 237
使用者責任 …… 296, 299
所有者不明土地 …… 176
使用貸借契約 …… 247
承諾 …… 234
譲渡制限特約 …… 349
譲渡担保 …… 192, 214
承認 …… 118
消費者契約法 …… 84
消費貸借契約 …… 247
商標権 …… 68
証明責任 …… 37
消滅時効 …… 113
職業許可権 …… 397
処分型清算方式 …… 195
処分権 …… 124
所有 …… 28, 107
所有権 …… 123
所有権絶対の原則 …… 29
所有権留保 …… 139, 192
自力救済の禁止 …… 338
事理弁識能力 …… 313
人格権 …… 48
親権 …… 394
親権喪失 …… 398
親権停止 …… 399
親族 …… 369
親族法 …… 368
人的担保 …… 189, 361
親等 …… 371
信用購入あっせん …… 256
信頼関係破壊の法理 …… 262
心裡留保 …… 82
推定相続人の廃除 …… 416
制限行為能力者制度 …… 80
制限物権 …… 124
清算的財産分与 …… 381
精神的損害 …… 290, 312
製造物責任法 …… 305
正当防衛 …… 295
正の財産 …… 419
責任 …… 29
責任財産 …… 186, 338
責任財産保全制度 …… 339
責任能力 …… 295
責任無能力者の法的監督義務者の責任 …… 296
積極財産 …… 419
接近禁止 …… 393

クーリングオフ …… 84
区分所有権 …… 166
組合 …… 60, 167
組合契約 …… 250
クリーンハンズの原則 …… 77

景観利益 …… 288
形式主義 …… 137
競売手続 …… 193
契約 …… 29, 72, 230
契約解除 …… 332
契約者取消権 …… 84
契約自由の原則 …… 29, 32, 230
契約書 …… 237
契約不適合責任 …… 253
血族 …… 370
血族相続人 …… 414
検索の抗弁権 …… 363
原始取得 …… 110, 125
現実の提供 …… 320
現実の引渡し …… 145
原状回復 …… 87, 283, 334
現存利益 …… 282
限定承認 …… 410, 427
元物 …… 208
現物分割 …… 438
顕名 …… 91 244
権利金 …… 259
権利行使要件 …… 153
権利能力 …… 47
権利能力なき社団 …… 169
権利能力平等の原則 …… 28, 47

故意 …… 287
効果意思 …… 80
効果帰属要件 …… 243
交換契約 …… 247
後見 …… 401, 404
公示 …… 142
公示の原則 …… 142
公序良俗違反 …… 74
公信の原則 …… 159
公正証書遺言 …… 444
合同行為 …… 73
口頭の提供 …… 321
抗弁権の接続 …… 258
公法 …… 17
合有 …… 168
効力発生要件 …… 241
個人保証 …… 362
戸籍 …… 52
子どもの権利条約 …… 394
雇用契約 …… 249, 270
婚姻 …… 373
婚姻意思 …… 373
婚姻障害事由 …… 373
婚姻届 …… 374
婚氏続称の届け …… 380
婚約 …… 375
混和 …… 171

さ行

債権 …… 31, 228
債権者代位権 …… 339
債権者平等 …… 187
債権譲渡 …… 346
債権譲渡担保 …… 347
催告 …… 118
催告の抗弁権 …… 363
財産移転型契約 …… 246
財産的損害 …… 290
財産分与 …… 381
財産分離 …… 410
財産利用型契約 …… 247
財団法人 …… 62
裁判離婚 …… 383
債務確認書 …… 117
債務者主義 …… 335
債務名義 …… 338
材料主義 …… 172
詐害行為取消権 …… 339, 343
詐欺 …… 82
先取特権 …… 191, 222
錯誤 …… 82
指図による占有移転 …… 146
差止め …… 310

始期 …… 101
敷金 …… 259
時効管理 …… 116
時効の完成猶予 …… 116
時効の更新 …… 116
自己責任原則 …… 29
事実婚 …… 377
自主占有 …… 106
地震売買 …… 265
自然血族 …… 370
自然人 …… 60

索引

あ行

悪意占有 …… 106
悪意の利得者 …… 282
明渡猶予制度 …… 209
安全配慮義務 …… 270

遺言 …… 411, 442
遺言・遺贈の自由 …… 446
遺言能力 …… 442, 445
遺言の執行 …… 445
遺言の自由 …… 411
遺言の方式 …… 444
遺産分割 …… 412, 435
遺産分割協議書 …… 439
意思主義 …… 138
意思能力 …… 79
意思表示 …… 80
慰謝料 …… 290, 312, 382
遺贈 …… 446
一物一権主義 …… 142
一身専属権 …… 339, 412, 421
一般法 …… 21
委任契約 …… 249, 272
委任事務処理義務 …… 273
委任状 …… 93
入会権 …… 183
遺留分 …… 411, 448
遺留分侵害額請求権 …… 448
姻族 …… 370

請負契約 …… 250, 272
運行供用者 …… 303

永小作権 …… 181
営利法人 …… 62
役務提供型契約 …… 249

親子 …… 387
親子交流 …… 397

か行

解除条件 …… 99
確定期限 …… 101
確定日付のある証書 …… 351
加工 …… 172
家事調停 …… 382
過失 …… 287
果実 …… 208
過失責任主義 …… 29, 286
過失相殺 …… 312
過失の客観化 …… 287
株式会社 …… 60
株主 …… 65
株主総会 …… 65
簡易の引渡し …… 146
換価分割 …… 438
間接強制 …… 332
観念的な引渡し …… 145
元本確定 …… 364
元本確定期日 …… 365

期間 …… 102
期限 …… 101
危険責任 …… 304, 307
期限の利益 …… 102
期限の利益喪失条項（特約） …… 102, 329
危険負担 …… 335
帰属型清算方式 …… 195
期待権 …… 100
寄託契約 …… 250
求償権 …… 318, 360
給付の一倍額性 …… 358
旧民法 …… 16
協議分割 …… 437
協議離婚 …… 382
強行法規 …… 75
強行法規違反 …… 74
強制執行 …… 186, 338
強制認知 …… 391
共同所有 …… 165
共同親権 …… 395
共同相続 …… 429
共同不法行為 …… 296
強迫 …… 82
業務委託 …… 271
共有 …… 165, 168
共有部分 …… 166
極度額 …… 364
居住福祉 …… 269
居所指定権 …… 397
寄与分 …… 434
緊急避難 …… 295
金銭執行 …… 186
金銭の「占有と所有の一致」 …… 164
金銭賠償 …… 309
禁反言 …… 46
均分相続 …… 409

遠藤研一郎（えんどう　けんいちろう）
中央大学法学部教授。1971年生まれ。中央大学大学院法学研究科博士前期課程修了。岩手大学講師、助教授、獨協大学助教授、中央大学准教授を経て、2009年より中央大学法学部教授、2023年より法学部長。専門は民法。
主な著書に『基本テキスト 民法総則』(中央経済社)、『僕らが生きているよのなかのしくみは「法」でわかる』(大和書房)、『"私"が生きやすくなるための同意』(WAVE出版)、『はじめまして、法学』(ウェッジ)など。

教養《きょうよう》としての「民法《みんぽう》」入門《にゅうもん》

2025年2月10日　初版発行
2025年3月20日　第2刷発行

著　者　遠藤研一郎
発行者　杉本淳一

発行所　株式会社日本実業出版社　東京都新宿区市谷本村町3-29 〒162-0845
編集部　☎03-3268-5651
営業部　☎03-3268-5161　振　替　00170-1-25349
https://www.njg.co.jp/

印刷・製本／新日本印刷

ISBN 978-4-534-06163-8　Printed in JAPAN